CÓMO AMAN LAS MADRES

Y CÓMO NACEN LAS RELACIONES

Naomi Stadlen

Cómo aman las madres

Y cómo nacen las relaciones

U R A N O
Argentina – Chile – Colombia – España
Estados Unidos – México – Perú – Uruguay – Venezuela

Título original: *How Mothers Love and how relationships are born*
Editor original: Piatkus, An imprint of Little, Brown Book Group,
    An Hachette UK Company, Londres
Traducción: Victoria E. Horrillo Ledesma

1.ª edición Mayo 2012

ISBN: 978-84-7953-809-5
E-ISBN: 978-84-9944-259-4
Depósito legal: B-12.427-2012

Fotocomposición: Moelmo, S. C. P.
Impreso por: Rodesa, S. A. – Polígono Industrial San Miguel
Parcelas E7-E8 – 31132 Villatuerta (Navarra)

Impreso en España – *Printed in Spain*

Índice

Agradecimientos

Gracias de corazón a todas las madres que han hablado de su experiencia, y especialmente a las reuniones de Mothers Talking y La Liga de la Leche. Gracias también a todos aquellos que leyeron capítulos de este libro: Ceridwen George, Pem Goldschmidt, Anne Manne, Jennifer Marsh, Rachel Montagu, Lauren Porter (que organizó la conferencia «El significado de la maternidad» en Auckland el 28 de noviembre de 2008), mi hijo Shoël, el profesor Thomas Szasz (que también me ayudó a explicar la confusión relativa a la «salud mental»), Veronica y Richard Veasey, mi hija Rachel, y su marido, Eric Wen. A Tovi Wen, mi nieto, por debatir conmigo el título de este libro cuando sólo tenía 6 años. A Merrill Carrington por una conversación muy útil que mantuvimos en Londres. A Anne Lawrance y Helen Stanton, por su calma, su ánimo y la claridad de sus correcciones. A Anne Newman, por su comprensión y sensibilidad para proponer modificaciones y señalar correcciones. A la memoria del profesor Martin Wight, decano pionero de la Universidad de Sussex, que me inició en la historia de la antigua Grecia y en la lectura de Dante. Al rabino Rodney Mariner, por veinte años de educación existencial judía. A mi querida familia: Rachel, Eric y Tovi; Shoël, Natasha y Anna Kateryna; y Darrel. Gracias en especial a Tony, mi leal esposo, que con maravillosa comprensión leía capítulos a todas horas.

Nota de la autora

La identidad de las madres que aparecen citadas en *Cómo aman las madres* es confidencial, de ahí que haya adoptado el siguiente sistema para referirme a ellas y a sus familias:

O indica el nombre de un hijo varón.
A indica el nombre de una hija.
P indica el nombre del padre.
M indica el nombre de la madre.

Las citas suelen aparecer ordenadas según la edad de los niños, de mayor a menor. Cuando una madre tiene dos o más hijos, la cita suele referirse al bebé más pequeño. De vez en cuando es razonable cambiar el orden, si la madre está recordando algún acontecimiento de tiempo atrás.

A la hora de emplear los pronombres personales es importante hacer una distinción clara entre madre y bebé. Ello puede resultar confuso, si ambas son mujeres. De modo que, disculpándome con las niñas, he utilizado el masculino para referirme de manera general a niños y bebés de cualquier sexo.

La voz «madre» se refiere, por lo general, a la persona que gesta al bebé, que lo da a luz y que posteriormente cuida de él. Esto último no siempre lo hace sólo la madre. Padres y abuelas, en especial, pueden ser quienes se ocupen principalmente de los niños durante el día. Si los padres se divorcian y vuelven a contraer matrimonio, tal vez se alternen con los padrastros en el cuidado de los hijos. Puede haber madres adoptivas, además de biológicas. Cuando una persona no profesional sustituye a la madre o se turna con ella, la descripción de lo que hacen las madres o de cómo aman las madres puede aplicarse por igual a dichas personas. Sería farragoso repetir constantemente: «Las madres u otros familiares responsables del cuidado del niño...» Sirva esta nota, pues, como recordatorio general de que los comentarios sobre las madres pueden hacerse extensivos a otros allegados que se ocupen de los niños.

Introducción

Sólo los bebés conocen el secreto de cómo aman las madres. Miran fijamente nuestros rostros y ven los múltiples matices de nuestras expresiones más íntimas. Nunca veremos nuestras caras como las ven ellos. Es extraño que todos hayamos sido bebés y que sin embargo muy pocos sean capaces de recordar lo que vieron y sintieron entonces.

Cómo aman las madres es un intento de redescubrir parte de nuestro saber más temprano. Ello resulta especialmente importante hoy día. El término «madre» está siendo reemplazado rápidamente por el de «progenitora», y también por el de «cuidadora». No cabe duda, sin embargo, de que el cariño que las madres dan a sus bebés es insustituible.

Una cuestión interesante es quién enseña a amar a quién. Puede parecer que los bebés nos inspiran, que nos guían y son nuestros maestros. Pero quizá los bebés no se sientan tan omniscientes. Así pues, tal vez el amor sea una misteriosa alquimia que prende entre madre y bebé, y una aventura compartida por ambos.

Los niños necesitan el cariño de sus madres. Ellas, por lo general, quieren dárselo. A menudo no son conscientes de hasta qué punto se lo dan. La gente habla a veces como si el cariño de una madre equivaliera únicamente a su «sentimiento» amoroso. El sentimiento de cariño de una madre puede ser abrumador.

Sin embargo, una madre invierte gran parte de su tiempo en quehaceres prácticos. En esos momentos adopta un papel diferente. Puede que no sea consciente de sentir amor cuando, por ejemplo, se despierta del sueño que le es tan necesario porque su bebé está llorando y la necesita. Por suerte, el bebé parece percibir el cariño esencial de su madre a través de sus actos. De ese modo sabe que lo ama.

Si una madre no siempre es consciente de sus sentimientos, ¿cómo puede saber si está actuando con cariño esencial? El amor de una madre se traduce en una especie de constante diálogo con su pequeño. Mucho antes de que el niño pueda hablar, se da entre ellos una «conversación» en la que intercambian preguntas y respuestas.

Cómo aman las madres es un estudio de los diálogos que surgen en el transcurso de todos esos gestos repetitivos y cotidianos que las madres acaban por conocer tan bien. No pretende abundar en actos de comunicación extraordinarios como, por ejemplo, cuando las madres parecen estar en contacto telepático con sus hijos. Hay otras publicaciones que se ocupan de esos temas.

Así pues, *Cómo aman las madres* es un estudio aproximativo acerca de los gestos de cariño de las madres. Me alegró comprobar que otra madre se había interesado por este tema antes que yo. «El cariño materno no sirve de gran cosa si no es "en acción"», escribió Prudence Bradish en 1919, al final de su libro *Mother-Love in Action* [El amor materno en acción].

Si bien se ha señalado (en *La cientificación del amor*, de Michel Odent, por ejemplo) que una mujer que acaba de dar a luz está llena de oxitocina, lo que la ayuda a sentir amor, dicha hormona no tiene poder para inducirla al gesto amoroso. De modo parecido, las investigaciones han demostrado que el cerebro de una madre primeriza evoluciona. Es el potencial del cerebro.

Pero nuestras neuronas no pueden forzarnos a actuar de modo maternal. Convertirse en una madre cariñosa no es el resultado inevitable de tener un bebé, ni de verse inundada de oxitocina, ni de los cambios que se operan en el cerebro. Sólo nosotras podemos hacer que nuestro amor sea una realidad.

Dar cariño exige valentía, porque no hay reciprocidad garantizada. Una madre espera sin duda que su amor ayude a su hijo a cobrar conciencia de lo mejor de sí mismo. Puede que así sea. Y, sin embargo, ni siquiera su amor puede obrar ese efecto. Es el hijo quien elige en qué clase de persona va a convertirse. Una madre no puede ofrecer sus afectos a cambio de una retribución concreta. Si tiene la valentía de dar cariño es porque quiere dar lo mejor de sí misma, y eso es el amor.

Puede verse asimismo que el cariño de una madre por su hijo es distinto al que siente por su marido o su pareja. Los adultos tienen experiencia y, en ese sentido, se hallan en igualdad de condiciones. Dos adultos pueden discutir acaloradamente y luego reconciliarse. Un recién nacido carece de experiencia y es extremadamente delicado. Se necesita, por tanto, un cariño muy distinto.

Al principio, un recién nacido es como un invitado. Cada vez que una madre trata a su bebé con amabilidad, lo mismo que cuando ofrece su hospitalidad a un invitado, está creando un momento de deleite. El momento pasa, pero el deleite queda. Se convierte en un recuerdo capaz de apuntalar la incipiente relación entre madre e hijo.

La relación afectiva que crea la madre con cada uno de sus hijos es una parte esencial del ser madre. La creación de esas relaciones es el milagro que las madres obran constantemente a nuestro alrededor. No hay madre perfecta. Y, sin embargo, en su conjunto las madres trabajan para enseñar a una nueva generación a relacionarse con los demás. Es un logro de capital importancia y alcance global. Algunas son madres a tiempo completo; otras trabajan fuera de casa, media jornada o jornada completa. El deseo de establecer un vínculo con sus bebés parece, sin embargo, común a todas ellas. Las madres a tiempo completo tienen más oportunidades de hacerlo. Pero, pese a todo, muchas madres con poco tiempo libre se relacionan intensamente con sus hijos.

No se sabe lo suficiente acerca de cómo crean las madres esas primeras relaciones afectivas. Quizá cueste creerlo, teniendo en cuenta lo mucho que se ha investigado para intentar averiguarlo. Los investigadores tienden a medir comportamientos de fácil cuantificación. Pero las parejas madre-bebé se relacionan de manera compleja e inteligente. Puede que los parámetros que manejan los investigadores no consigan captar las señales expresivas que se dan entre ellos.

Incluso cuando visitan las casas de las madres, los investigadores montan situaciones que pueden convertirse en artificiales. Eso fue lo que descubrió Monika Abels en el curso de un ambicioso proyecto para entrevistar a madres de la región india de Guyarat con sus bebés. Se les dijo a las madres: «Jueguen con sus bebés como suelen hacerlo». Pero no estaban muy seguras de qué significaba eso.[1] Yo tampoco lo habría sabido si me lo hubieran pedido. No creo que nunca me sentara expresamente a jugar con mis hijos. El juego surgía de improviso, durante nuestras actividades cotidianas.

Pese a ello, cada vez que se publican las conclusiones de una investigación, las madres se muestran impresionadas. He oído a algunas conceder más crédito a los resultados científicos que a su propio entendimiento.

Puede que se sientan intimidadas porque su conocimiento suele tildarse de «anecdótico» o «subjetivo». Y, sin embargo, si uno presta atención, a menudo actúan con criterio científico, en el sentido de que formulan constantemente hipótesis que después ponen a prueba con el fin de obtener información. Las madres son fenomenólogas natas, aunque muchas no usarían ese término para describirse a sí mismas. La fenomenología es el intento de comprender nuestra experiencia mediante una observación clara y desprovista de prejuicios.

Las madres practican la fenomenología cuando intentan comprender por qué los bebés se comportan como lo hacen. Se estudian a sí mismas como parte de la interacción y se preguntan en qué medida sus actos afectan a sus bebés. Puede verse, por ejemplo, a una madre acurrucando primero a su bebé lloroso y después dándole un baño. Las respuestas del pequeño pueden analizarse, pero no explicarse si se prescinde del pensamiento lógico de la madre.

Al principio, la madre comienza con un íntimo aluvión de preguntas. ¿Por qué llora su bebé? ¿Está enfermo? ¿Le duele algo? Sopesa diversas posibilidades. Luego se pregunta, quizá, si las actividades de ese día no habrán supuesto un estímulo excesivo para él. Sí, esa posibilidad encajaría con el nivel de llanto que escucha. (Lo cual se basa también en la experiencia, en gran medida.) A continuación, puede articular una hipótesis informal: «Voy a probar a darte un baño. Si estás sobrestimulado, podrás relajarte y te calmarás. Así sabré que no estás enfermo». Aunque probablemente la madre dudaría de sí misma, creo que un científico puro al estilo de Einstein habría aprobado su hipótesis y su modo de probarla. Einstein insistía en lo importante que era formularse preguntas sencillas como las de un niño y no dar nada por sentado.

Las madres ocupan una posición privilegiada. Quienes las contemplan desde fuera no pueden percibir todos los matices expresivos de los gestos que intercambian con sus bebés. Las madres tienen reservas de información de las que apenas son conscientes. Podrían enseñar mucho a los investigadores acerca de cómo aman.

Cuando los investigadores ponen en marcha un proyecto, por lo general buscan dar respuesta a preguntas concretas. Cabe la posibilidad, sin embargo, de abordar a las madres de otra manera. Se las puede escuchar sin un programa específico. Es cierto que un observador de esas características debe crear una atmósfera de trabajo propia que afectará a lo que digan las madres. Es inevitable. Pero, aparte de esta salvedad, la riqueza de datos a la que puede acceder es inmensa.

¿Qué ocurre cuando un observador, poniendo en práctica una disciplina que aún no tiene nombre, no pretende investigar sino facilitar el debate entre madres? Al principio, la amplitud y la naturaleza fragmentaria de la experiencia maternal puede resultar abrumadora. Las madres se comunican tanto verbalmente como a través de sus actos. El observador establecerá un vínculo entre las primeras impresiones y las explicaciones al uso. Pero, más adelante, puede hallarse perplejo o incluso falto de explicaciones. Después de eso, si persevera, consigue aprender, y lo que aprende es algo nuevo.

Desde 1991 vengo celebrando reuniones semanales de debate para madres. Se llaman *Mothers Talking* [Hablan las madres]. A menudo tengo dos grupos que se reúnen en distintos sitios. Nos sentamos en círculo, con los niños y los juguetes en medio (los bebés son bienvenidos hasta que cumplen la edad en que pueden entender lo que dicen las madres). Pregunto a cada madre qué tal le ha ido la semana. El debate surge de inmediato, porque las madres tienen muchas cosas en la cabeza.

Estas conversaciones son para que las madres compartan sus experiencias. Mi objetivo no es investigar. Me centro en repartir el tiempo equitativamente entre ellas y en asegurarme de que las cuestiones que surgen estén abiertas al debate en grupo. Nunca he grabado en vídeo o audio una reunión, ni elaborado mis anotaciones con posterioridad. Eso desvirtuaría el propósito y el sentir general de la discusión.

Espero con impaciencia estos encuentros porque para mí también son momentos especiales de la semana, y ello contribuye probablemente a que la conversación se tiña de cierta emoción. Sólo a posteriori soy capaz de valorar cuánto he aprendido. Después, mientras recojo las tazas o espero el autobús, me vienen a la cabeza algunos comentarios. Pueden parecer bastante triviales, pero estoy deseando transcribirlos mientras todavía recuerdo las palabras exactas. Las madres hacen observaciones que me recuerdan las minúsculas piezas de un rompecabezas. Suenan cargadas de sentido, como fragmentos de un cuadro inmenso. Pero, en este caso, el rompecabezas no tiene caja en cuya tapa aparezca la escena acabada. Puede que nunca haya tal escena. Y, pese a todo, tras mucho escuchar, pueden reconocerse fragmentos que encajan unos con otros formando un pequeño dibujo. De este modo empieza a aflorar un cuadro más grande y borroso.

Durante mucho tiempo este cuadro no tuvo marco. La idea de convertirlo en una indagación sobre el cariño materno es muy reciente. Ahora parece obvia. Me ha permitido reflexionar sobre mi propia experiencia como madre de tres hijos y abuela de dos nietos. He contado, además, con la experiencia acumulada durante más de veinte años de reuniones de La Leche League [La Liga de la Leche] y Hablan las madres. Soy psicoterapeuta, y a mi consulta acuden madres solas o en pareja. Leo mucho, por otra parte. Un tema tan fundamental como éste requiere una intensa reflexión. En *Cómo aman las madres* todo ha pasado por un largo proceso de cuestionamiento.

A modo de ejemplo, las madres en situación de baja maternal hablan a menudo de lo cansadas que están. Muchas personas lo atribuyen a la interrupción del descanso y la falta de sueño. Yo no creo que ésa sea la única explicación. Cuando reparamos en lo pendientes que están las madres de sus bebés de noche y de día, quizá nos asombre que no estén aún más cansadas.

¿Hay algún modo de descubrir si la validez de las pequeñas estampas que he podido observar trasciende el ámbito de esa minúscula muestra de madres con las que me reúno? Una buena forma de comprobarlo es preguntarse si las madres de distintas partes del mundo reconocen el «cuadro» que he esbozado. Así fue en el caso de mi primer libro. Las madres han hablado de ello en numerosos «blogs» cuyos comentarios no me tenían a mí por destinataria. Otras me han hecho llegar correos electrónicos de casi todas las partes del mundo. Cuentan que su experiencia se corresponde en gran medida con la de las madres citadas en *Lo que hacen las madres* (Edic. Urano, Barcelona, 2005). Un ejemplo elocuente es el de Joni Nichols, una «doula» mexicana con larga experiencia, que escribió en una revista: «Al leer las palabras de las mujeres citadas en el libro *(Lo que hacen las madres)* las oía expresar su confusión, su incertidumbre, su pasmo, su dolor y sus reflexiones con el cadencioso acento de los centenares de mujeres mexicanas y latinoamericanas con las que trabajo».[2]

Será interesante comprobar si estos libros resisten la «prueba del tiempo». Confío en que *Lo que hacen las madres* y ahora *Cómo aman las madres* sigan «hablando» a las madres. Confío, además, en que animen a más madres a confiar en su propia experiencia y a escribir acerca de ella.

Me han preguntado en qué se diferencia la presente obra de mi libro anterior. Ambos libros surgieron de mis conversaciones con madres. Pero después de publicar *Lo que hacen las madres*, me di cuenta de que había más cosas que decir. Los dos libros son independientes y pueden leerse por separado. No repetiré aquí, por ejemplo, mis reflexiones acerca de la ambivalencia del amor materno, que pueden encontrarse en el capítulo 9 de *Lo que hacen las madres* bajo el título «¿Qué es el amor materno?».

Ninguno de los dos libros pretende ser un manual de instrucciones. *Lo que hacen las madres* no dice a las madres lo que deben hacer, del mismo modo que *Cómo aman las madres* no les dice cómo deben amar. En el primero invitaba a las lectoras a ponerse en contacto conmigo si encontraban algún consejo acerca del ejercicio de la maternidad. Ninguna lo ha hecho. En este libro, si bien no doy ningún consejo sobre cómo deben amar las madres, he aprovechado el último capítulo para sugerir un modo en que las madres podrían cooperar con el fin de encontrar una voz maternal más fuerte.

Cómo aman las madres es un cuadro general orientativo. Ninguna de nosotras encaja perfectamente en él, pero aun así creo que es útil mirarlo. Hasta donde sabemos, muy pocos de sus rasgos son novedosos. Las madres parecen haber desempeñado durante milenios la tarea de escuchar y responder a sus hijos. Individualmente, no hay duda de que todas podemos fracasar. Pero nuestra capacidad colectiva para crear relaciones afectivas con nuestros hijos es esencial para la supervivencia y la continuidad de la vida civilizada.

Me preocupa oír que la gente utiliza expresiones como «salud emocional» o «salud mental» cuando habla de cómo se relaciona una madre con su bebé. Hablar de la «salud emocional» o la «salud mental» de una madre suele llevar aparejado un juicio de valor acerca de su comportamiento. Lo que se pregunta es si la conducta de la madre ayuda al desarrollo personal de su bebé o lo dificulta. El problema es que este lenguaje tiende a desconcertar y a desorientar a las madres, induciéndolas a creer que han recibido un verdadero diagnóstico y que necesitan la ayuda de un médico para recuperar su «salud». Sé que términos como «salud mental» se utilizan mucho, pero a la hora de escribir acerca de madres y bebés prefiero utilizar un lenguaje sencillo.

Cómo aman las madres está dividido en 15 capítulos que tratan aspectos diversos del amor de una madre e incluyen temas recurrentes en las conversaciones de las madres. Hay muchas cosas que tener en cuenta; la posición de las madres se halla en un fluir constante, y hay mucho más que decir de lo que cabe en un solo libro.

Me he empapado de conversaciones maternas. He utilizado extractos de debates para ilustrar mis reflexiones y, aunque puede que al principio parezcan elegidos al azar, quiero dejar claro, no obstante, que sólo he seleccionado enunciados que resultaran típicos. No suelen ser historias dramáticas ni relatos de situaciones excepcionales. No es eso lo que busco. Presto más bien oídos a las declaraciones absolutamente corrientes y más características.

Empezaré por el principio, que es también el meollo mismo del ser madre. Cabría esperar que el amor se manifestara desde el comienzo. Pero, por el contrario, las madres parecen empezar «haciendo sitio».

1

Hacer sitio en el corazón

Ni siquiera las propias madres son conscientes de lo mucho que hacen.

Estoy exhausta y siento como si tuviera que hacer con mi tiempo algo más que ser sólo la madre de O. Pero no tengo ganas de verme con nadie, como si no tuviera nada valioso que decirle a ninguna de mis amigas. (O, 8 meses)

¿De veras dijo «ser *sólo* la madre de mi hijo»? Su hijo estaba muy atareado intentando levantarse. Acalorado por la emoción, se agarraba a un gran cojín. Su madre estaba hablando para otras madres sentadas en círculo y parecía absorta en la conversación. De pronto, sin embargo, estiró el brazo para sujetar a su hijo. En efecto, el bebé estaba a punto de caer de bruces sobre la alfombra. La madre esperó a que recuperara el equilibrio y luego apartó la mano.

Esto describe aproximadamente un minuto de su jornada. Estaba atenta a su hijo, ofreciéndole la ayuda que necesitaba en su proporción exacta. También le estaba transmitiendo que, mientras hablaba, seguía pendiente de él. Sin embargo, ninguna de nosotras le dio importancia. Yo misma tardé un rato en darme cuenta de lo que había dicho. No es de extrañar, por tanto, que pensara que «debería sacarle más partido a mi tiempo».

¿Qué importancia tiene este gesto tan nimio? Formaba parte de un diálogo en marcha, de los que suelen mantener muchas madres con sus hijos. El hijo no se habría atrevido a aventurarse tanto sin saber que su madre estaba velando por él. Este tipo de entendimiento no tiene por qué ser perfecto. Puede que ambos malinterpreten en ocasiones los gestos del otro. Pero, en conjunto, funciona. Sus signos quizá no sean visibles para quienes los contemplan desde fuera. Y, sin embargo, para el bebé, la comprensión de su madre puede ejercer una influencia de por vida, por ser su primera experiencia de una relación humana.

Es frecuente oír a las personas mayores hablar de sus madres, no como un recuerdo remoto, sino como si aún mantuvieran con ellas una suerte de diálogo. «A mi madre no le habría gustado esto», dicen; o «Mamá me enseñó a pensar siempre en los demás». Así pues, la relación de una madre con su hijo parece sobrevivirla.

Si estudiamos cómo da comienzo ese entendimiento, quizá sea más fácil valorar lo mucho que hacen las madres. Por ejemplo, ¿cómo empiezan las madres? ¿Comienzan todas de la misma manera? ¿Hay varios caminos igual de válidos? ¿Y qué ocurre cuando se arrepienten de sus decisiones? ¿Puede una madre introducir cambios si su relación no empezó con buen pie y ha comprendido entre tanto que podría mejorar?

¿En qué momento comienza la comprensión, o la relación, de una madre con cada uno de sus hijos? Antes daba por sentado que la relación comenzaba en el alumbramiento, cuando la madre ve por primera vez al recién nacido. Luego, sin embargo, asistí a una charla dada por dos madres en Auckland, Nueva Zelanda. Sus primogénitos habían muerto antes de o durante el parto. Así pues, ambas habían vuelto solas del hospital, sin sus bebés. «¿Sigo siendo madre?» era el título de su ponencia conjunta.[3]

Después de escucharlas, comprendí que la respuesta tenía que ser: «Sí, claro que seguís siendo madres». La relación madre e hijo no puede dar comienzo en el parto. Se inicia con la concepción. Desde el principio, la madre abre involuntariamente un pequeño hueco en su vientre para acomodar a su hijo. Poco a poco va abriendo también el espacio afectivo correspondiente. Este principio parece darse en el caso de muchas madres, sin que nadie se lo enseñe.

Una madre gestante quizá crea no haber hecho *ningún* hueco afectivo. Ello se pone de manifiesto con toda claridad, sin embargo, si el embarazo es en vano. Si el bebé no sobrevive, como les sucedió a las dos madres que acabo de mencionar, o si es dado en adopción poco después del parto, las madres afirman sentirse desoladas. «Mi vida no volverá a ser la misma —dijo una madre que se vio obligada a entregar a su bebé en adopción en el momento de alumbrarlo—. Los efectos psicológicos de algo así no pueden explicarse. No bastan las palabras. Nada basta.»[4]

Otra madre recordaba:

Cuando estaba embarazada de seis semanas, fui a hacerme una ecografía y no vieron ni rastro del feto. Me dijeron que probablemente había perdido a la niña, pero que volviera en dos semanas y verían qué había pasado. Fue un momento terrible para mí. Volví a las dos semanas; el ecografista era distinto, y allí estaba A, perfectamente normal. Sólo *entonces* me permití sentir lo duro que había sido. El ecografista debió de preguntarse qué nos pasaba. Yo no entendía qué pasaba. Sencillamente, me derrumbé. Me di cuenta de lo mucho que significaba para mí el bebé. (A, 8 meses.)

Alice Meynell, la escritora y sufragista inglesa, tardó diez años en escribir un poema de dos estrofas acerca de su primer bebé, que murió al nacer. Después tuvo ocho hijos más. Su poema acababa:

> Pero hace diez años, ay, en vano,
> en vano, una madre nació.[5]

La sencillez de sus palabras y su cadencia emotiva transmiten el dolor que siente una mujer cuando su desarrollo maternal se ve interrumpido de repente. (El poema se cita por entero en las páginas 367-8, junto con una nota adicional.)

La maternidad puede parecer agradable, pero para ninguna lo es por completo. Puede incluir momentos de gran alegría, y también momentos trágicos, angustiosos o aterradores. Puede ser duro soportar todos esos instantes, pero son inseparables de ser madre.

Empezamos a cambiar desde el momento de la concepción. Este cambio es privativo de las madres. Los padres no cambian del mismo modo. Hoy día, muchos hombres dicen estar dispuestos a convertirse en padres activos. Ellos también están cambiando. Pero en su caso no hay ningún fenómeno físico que les recuerde constantemente el embarazo, como ocurre con las madres.

Puede vincularse a padres y madres empleando el término «progenitores». Pero los dos papeles divergen desde el principio. No es el padre quien de pronto tiembla de cansancio, o tiene un hambre feroz, o siente náuseas nada más tomarse un café. No es él quien se queda sin respiración al final del embarazo, o se pasa toda la noche en vela por el ardor de estómago después de haber comido una cena deliciosa, o quien necesita vaciar la vejiga cada hora. El término intercambiable «progenitor» es inadecuado para transmitir la experiencia de las madres. Como los emigrantes, las madres embarazadas de poco tiempo han dejado ya un país conocido y han emprendido la travesía hacia un lugar nuevo.

> Cuando estaba embarazada, solía decir: «Ya es hora de echarnos la siesta». Mi pareja me miraba extrañada. Decía: «¿Con quién vas a dormir? Yo me refería al bebé y a mí.» (A, 10 meses.)

Un anfitrión que se prepare para la estancia prolongada de un invitado se hará una idea más precisa de los preparativos de una futura madre. El poeta Samuel Taylor Coleridge ejerció un papel semejante. En mayo de 1800 escribió una carta ofreciendo hospitalidad a un amigo, William Godwin, que se había casado con la brillante pionera del feminismo Mary Wollstonecraft. Ella había muerto repentinamente en 1797, tras dar a luz a su hija, también llamada Mary.[6] De modo que Godwin era un viudo que tenía a su cuidado dos niñas pequeñas: Fanny, la hija mayor de su difunta esposa, habida de la unión con otro hombre, y la pequeña Mary.

Coleridge estaba, evidentemente, preocupado por su amigo. Quería acoger a Godwin y a las dos pequeñas, a pesar de que no había decidido aún en qué casa estaría: «Pero siga yo aquí [en Nether Stowey] o migre allá [a una casa en Keswick], estaré en un paraje precioso y habrá sitio en casa», escribía. Cabe imaginar a Coleridge deteniéndose para mojar su pluma en el tintero mientras pensaba qué diría a continuación. Puede que pensara que decir que había sitio en casa sonaba un poco práctico e impersonal, de modo que añadió: «[...] y en el corazón, así que has de venir a escribir aquí tu próxima obra».[7] Suena especialmente entrañable porque escribió *house-room* [sitio en casa] con guión, pero *heartroom* [sitio en el corazón] en una sola palabra.

Estos términos describen indudablemente cómo dan comienzo las madres a la relación con sus hijos. Tener un bebé es un gran acontecimiento. Nuestra primera necesidad es crear suficiente espacio en la casa y el corazón para la llegada del bebé. Cualesquiera que sean nuestras circunstancias personales, éste parece ser un punto de partida común a la mayoría de las madres. Normalmente, sin embargo, no significa que vayamos a encargar una habitación nueva. Tanto en la casa como en el corazón hay espacio disponible, aunque probablemente estén ambos atiborrados de preocupaciones inmediatas. Con «hacer sitio» solemos referirnos a que tendremos que ordenar y despejar el que ya tenemos. No podemos empezar la relación embutiéndola en el mínimo espacio que dejan nuestras demás relaciones. Será una preocupación primordial, y debemos crear un ámbito especial para ella.[8]

Todo acto creativo parece comenzar con un momento de vacío. Un escritor se sienta delante de una hoja de papel vacía o de una pantalla en blanco, quizá también con la mente en blanco, y se pregunta qué va a decir. Un concierto se inicia con un momento de silenciosa expectación, justo después de que los intérpretes hayan afinado sus instrumentos. Una carrera comienza con el pistoletazo de salida, pero antes del disparo hay un momento en que los competidores se concentran, alineados y listos para empezar. Como psicoterapeuta, sé que hay un momento de mutismo al principio de cada sesión. En el transcurso de todos esos momentos «vacíos», la gente deja de lado preocupaciones superfluas y hace sitio para algo nuevo.

Del mismo modo que un anfitrión limpia y ordena el cuarto de invitados y saca sábanas y toallas limpias, así una futura madre despeja en parte sus compromisos laborales y comienza a preguntarse qué tal se las arreglará con el bebé. Puede que ésta sea una pregunta incómoda. Pero, aun así, abre espacio. Incluso el hecho de preocuparse por si el bebé estará sano prepara a una madre para diversas posibilidades. Hoy día muchas madres se hacen pruebas, averiguan el sexo de su bebé y reducen al mínimo el factor sorpresa, mientras que otras deciden no hacer muchos preparativos hasta después del parto. Puede parecer una paradoja, pero aunque una madre decida *no* prepararse mucho de antemano, ello puede acabar siendo una forma acertada de prepararse.

Hacer sitio en casa es un acto concreto y visible. Hacer sitio en el corazón es una metáfora que describe un proceso sutil. Con todo, los preparativos domésticos parecen conducir a los más sutiles preparativos del corazón. Una abuela me decía: «Mi madre, y también mi abuela, tenían, ¿cómo se dice?, canastillas. Tenían juegos completos de ropa para cada bebé. Prendas cosidas a mano, gorritos tejidos a mano, de todo. Me parece un buen modo de prepararse por adelantado». Se refería a que esos preparativos prácticos ayudaban a la madre a «meterse en el papel».

Actualmente, las madres no siempre recurren a sus propias madres y abuelas para que les hagan la ropita del bebé. Pero sí recurren, en cambio, a sus amigas y a cosas que pueden comprarse. De Estados Unidos procede el concepto de *baby shower*, una fiesta a la que las amigas de la madre gestante llevan regalos para el futuro bebé. Con el lento proceso de tejer y coser las prendas de la canastilla, las *baby showers* parecen contribuir a que la madre se meta en el papel por el bien del bebé, y a que todo parezca más real.

Cuando falta poco para el alumbramiento, puede darse un ambiente tan receptivo que otras personas sientan también ese hueco especial que se abre en el corazón. Tolstói lo describe en *Guerra y paz*, donde narra cómo, al ponerse de parto una princesa, toda su casa, perteneciente a la aristocracia rusa del siglo XIX, experimenta «una ansiedad compartida, un enternecimiento del corazón». El escritor lo sabía de buena tinta: tuvo nada menos que trece hijos, todos ellos nacidos en casa. Así prosigue su descripción del ambiente doméstico en el que tiene lugar el parto de la princesa: «Pasó la tarde, llegó la noche, y ese sentimiento de pasmo y de blandura del corazón ante lo inconmensurable, lejos de menguar, aumentó. Nadie durmió».[9] El vínculo que observó Tolstói entre el nacimiento de un niño y nuestro ánimo resulta indudablemente elocuente. Se diría una respuesta espontánea y no aprendida.

Durante las primeras fases del proceso del parto, algunas madres siguen sintiéndose conectadas con sus bebés. Si el parto se complica, puede que la madre descubra que esa conexión disminuye y da paso al miedo por su propia vida. A medida que el cérvix se ensancha en el ímprobo esfuerzo de dar a luz, todo su cuerpo va abriendo un espacio involuntario para que emerja el bebé. No estoy segura de cuánto sitio tiene en el corazón una madre para su hijo en el momento del parto. «No estoy empujando, ¡me empujan a mí!», escribía Sheila Kitzinger, educadora experta en preparación al parto, en un poema acerca del momento del alumbramiento.[10] Puede que madre e hijo estén conectados y juntos en plena acción.

Después de que una madre haya creado un reducto íntimo durante el periodo de gestación, por endeble que éste sea, parece posible que su afecto fluya hacia ese espacio vacío tras el nacimiento. El acto preliminar de hacer sitio en el corazón parece preparar para el acto de amar. El hueco que se abre en el corazón es dilatado. Es como estirar los brazos para dar la bienvenida a una variedad de posibles bebés. Cuando una madre siente que su corazón se expande inmensamente y se derrite por su bebé y no por otro, sus sentimientos parecen cerrarse en torno a él, y lo ama a él y sólo a él por ser tal y como es. (Las madres con partos múltiples parecen experimentar este proceso con cada bebé por separado.)

Cuando estaba embarazada, pensaba en el azar que había unido ese espermatozoide y ese óvulo en concreto, ese mes y ese año. ¿Y si hubiera sido un error? ¿Y si el bebé y yo no congeniáramos? Pero en cuanto vi a O supe que era nuestro. Desde entonces no he vuelto a tener dudas. O forma parte de nuestra familia. No puedo imaginarme la vida sin él. (O, 4 meses.)

No todas las madres experimentan amor inmediatamente. Da la impresión de que las madres esperan enamorarse de sus bebés a primera vista, y muchas se angustian si no es así. Lo cierto es que cada madre reacciona a su ritmo.

Nunca quise tener hijos. No iba con mi estilo de vida. A fue un error. Y las dos primeras semanas fueron muy duras, porque te pasas el día dándole el pecho. Ahora, en cambio [...] Es una niña muy fácil. Una niña muy amable. Es mi bebé preferido, absolutamente. Sigo estando muy sensible al respecto. (A, 6 semanas.)

Los primeros días, estaba dispuesta a protegerla, pero no la quería. El problema era que no la conocía. Lloraba de angustia [*llora de nuevo*] por haberle fallado, por no quererla lo suficiente. Ahora ya nos conocemos la una a la otra. (A, 2 meses.)

Siempre supe que sería un niño, pero no sé por qué esperaba que fuera rubio. Cuando nació, una enfermera me entregó a un bebé moreno con la nariz aplastada. Me quedé de piedra. No parecía mío. Parecía [...] Pero todo eso ya ha pasado. Lo quiero como es, lo quiero muchísimo. Me encanta que tenga ideas independientes sobre las cosas. (O, 2 años.)

Esta madre consiguió encontrar el modo de hacer sitio en el corazón para querer a su hijo. Habría sido difícil, si se hubiera pasado la vida deseando que fuera rubio. Le pregunté cómo se había operado el cambio, pero no se acordaba. Imagino que fue desprendiéndose poco a poco de su idea de un bebé rubio y comenzó a darse cuenta de que el color de su pelo no era tan importante como creía. Ello le permitió amar a su bebé tal y como era, en lugar de lamentar que no fuera otra persona.

Recién nacido, un bebé no necesita mucho espacio doméstico. No es necesaria una cama con dosel, ni una habitación con mucho encanto. Pero ¿qué hay del ámbito del corazón? ¿Cuánto espacio necesita un recién nacido? ¿Deben procurar las madres un huequecito minúsculo para un bebé chiquitín? ¿Cómo sabe una madre que está dando la cantidad «adecuada»?

El espacio del corazón no puede medirse. Pero no es minúsculo, desde luego. Por pequeño que sea el bebé, necesita cuidados maternales en abundancia. Y la mayoría de los bebés se empeñan en conseguirlos. En el ajetreo de la vida cotidiana, las madres pueden distraerse hablando por teléfono, organizando comidas o preocupándose por las facturas que hay que pagar. Si los bebés no lloraran para reclamar atención, muchos se verían excluidos del resto de actividades que la madre espera poder hacer. A medida que crecen, puede que se alarguen los intervalos entre momentos de atención materna, pero aun así los bebés siguen necesitando el desvelo de su madre, ese espacio de ternura, cálido y acogedor. Incluso de adultos, por largos que puedan ser los intervalos, los hijos pueden volverse de pronto hacia sus madres en un momento de crisis y exigirles que reabran ese recinto generoso.

Dicho de otra manera, una madre no hace hueco en su corazón sólo para el parto, o para las siguientes semanas, o para tal fecha del año que viene. «En cuanto te conviertes en madre, ya no hay marcha atrás», comentaba una madre. Si una madre hace verdadero sitio en su corazón para acoger a su hijo, no parece posible que vuelva a cerrarlo. Es un compromiso de por vida. Es lógico que a algunas madres les asuste tal compromiso y necesiten tiempo para acostumbrarse a él. Pero creo que, si se reconociera socialmente el hecho de hacer sitio en el corazón, ello contribuiría a que las madres se sintieran mucho más apoyadas.

Pero hacer sitio en el corazón no es un proceso unilateral.

> Yo: ¿Cómo es O?
> M: Pues es un encanto. Tiene un corazón de oro. (O, 7 meses.)

Muchas madres comentan que no sabían que pudieran amar tan apasionadamente hasta que vieron la expresión tierna y confiada de sus bebés. Suelen emplear los términos «amor» y «corazón» para describirlo.

> Cuando oigo reír a A, se me derrite el corazón y siento que no me importaría dar mi vida por ella. (A, 7 meses.)

Las madres descubren que su amor es incondicional.

> Lo que la gente no comprende es que uno puede ver tal o cual defecto en un niño, pero, si es tu hijo, lo aceptas por completo, como nadie más puede hacerlo. [Enérgicas voces de asentimiento entre el corro de madres que escuchan.] (O, 4 años; O, 11 meses.)

A veces, las madres afirman que sus bebés les enseñan a amar. Yo también pienso lo mismo. Y, sin embargo, todas hemos sido bebés. Puede que cada nuevo bebé tenga la virtud de *recordar* a su madre el cariño que ella conoció una vez.

Algunas madres se resisten a esta clase de cariño:

> Mi suegra me dijo el otro día: «¿Sabes, M?, algún día tendrás que endurecer el corazón y dejar llorar a O. No puedes cogerlo en brazos cada vez». Pero yo no quiero dejarlo llorar. (O, 6 meses.)

Resulta chocante que se aconseje precisamente a una madre que endurezca su corazón.

¿Cómo afrontan las madres estos sentimientos arrolladores en su vida cotidiana? Llega un punto en que una madre se da cuenta de que su transformación debe hacerse permanente. No hay modo de volver atrás, a como eran las cosas antes de la concepción. Y, sin embargo, el espacio abierto en el corazón no es como una puerta que pueda mantenerse abierta noche y día. Es dinámico y está sujeto a las emociones. Las madres descubren que su humor fluctúa, y que cuando están cansadas y faltas de fuerzas echan el cierre.

Cuando estoy contenta, veo que O es un encanto de niño, que quiere comunicarse conmigo y que tiene un sentido del humor estupendo. Que tiene verdadera personalidad. En cambio, cuando no estoy contenta, pierdo todo eso. En esos momentos, O me parece muy exigente, y yo no puedo responderle, y luego me siento culpable, y él se da cuenta y empieza a llorar. En esos momentos no veo para nada esa personalidad suya tan especial. (O, 7 meses.)

Hay veces en que ves de verdad a tu bebé. Pero otros días no estás tan segura. ¿Sabéis a qué me refiero? (A, 9 meses.)

No son solamente las madres las que tienen arrebatos de mal humor. Sus hijos también pueden estar irritables. Una madre puede sentir que su hijo debe estar enfadado con ella, y se defiende cerrándose un poco.

M: Está el lado oculto de la maternidad, el lado oscuro. De eso no se oye hablar mucho a la gente.
Yo: ¿Y cuál es?
M: Todas esas veces en que estás aburrida. O, por más que lo intentas, nada de lo que haces sale bien y sólo quieres irte a la cama.

O tu hijo hace algo que te desagrada y tú te das cuenta. Suele pasar cuando estás cansada y te fallan las fuerzas. Cuando tengo energía, todo es más fácil. (O, 3 años.)

Si la madre estaba anteriormente acostumbrada a pasar un tiempo en soledad, haciendo lo que le apetecía, compartir todo el día con su bebé puede ser un auténtico reto.

Primera madre: No tengo dentro de mí espacio suficiente para dárselo a O. Se despierta a las cinco de la mañana, y luego es todo seguido hasta que cae, entre las seis y las nueve de la noche. La persona que me ayuda puede darle el espacio que yo no puedo. Dice: «Puedo ocuparme de O todo el día. Lo quiero tanto...». O chilla de alegría cuando la ve. Eso no lo hace conmigo. Eso lo encuentro muy, muy duro. Tengo que reconocer que siento celos de ella. (O, 10 meses.)
Segunda madre: Pero ellas se van a su casa por la noche. Es completamente distinto. Mi madre se queda con A todo el día, y le encanta. Pero se le nota la cara de alivio que pone cuando llega la hora de irse a casa. (A, 2 años; O, 8 semanas.)

El papel de la cuidadora es contractual. La madre, en cambio, se ha entregado a un compromiso de por vida. Es improbable que su hijo sintonice con otra persona como sintoniza con ella.

¿Qué sucede cuando nace un segundo hijo? ¿Puede una madre mantener abiertos dos huecos en su corazón al mismo tiempo? ¿Qué le ocurre al primer niño cuando nace el segundo? La novelista Anne Enright escribió acerca de su segundo hijo:

Es emocionante tenerlo cerca. Lo más sorprendente es que el amor se repita, igual que el dolor: cabría pensar que no hay espacio suficiente, y luego, *crac*, se abre un hueco en el corazón, enorme, lleno de interés y de luz. Mi precioso niño.[11]

Muchas madres emplean la palabra «corazón» cuando describen cómo pueden amar a más de un niño.

> Estaba muy contenta con O. Era el niño de mis ojos. Antes de que naciera A, no veía cómo iba a poder querer tanto a otro bebé, y eso me preocupaba. Pero mi amiga me dijo: «Con cada hijo, te sale un nuevo corazón». Y es cierto. A mi hija la quiero igual. (O, 2 años; A, 7 semanas.)

> Cuando O y A interactúan, es tan bonito que tengo la sensación de que me va a estallar el corazón. (O, 23 meses; A, 5 meses.)

> Recuerdo que me angustié cuando me quedé embarazada de mi segundo hijo porque temía haber gastado mi cuota de amor con mi hija. Por suerte, una de las muchas sorpresas de convertirse en madre, o en padre, es comprobar cómo puede ensanchársete el corazón.[12]

Al filósofo danés Søren Kierkegaard le impresionaba que las madres pudieran querer a muchos hijos. Para explicar lo que hacían, tuvo que inventar un equivalente danés para la expresión «espacio en el corazón». El término tuvo que ser de su cosecha, puesto que es improbable que conociera la carta privada de Coleridge. En *Palabras de amor* (1843) describe lo que denominó un amor de tipo «constructivo». Se refería con ello a un amor que sirve de inspiración. Como ejemplo de amor constructivo, mencionaba la capacidad de una madre para querer a muchos hijos: «Hay sitio, si hay hueco en el corazón» [*Hjerterum*], escribía.[13]

Aun así, no a todas las madres les resulta fácil acostumbrarse a dos hijos. De ello hablaremos más extensamente en el capítulo 12.

Cuando un bebé crece y empieza a andar, su madre descubre que tiene que amoldar su comprensión y sus expectativas para mantener abierto ese hueco en el corazón. Su hijo empieza a experimentar y a hacer descubrimientos por su cuenta respecto a la vida. Muchos de estos experimentos pueden ser sumamente molestos. Ya no es el bebé mimoso y dependiente que era antes.

> Era más fácil cuando O era más pequeño. Ahora sus deseos entran continuamente en conflicto con los míos. Esta mañana me lo encontré aplastando un tomate en la mesa de la cocina. No me gusta que haya salpicaduras de tomate por todas partes. (O, 13 meses.)

Existe la idea generalizada de que un hijo puede ser «adorable» de bebé, y de que ay de ti cuando lleguen los «terribles 2 años». La madre que crea esto quizá descubra que puede ser bastante tolerante con su recién nacido y que, en cambio, comienza a enfadarse cuando su hijo da los primeros pasos hacia la independencia. No estoy del todo convencida, sin embargo, de que existan esos «terribles 2 años». Creo más probable que el niño de 2 años esté reaccionando, a su vez, a una actitud menos tolerante de su madre. Ha de ser frustrante para un niño de esa edad descubrir que se le impide hacer lo que él ve como una aventura.

Incluso en los primeros meses no siempre es fácil hacer sitio a una persona tan necesitada de atenciones como un bebé recién nacido. Algunas madres temen sentirse desbordadas. «La idea de entregarme a mi hijo era demasiado aterradora», escribía una.[14] Normalmente, las madres que se hallan en esta situación se quejan de que «O es un bebé muy exigente», o de que «A es insaciable. Después de pasar todo el día con ella, no puedo más». Puede dar la impresión de que el bebé se opone a sus deseos constantemente. Pero si observamos más de cerca la situación, parece que es ella quien se está resistiendo a su bebé.

O y yo estuvimos resfriados dos semanas y no podíamos salir. O dejó de sonreír un día entero. Fue duro. Fue muy duro para mí. Fantaseaba con conectarme a internet, comprar un billete y montarme en un avión. Cualquier cosa con tal de alejarme de él. No me gusta hablar de ello porque me hace parecer una mala madre. Quiero ser una buena madre para O. Pero quedarse puede ser muy, muy duro. (O, 9 meses.)

Estaba en tal estado que lo sujeté en la cuna con el brazo y le grité: «¡Duérmete!». [*Llora.*] Estuvo muy mal lo que hice. Como si fuera a decirme: «Vale, mamá, es una idea estupenda. Voy a intentarlo». Pero O me miró como si estuviera aterrorizado. (O, 17 meses.)

Algunas madres se imponen a sus hijos por la fuerza, guiadas por una filosofía más autoritaria que se describe con detalle en el capítulo 14. Otras descubren cómo compartir con ellos una risa que deshaga esos momentos de retraimiento.

Tengo problemas de salud, pero O es tan divertido que hace que los malos tragos sean más llevaderos. Tiene mucho sentido del humor. Antes de tenerlo, mi vida era muy, muy intelectual y yo era muy, muy seria. Pero O ve el lado divertido de las cosas. Él también puede ser muy serio, a veces. Pero me hace reír, y hacía muchos años que no me reía tanto. (O, 4 meses.)

La misma madre encontraba difícil mantener una actitud abierta hacia su hijo a medida que éste crecía:

Me cuesta crear el espacio que necesito para ser la madre de O. Si pienso demasiado en ello, lo pierdo. Se me escapa. Pero, cuando no lo pienso, entonces puede que lo esté haciendo. (O, 9 meses.)

Esta madre daba en el clavo. Hacer sitio es un acto dinámico, y es fácil confundir un retraimiento momentáneo con el sentimiento de ser un fracaso total como madre. Muchas madres pasan por momentos en los que se sienten más retraídas, pero después encuentran el modo de abrirse de nuevo.

M: Por las noches tengo la moral muy baja, todo me preocupa. Y es todavía peor cuando me despierto de madrugada.
Yo: ¿Te resulta muy difícil superar el desánimo?
M: No, qué va. Por la mañana veo la cara de O y está sonriendo de oreja a oreja. La verdad es que te vuelve a poner los pies en la tierra. No hace falta gran cosa para hacerlo feliz. (O, 6 meses.)

Estoy tan estresada que olvido que O podría echarme una mano. Así que el otro día puse dos taburetes junto al fregadero, uno encima del otro, y le dije que se subiera y me ayudara a fregar los platos. Tendríais que haber visto la cara que puso cuando se lo dije. [Pone una gran sonrisa y los ojos como platos.] Parecía que decía: «¿Me lo dices a mí? ¿De verdad puedo ayudarte?» Y no me importó que se mojara la ropa. A él le encantó, y fue muy agradable. (O, 15 meses.)

Es muy difícil cuando no se duermen, pero es normal. Me cuesta explicar lo que hago. En lugar de enfadarme con A, dejo que haga lo que quiera, sin juzgarla. Sea lo que sea lo que está haciendo, intento verlo como algo placentero. Y entonces puedo cronometrarlo. Dentro de cinco minutos estará dormida. Estoy convencida de que, cuando se ponen «difíciles», es porque están reaccionando a nuestra actitud. Juegan a lo mismo que nosotros. Así que cambio de onda. Y en cuanto lo hago, veo cambiar a A. (A, 18 meses.)

Podemos ver por estos ejemplos que las madres se retraen a menudo cuando se sienten estresadas, y parecen ofrecer muy poco espacio. Luego, parece costarles un importante gasto de energía desprenderse de ese retraimiento y encontrar el modo de volver a vincularse con sus hijos. Cada madre encuentra una solución propia. Ninguna de ellas es una receta mágica que funcione para todas.

Con todo, ¿es posible que una madre ofrezca a su hijo un hueco demasiado grande en su corazón, en vez de lo contrario? Si una madre desespera de su vida y se entrega por entero a su hijo, en ese sentido podría estar dándole demasiado. Hacer hueco en el corazón significa procurar dejar espacio suficiente para una persona nueva. Un niño puede sentirse abrumado si percibe que su madre lo ha abandonado todo por él. Una madre, por su parte, puede sentirse muy desalentada por las dificultades con las que se ha topado a lo largo del tiempo, y quizá le cueste mucho trabajo recuperar la ilusión por su propia existencia.

Si yo leyera este capítulo estando embarazada o poco después de dar a luz, creo que quizás empezaría a sentirme confusa y un poco angustiada. ¿Cuánto hueco hay que abrir en el corazón? Si no ha de ser ni demasiado grande ni demasiado pequeño, ¿cómo voy a saber si lo he hecho bien?

Abrir espacio en el corazón es una metáfora, de modo que no puede cuantificarse. En todo caso, lo que damos no ha de ser necesariamente perfecto. Los bebés parecen percibir nuestras buenas intenciones. De vez en cuando, lo que damos parece la justa medida. Pero normalmente fluctuamos, lo que significa que todas pasamos por momentos de «bajón». Pero ¿no deberíamos hacerlo mejor? ¿No estaremos siendo ineficaces e incompetentes incluso cuando lo hacemos lo mejor que sabemos?

Por suerte, el proceso de la maternidad, en su conjunto, hace referencia a algo de mucho más calado que la competencia o la falta de ella. Ser madre tiene mucho más que ver con el hecho de responder a las necesidades de nuestros hijos que con demostrar lo buenas madres que podemos ser. En este sentido, es un trabajo que no puede compararse a ningún otro. Un empleo puede describirse, cuenta con un área definida de competencias para las que el trabajador ha de demostrar su aptitud. Una mujer que trabaja cuidando al bebé de otra tendría que demostrar su competencia. Pero si cuida de su propio hijo, entra en juego algo especial. Los bebés son muy sensibles. Sintonizan con sus madres en un plano de percepción primigenio mucho más importante que la pericia o la falta de ella.

Me gustaría dar un ejemplo de ello, mostrar a una madre en ese proceso de evolución entre el asombro que le produce su hijo y el acto de ofrecerle más espacio en su corazón. Recuerdo que, mientras esta madre hablaba, su hijo pequeño resbaló. Ella lo levantó, se lo cargó en la cadera y comenzó a moverlo mientras seguía hablando. Tardó al menos cinco minutos en contar su historia. Una hora después, más o menos, anoté apresuradamente las partes de las que aún me acordaba, pero debo de haber olvidado muchos detalles:

El lunes llevé otra vez a O a nadar. Confiaba en que hubiera aprendido [*a no asustarse de la piscina*] de la primera vez, pero estaba claro que no, porque en cuanto vio el agua empezó a llorar y a chillar. No sabía si dejarlo y volverme a casa. Si se hubiera puesto completamente histérico, me habría ido a casa con él sin problema. Pero no parecía estar tan mal. Así que nos quedamos y nos sentamos en el borde. Lo rodeé con el brazo y noté lo tenso que estaba. Después de un rato, noté que estaba un poquitín más relajado, pero le costó bastante, media hora quizá. No sé. El caso es que empezó a mirar cómo se tiraban los niños mayores y a señalarlos con el dedo. Luego me miró y señaló el agua, pero no nos metimos enseguida. Cuando llevábamos mucho rato allí sentados, sentí que se había relajado por completo, así que lo cogí de la mano y nos acercamos al primer escalón, cubierto por el agua. Estaba contentísimo. Me sentí muy orgullosa de él. Se me ensanchó el corazón. (O, 12 meses.)

¿Qué había hecho la madre? Había empezado, como suelen hacer los padres, con una expectativa. Esperaba poder llevar a su hijo a nadar y que estuviera preparado para disfrutar del agua inmediatamente. Al ver que no era así, se sintió desconcertada. Pensó en volverse a casa, pero decidió quedarse. «Así que nos quedamos y nos sentamos [...]», dijo.

En ese momento dejó de ser una madre perpleja para convertirse en compañera de su hijo y pasar al «nosotros». Se había desprendido de sus expectativas y había dado cabida a los verdaderos sentimientos de su hijo. Al no imponerle la vuelta a casa ni llevarlo a rastras hasta el borde de la piscina, pudo crear un momento de quietud y compañerismo durante el cual pareció depositar su confianza en el pequeño. No intentó calmarlo, lo que habría equivalido a contrariar sus sentimientos. Notó, en cambio, que poco a poco iba calmándose. Cuando estuvo más tranquilo, empezó a sentir curiosidad, como suele suceder con los niños. Fue él quien se fijó en los niños que se lanzaban al agua y los señaló con el dedo. Al señalarlos, puso de manifiesto que estaba entendiendo lo que sucedía, aunque posiblemente era la primera vez que experimentaba el ruido ensordecedor y el ajetreo de una piscina. Su madre esperó hasta que sintió que estaba verdaderamente calmado. Fue ella quién valoró la situación y lo tomó de la mano. Pero, para que acertara en su decisión, hacía falta que estuvieran suficientemente «unidos».

Al darse cuenta de que su hijo había superado sus miedos y era capaz de relajarse y de disfrutar de la piscina, dijo haber sentido que su corazón se ensanchaba. Creo que tuvo que ser entonces cuando aquella sucesión de acontecimientos cobró sentido para ella. Podía muy bien haberle preocupado que a su hijo le pasara algo por tener miedo la segunda vez que visitaba la piscina, o que ella hubiera hecho algo mal por el hecho de que su hijo reaccionara de ese modo. Ese ensanchamiento del corazón muestra lo dinámicas que pueden ser estas sensaciones maternales.

Abrir espacio en el corazón es una metáfora para describir el reajuste, generoso y sutil, que muchas madres hacen por sus hijos. Es imposible calibrarlo, y sería absurdo idear un test con casilleros para marcar con una equis, a fin de descubrir si una madre lo tiene o no. Si una madre no quiere hacer sitio en su corazón, suele haber otras personas que sí lo hacen, tales como el padre (muchos padres ofrecen espacio afectivo, sean cuales sean las circunstancias), los abuelos o un cuidador profesional. De las madres a las que les cuesta darlo, aunque lo deseen, hablaremos en el siguiente capítulo.

Afortunadamente, muchas madres parecen encontrar su modo personal de crear este espacio afectivo. Que yo sepa, no existe de momento ningún término de uso corriente que describa este proceso, al menos en inglés.

Eso significa que las madres están dando a sus hijos algo que nunca han nombrado. Se diría que durante milenios las madres nos hemos transmitido de generación en generación este acto de abrir hueco en el corazón.

2

Sitio en casa sin sitio en el corazón

Para describir lo que sienten por sus bebés, las madres suelen servirse espontáneamente del término «corazón». Pero no todas las madres son iguales, y no todas se sienten capaces de hacer sitio en sus afectos. ¿Hasta qué punto importa que una madre haga sitio en casa para su hijo, pero no en el corazón?

> Ya no me siento yo misma. No me reconozco. Antes no tenía este aspecto y quiero volver a ser la que era. Hace tanto tiempo que me desespero. Podría ponerme ropa bonita. Podría arreglarme para estar guapa, pero no es lo mismo. He cambiado por dentro. Mi alma ha cambiado. Necesito hacer algo, viajar, para recuperarme. Pero ¿cuándo, cuándo, cuándo? ¿Cuando A tenga tres años, cuando tenga cinco, cuando tenga quince? Hace dieciocho meses que vivo fuera de mí. Físicamente, hago todo lo que hay que hacer por ella, claro que sí, constantemente. Pero nunca he dejado que entrara en el centro de mi ser. No sé si alguien aquí me entiende. Sé que algunas madres dejan que sus hijos entren aquí [tocándose el lado izquierdo del pecho], pero yo no. (A, 18 meses.)

A veces no se habla de «corazón» (*heart*), sino de «centro» o «núcleo del ser» (*core*), y aunque las raíces etimológicas sean distintas, el equivalente latino de *heart* es *cor*. Esta madre sentía que podía hacer cosas prácticas por su hija, pero notaba que otras madres tenían una relación más estrecha con sus hijos que ella con la suya. Es significativo que pensara constantemente en su estilo de vida anterior. Ahora se sentía empobrecida. Ansiaba recuperar su «antiguo yo». No consideraba la posibilidad de pasar página para encontrar un «nuevo yo».

Muchas madres primerizas temen ser *menos*, por ser madres. Un bebé puede parecer un intruso que acapara la atención de la madre, y quizá también su corazón, distrayéndola de su carrera profesional. «Las madres tememos volvernos unidimensionales», escribía una periodista en un diario británico.[15] Muchas mujeres se forjan una identidad en el mundo laboral. Comparado con éste, ser madre puede parecer algo tosco y prosaico.

Ya no sé quién soy [*llorando*]. (O, 5 meses.)

¿Cómo puede una ser madre sin perderse a sí misma? Me miro en el espejo y ya no sé quién soy. No sé qué aspecto tenía antes. Me siento perdida. (O, 9 meses.)

El ideal imperante de belleza femenina es el de una mujer dueña de sí misma, bien arreglada, elegante, y con aspecto de no haber visto un bebé en toda su vida. No es de extrañar, pues, que tantas madres primerizas se sientan perdidas.

Algunas madres refieren experiencias muy dolorosas. La escritora Stephanie Merritt ha escrito un libro acerca de la «depresión posparto» que sufrió. A raíz del nacimiento de su hijo, cambió por completo su estilo de vida, el de una periodista londinense que buscaba únicamente el placer. Pasó a ser madre soltera y se fue a vivir al pueblo en el que había crecido. Aunque fue decisión propia, el choque con la realidad debió de ser enorme. Como decía la madre citada al principio del capítulo, Merritt afirma que podía trajinar de acá para allá, ocupada en los quehaceres propios del cuidado de su hija, pero que era consciente de que le faltaba algo esencial. Escribe:

> Sólo yo sabía cuál era el motivo oscuro de mi esmero llevado al extremo, sólo yo era consciente de que hacía de más movida por la mala conciencia, porque en mi fuero interno sabía que era una mala madre. Tenía que serlo, puesto que no sentía lo que debía sentir. De hecho, no sentía nada en absoluto. Estaba sencillamente hueca, vacía, era un endeble bastidor de mimbre construido en torno a una nada. En el fondo de mi ser, donde supuestamente debía haber un pozo de vehemente amor maternal, sólo había ausencia, y para disfrazar esta ausencia representaba mi papel de madre con fingido fervor.[16]

Una descripción muy precisa. Como la madre del principio del capítulo, su autora se refiere al «fondo de su ser». Las palabras «hueca», «vacía», «nada» y «ausencia» describen una oquedad muy distinta a la que se abre en el corazón para dejar sitio a un hijo. Ésta inaugura un ámbito cálido y hospitalario. El «vacío» que se abre en lugar del «pozo de vehemente amor maternal» demuestra que Stephanie Merritt era capaz de identificar esta carencia, pero no sabía qué hacer al respecto.

Otras madres primerizas describen fenómenos tales como pérdida de apetito, imposibilidad de dormir, frecuentes accesos de llanto y sentimientos de insuficiencia. Los profesionales de la salud interpretan estos fenómenos como síntomas de «depresión posparto», concebida ésta como «enfermedad mental». Una madre puede pedirle fármacos a su médico, y los fármacos pueden ayudarla a sentirse, hasta cierto punto, como era antes. Pero que la medicación surta efecto no es una prueba concluyente de que la madre estuviera enferma. Aún no se ha demostrado la existencia de esta presunta dolencia.

El problema de asumir que estas madres sufren una «enfermedad mental» es que los fenómenos que describen (pérdida de apetito, por ejemplo) se definen, a continuación, como «síntomas». Ello significa que contemplamos dichos fenómenos, o el comportamiento de las madres, como manifestaciones irracionales y aberrantes. Pero ¿podría extraerse alguna conclusión de estas conductas tan inconvenientes? Si entendiéramos mejor las circunstancias vitales de la madre, ¿empezaría a cobrar sentido su comportamiento? Puede que las madres no estén manifestando síntomas de una enfermedad misteriosa, sino reaccionando a una problemática vital concreta.

Una madre puede empezar a sufrir ansiedades, por de pronto, si intenta ignorar sus dificultades y convencerse a sí misma de que «no pasa nada malo» y de que «debería ser feliz». A veces es más fácil para una madre ver su situación con lucidez en retrospectiva. La madre citada a continuación pudo ver, años después, un problema evidente que no reconoció en su momento:

> Cuando nació mi primer hijo, estuve unos seis meses llorando literalmente todos los días. [...] Sentía que no tenía «nada por lo que entristecerme» y sé que mi médico y otras personas sospechaban que tenía depresión posparto. Sólo al volver la vista atrás comprendí que quizás había sido una respuesta lógica a los enormes cambios que se habían operado en mi vida. Era la primera vez que tenía la responsabilidad de un bebé, había dejado de trabajar, no tenía a la familia cerca, tuve que buscar un nuevo círculo de amistades porque las anteriores no tenían bebés y trabajaban todo el día. [...] Sentía que había perdido por completo el control.[17]

Pero ¿qué hay de otras madres que cuentan con el apoyo generoso de su familia y amigos? ¿Están justificados sus sentimientos de angustia? Las madres suelen decirse: «Tengo un bebé precioso. No debería sentirme así», «Sé que debería ser más positiva», «Ya debería haber superado esto». A menudo se comparan negativamente con una madre ideal, feliz y en perfecta calma. Ello significa que una madre puede sentir que ha fracasado, que no es una buena madre, si cree que podría tener algún desasosiego preocupante.

Estas madres describen sentimientos de angustia. Son conscientes de que tienen bebés maravillosos. Quieren amarlos, y sin embargo se sienten escindidas de ellos. «No es que no quisiera a mi hija —explicaba Stephanie Merritt—. Sabía que la quería, pero lo sabía sólo en el plano conceptual.»[18] Es interesante que las madres que se definen como «inútiles con los bebés» o afirmen no disfrutar de esa etapa del desarrollo de sus hijos, no hablen de este dilema. Esas madres no esperan sentir ternura, de modo que para ellas no sentirla no supone ningún conflicto. Pero eso significa que establecen una relación más tibia y distante con sus bebés. Indudablemente, es lógico que las madres en conflicto se sientan tan angustiadas.

Si una madre expresa su sufrimiento, a través de internet, por ejemplo, recibe un aluvión de respuestas tranquilizadoras, asegurándole que es normal sentirse así. Pero la madre no se siente normal. A menudo teme estar volviéndose loca. Además, cuando mira a su alrededor, ve a otras madres que parecen felices. Harriet Lane, que, como Stephanie Merritt, narró su experiencia de depresión posparto, se quedó atónita al oír que una amiga calificaba el primer año con su bebé como el mejor de su vida. Para ella, no lo fue en absoluto.[19]

Sintiéndose en guerra consigo misma, la madre no puede relajarse ni un momento. Se siente culpable al no poder concentrarse en su bebé por estar tan angustiada por sí misma. El poeta Gerard Manley Hopkins dio voz a este grado de angustia:

Oh, la mente, la mente tiene montañas,
temibles precipicios cortados a pico
por los que despeñarse,
incomprensibles para el hombre.
Quien nunca de ellos ha pendido,
quizá pueda menospreciarlos.[20]

«Menospreciarlos» es precisamente lo que hacen muchas personas bienintencionadas cuando le dicen a una madre que lo está haciendo bien y le aseguran que notan cuánto ama a su bebé en realidad. Yo misma soy capaz de caer en estos tópicos. Es duro escuchar a una mujer repetir con insistencia que es una mala madre.

Sin duda, el grado de aflicción de la madre confirma que ella misma sabe que algo va mal. Culparse por ser mala madre es un intento de verbalizarlo. En ocasiones es un alivio empezar a manifestar esos pensamientos sombríos, porque libera a la madre del elevado idealismo que rodea la maternidad y que tan alejado está de su situación real. ¿Qué derecho tenemos a instarle a ver el lado positivo de su situación? Lo haría si pudiera. Sabe que su bebé necesita su cariño, pero eso es más fácil pensarlo que llevarlo a efecto. Tiene muy claro que aún no puede sentir amor hacia su bebé.

Aun así, las madres que se encuentran en este aprieto buscan maneras de salir adelante. He preguntado a muchas cómo lo habían logrado, pero no siempre están seguras. Escuchando sus relatos, se diría que un primer paso es aceptar lo que sienten. El apoyo de una amiga puede ayudar. Y también comparar experiencias con madres en situación parecida y descubrir que no son las únicas. Cuando las madres se sienten lo bastante seguras para hablar de sus sentimientos, con frecuencia descubren que éstos tenían una razón de ser.

En un caso práctico muy sencillo mencionado en un libro, una enfermera de pediatría explicó cómo había atendido a una madre cuyo bebé no dormía bien. La madre le dijo también que estaba preocupada por la actitud de su pareja. La enfermera comentaba que era la primera vez que alguien ayudaba a la madre a «pensar en lo que estaba ocurriendo y a expresar con palabras sus sentimientos». Quedaron en verse otra vez, pero la madre telefoneó antes de la cita para decir que «había hablado con su pareja» y que su bebé «ya dormía de un tirón toda la noche». Las dos autoras que citaban este caso práctico comentaban: «En lugar de limitarse a dar consejos acerca de los problemas de sueño al iniciarse la interacción, la enfermera *abrió un espacio* (la cursiva es mía) para escuchar».[21] Al parecer, esto permitió a la madre expresar sus problemas y resolverlos por sí sola.

A veces, el problema puede ser el parto mismo. Puede ocurrir que a una madre le digan que debería dar gracias por el parto que ha tenido. Su experiencia, sin embargo, puede haber sido decepcionante. Dar a luz concita algunas de nuestras emociones más profundas. Sería raro que no nos afectara profundamente. «El parto tuvo un efecto muy malo sobre mí —contaba una madre—. Me produjo molestias diarias durante meses, y me hizo muy difícil relacionarme con mi bebé. El malestar físico tardó unos seis meses en desaparecer por completo.»[22]

Un documental televisivo ofrece ejemplos de madres que describían sus sentimientos delante de psicoterapeutas. El documental se titulaba *Ayúdeme a querer a mi bebé*. Una madre «era consciente de que nunca había asimilado su aborto espontáneo y que esto explicaba en parte sus ataques de ansiedad, su TOC (Trastorno Obsesivo-Compulsivo) y su depresión».[23] Otra madre recordaba que se había «ido a vivir con su abuela a los 12 años porque su madre bebía. "Nunca he tenido una relación positiva con mi madre —dice [la madre]—. Tuve que valerme por mí misma. Me di cuenta de que, como consecuencia de ello, me aterraba que alguien dependiera de mí"».[24]

No siempre es fácil reconocer sentimientos como la ira por los defectos de una pareja, o el resentimiento con uno de los progenitores de la madre, o con ambos. A menudo la pareja y los padres son precisamente en quienes debe apoyarse cotidianamente la madre.

Para colmo de males, si una madre estaba acostumbrada a que la criticaran sus familiares cercanos, puede parecer natural dar por sentado que su bebé, cuando llora, es porque también le encuentra defectos.

> Cada vez que lloraba mi hijo, pensaba que me estaba criticando. Salí del atolladero cuando estaba a punto de cumplir un año, y de pronto me di cuenta de que lloraba porque no tenía otro modo de decirme lo que fuese. Racionalmente lo sabía desde siempre, claro, pero tardé mucho tiempo en asimilarlo. (O, 5 años.)

Cuando una madre consigue disipar esta angustia e identificar parte de su ira, de sus miedos y resquemores, puede conectar mejor consigo misma como persona en su totalidad. Sus auténticos sentimientos le sirven para explicar una conducta que antes le parecía rara. Puede reconocerse de nuevo como ser humano. Los miedos más terribles son amorfos. Pero hablar de ellos les da forma y, cuando tienen forma, es posible descubrir alternativas para encararlos. Del mismo modo, si una madre es capaz de reconocer que siente ira, puede empezar a dotar de sentido a sus propios actos. La angustia que siente por sí misma disminuye. Esto libera energías y le permite sentirse más fuerte. Así le es mucho más fácil querer a su bebé.

En muchos casos, sentirse preparada para ello puede llevar tiempo. Una madre no puede acelerar este proceso, ni forzarse a reflexionar. Afortunadamente, por lo que cuentan las madres, parece que no tenemos que hacerlo todo a la perfección desde el principio. Se diría que se nos concede una segunda oportunidad más adelante, cuando, con el paso del tiempo, podemos hacer mucho para subsanar nuestros errores de partida.

> Nada me había preparado para el cambio que sufrió mi vida al convertirme en madre. Fue duro para mí. Estaba deprimida, así que pedí ayuda. Lo que afloró tenía que ver con mi infancia. Mi madre no me dio mucho espacio afectivo. Así que cuando nació O2, fui capaz de estar ahí, para él, en lugar de sentir que tenía que seguir haciendo cosas. Pero el año pasado, O1 tuvo apendicitis. Fui al hospital con él y me quedé una semana. Y pude estar ahí, a su lado. Estoy convencida de que eso restañó nuestra relación. Siento que le he compensado. (O1, 6 años; O2, 3 años.)

Otra madre reflexionaba:

> Mi primer hijo era muy dependiente. Yo no podía ser la madre que necesitaba el niño y la madre que yo quería ser. Me avergüenza haberme enfadado con él y haberle gritado. Pero ahora lo miro y me doy cuenta de que entre nosotros hay un vínculo especial. Somos camaradas de guerra. Mi segundo hijo es muy distinto. Es muy tranquilo. Con él también tengo un vínculo especial. (O, 4 años; O, 14 meses.)

Algunos padres describen sentimientos igualmente dolorosos tras el nacimiento de sus bebés. De ello se habla brevemente en las páginas 229-230. Quizás ellos también agradecerían la posibilidad de debatir sus sentimientos.

A veces, una madre puede sentir ira por otros motivos. Quizá se enfade con un hijo mayor, y la relación entre ellos parezca al borde de la ruptura. Madre e hijo apenas se hablan. La madre se queja de que su hijo se ha cerrado en banda y evita cualquier conversación con ella. Cada vez que ella decide mostrarse más amable y darle otra oportunidad, él hace un gesto desdeñoso o burlón que reaviva su ira.

Puede ser muy tentador culpar al niño de los problemas de la relación. Hay incontables formas de hacerlo, pero ninguna está justificada. Como madres, tenemos ventaja. Si un niño se muestra arisco y retraído, ello se debe a la interacción que establece con nosotros. Una madre no puede quejarse legítimamente de ser víctima de su hijo o de que éste la haga reaccionar de determinada manera. Es una persona adulta responsable de sus actos, y su hijo no puede obligarla a hacer su voluntad.

Puede que lo que ocurra en una relación dolorosa de este tipo sea que la madre no está ofreciendo suficiente espacio afectivo, sino que tiene sus miras puestas en una plantilla ideal en la que le gustaría que encajara su hijo. Si hiciera «lo debido», piensa la madre, es decir, si estuviera más cerca de ese modelo ideal, se sentiría más a gusto con él y mejoraría su relación. Lo que puede que le cueste es ver a su hijo tal y como es, como una persona única que jamás será como ese patrón ideal.

Una madre a la que se le había diagnosticado depresión posparto decía «estar enamorada de la *idea* (la cursiva es mía) de tener un hijo».[25] Pero, naturalmente, su hijo era muy distinto a la idea que se había formado de él. Entonces, ¿por qué no podía sencillamente enamorarse del niño real?

Muchas madres parecen haber encontrado el modo de dejar atrás esta angustia profunda para descubrir que son capaces de aceptar y querer a sus bebés. La madre que se cita a continuación parecía tan feliz que costaba creer que durante varios meses, antes y después del parto, hubiera estado postrada en cama, sufriendo dolores cada vez que se movía. El padre del bebé se retrajo y la abandonó. Durante meses, su hijita se aferró a ella constantemente a lo largo del día.

Mi hija ha hecho de mí la madre que soy. Si hubiera sido un bebé más fácil, yo no habría sido la madre que soy ahora. [*Abrazando a su hija y acariciándole el pelo.*] Le estoy muy agradecida por ser tan exigente, porque me gusta la madre en la que me he convertido. (A, 16 meses.)

Stephanie Merritt cuenta en la última página de su libro cuánto ha cambiado:

Cuando era más joven y más dogmática acerca de lo que quería de la vida, valoraba hasta tal punto la noción de independencia que no supe comprender el valor de la interdependencia; la enfermedad me ha obligado a asumirlo, en contra de mi inclinación natural a vivir como una isla, y ha sido una lección importante que he tenido que aprender.[26]

Parece una lección muy importante que aprender, en efecto. O que reaprender, quizá. Nacemos «interdependientes». Nadie tiene la «inclinación natural a vivir como una isla». John Donne se sirvió de la misma imagen cuando en 1624 escribía: «Ningún hombre es una isla, completo en sí mismo».[27] Convertirse en una «isla» es un modo muy humano de defenderse cuando los demás se muestran hirientes. Da la impresión de que la lucidez de Stephanie Merritt respecto a su incapacidad para amar a su bebé la impelió a afrontar un antiguo dilema íntimo acerca de cómo amar sin sufrir.

Tener un bebé puede agudizar los conflictos de una madre respecto a cómo amar. Pero también puede ser un gran estímulo para cambiar. Los bebés no han aprendido a defenderse para evitar el dolor. Con un bebé recién nacido, una madre puede poner a prueba un modo tierno y cariñoso de relación sin apenas correr riesgos en ese sentido.

3

«No sé»

Se oye decir a menudo que «las madres sí que saben». A veces yo misma lo digo. Pero, como casi todas las afirmaciones respecto a las madres, sólo es cierto en parte. No es así, desde luego, como se sienten la mayoría de las madres al principio.

Pensaba que me había preparado y que había leído un montón sobre bebés, pero después del parto me encontré con que no sabía nada, nada. Pensaba: «¿Qué está pasando?» (O, 2 meses.)

Hay tantas preguntas a las que no puedo responder [...] Son todas sobre pequeños detalles. Hay un montón de cosas que no sé. (A, 3 meses.)

Primera madre: P volvió al trabajo esta mañana. Estoy sola. Y lo que sabía sobre la maternidad ya no da más de sí. No sé qué viene ahora. No sé qué esperar. (A, 2 semanas.)
Segunda madre: Pues, ¿sabes qué? Yo todavía me siento así. (O, 7 meses.)

Hace falta tiempo para conocer a un niño. Es un proceso extraordinario. Las madres están aprendiendo acerca de perso-

nas desconocidas hasta ese momento. Los primeros descubrimientos que hacen suelen ser pequeños e imperceptibles. Puede
ocurrir que no se den cuenta de que están haciendo progresos.

> Es raro ser madre. No tengo ni cinco minutos para poner la lava-
> dora, pero sí media hora para pararme en la calle a mirar un pe-
> tirrojo. (A, 7 semanas.)

Esta madre estaba hablando para unas cuantas más, que enseguida se rieron. Comprendían lo raro que sonaba aquello. No
necesitaban que les explicara lo útil que se había convertido la
lavadora. Y, sin embargo, meter la ropa sucia dentro puede ser
muy difícil teniendo a un bebé en brazos, mientras que contemplar a un petirrojo es compatible con sostener a un niño en brazos. Todas parecían estar de acuerdo en que los bebés de más corta edad quieren a menudo que sus madres los cojan.

Con todo, había cierta reticencia en sus risas. Mirar un petirrojo, ¿de qué sirve eso? ¿Acaso no viene a demostrar que las
madres hacen cosas ridículas que no merecen esa pérdida de
tiempo? ¿Qué sentido tiene que una madre se pare con su bebé
a contemplar un petirrojo?

¿Qué se *supone* que han de hacer las madres? Tienen enco-
mendada la tarea de introducir a sus recién nacidos en la vida en
sociedad. Lo hacen mediante la relación con sus bebés y empezando a comunicarse con ellos. Al principio, los bebés no saben
cómo comunicarse, ni son conscientes de que pueden hacerlo.
Expresan lo que sienten mediante el llanto o poniéndose con-
tentos. Pero a un recién nacido no se le ocurre mirar a su alrededor para comprobar si está obteniendo alguna respuesta.

El «diálogo» de ida y vuelta parece un cambio inmenso respecto a la vida intrauterina. La civilización humana depende de
que las sucesivas generaciones sean capaces de comprenderse y

comunicarse entre sí. No nacemos sabiendo cómo hacerlo. Lo aprendemos. Convertirse en madre significa forzosamente llevar a cabo uno de los trabajos más antiguos que existen. Pero la responsabilidad de la madre a la hora de ayudar a su bebé a comunicarse no goza de amplio reconocimiento. Puede que ni siquiera las propias madres se den cuenta de que es esto lo que están haciendo.

Esto nos ayuda a comprender a la madre que se detenía a mirar el petirrojo. Había empezado a percibir los momentos en que su bebé parecía contento, y los agradecía. Cuando su hija parecía relajada mientras la sostenía en brazos y miraban el petirrojo, su reacción debió de ser: «¡Qué bien haber encontrado algo que te gusta! Vamos a mirar un rato más». Es un buen ejemplo de lo nimios que pueden ser los primeros pasos de la comunicación y de lo insignificantes que pueden parecer en su momento. Sin embargo, estos pequeños pasos son cruciales.

Antes del parto, una madre puede haber leído mucho acerca de cómo cuidar al bebé y haber planeado cómo organizará su vida con él. Pero quizá le espere una sorpresa. A un recién nacido no se le puede «organizar». Es capaz de expresar rotundamente sus puntos de vista respecto a los pormenores de su cuidado. Y puede que sus opiniones no siempre coincidan con las de su madre. Esto significa que el cuidado del bebé es más sutil de lo que parece. No es cuestión de aplicar este método o el de más allá. Es un diálogo. Puede convertirse en una batalla.[28] O en una sucesión de tratos y negociaciones entre dos personas.

Pero ¿cómo se negocia con un recién nacido? Los libros raramente hablan de ello. ¿Pueden las madres aprenderlo de otras? ¿Enseñan las madres con experiencia a las primerizas lo que tienen que hacer, o al menos cómo empezar? Es una pregunta muy interesante. Podría pensarse que la experiencia maternal es fácil de transmitir. Las madres experimentadas quieren, desde luego, ayudar a las primerizas que se sienten confusas. Así que ¿por qué no lo hacen?

> Hablando por teléfono con mi amiga, que dio a luz hace cuatro días y que *nunca* pide ayuda a nadie, la oía trajinar de acá para allá, llorando. Estoy intentando recordar cómo era yo entonces. Ahora es tan distinto. Comparado con eso, lo de ahora es pan comido. (A, 9 meses.)

Una madre con experiencia recordaba cómo se sentía anteriormente:

> Las preguntas que hacen las madres primerizas no son de las que tienen una respuesta evidente. Recuerdo que cuando yo era madre primeriza preguntaba a las madres con experiencia cómo afrontaban tal o cual situación. Solían contestar «No sé», y a mí me parecía frustrante. Estaba segura de que conocían una respuesta adecuada que no me contaban. Pero ahora yo también lo digo. El bebé de mi cuñada tiene cuatro meses, y ella acaba de preguntarme si sé cómo conseguir que duerma más. Pero la verdad es que no lo sé. Como madre, he aprendido a aceptar las cosas, no a resolverlas. (A, 4 años; O, 12 meses.)

Las madres evolucionan de manera diversa, y es posible que no todas nos veamos reflejadas en estas reacciones. Lo importante es que estas madres han evolucionado respecto a como eran al principio. Pero ¿en qué sentido? ¿Cómo pudieron cambiar hasta el punto de no recordar apenas esas primeras semanas tan intensas?

Una madre intentaba explicarlo mientras mecía a su hija pequeña, apoyándola en su cadera:

> Nada más nacer el bebé, todo son consejos. Es muy desconcertante. Intentas seguirlos, y acabas por pensar que a tu bebé o a ti os

pasa algo raro si no funcionan. Luego, en algún momento, te das cuenta de que lo que tienes ahí es una *personita*, [...] no un objeto al que haya que alimentar y calmar. (A, 15 meses.)

Puede parecer obvio que un bebé es una personita, pero por lo visto es muy fácil que las madres primerizas pierdan de vista este hecho. Como señalaba esta madre, los profesionales de la salud ofrecen gran cantidad de consejos acerca de cómo debe organizarse la vida cotidiana con un bebé. Dichos consejos pueden parecen útiles, pero crean confusión. Quienes los ofrecen, en realidad no describen al bebé de una madre en concreto. Pese a ello, hablan o escriben no sólo como si todos los bebés fueran parecidos (como lo son en ciertos aspectos), sino como si todos *debieran* serlo.

Cada bebé es único, como lo es cada madre. Esto también parezca quizás una obviedad, pero repito que una madre suele perderlo de vista fácilmente. Y cambia mucho las cosas. Así, por ejemplo, una madre puede haber visto a otras dejar a sus bebés en sus cunas. Pero el suyo, que es único, prorrumpe en chillidos cada vez que intenta tumbarlo. Ella ignora por qué. Pero, como no quiere causarle malestar, comienza a «negociar» con él del siguiente modo: «Pareces contento cuando te cojo en brazos, pero tengo que comer algo. Tendremos que encontrar el modo de hacerlo juntos».

Al principio, las negociaciones son forzosamente unilaterales porque el bebé desconoce las alternativas. Aun así, las madres parecen mantener estas conversaciones como si sus hijos fueran capaces de responder. Puede que ello allane el camino para que el bebé se atreva a tomar parte en la conversación cuando tenga edad suficiente.

No todas las madres son conscientes de que podrían hacer esto. La madre que estaba tan segura de que su hija pequeña era una personita había vivido una crisis de confianza en una fase mucho más temprana:

> La semana pasada, pareció que A y yo dábamos marcha atrás. Ella no se dormía y yo perdí los nervios, así que me puse a leer uno de esos libros que explican cómo conseguir que tu bebé adquiera una rutina, ya sabéis. La arropé, como decía el libro, y A se limitó a mirarme fijamente. Luego empecé a darle palmaditas en la espalda. En ese momento, la rutina de las palmaditas en la espalda se me hizo eterna. Me pareció gris y machacona. Perdió toda su alegría. Me pareció triste. ¿Dónde estaba mi saber de madre, todos esos pequeños detalles que empezaba a reconocer en A? Estaba empezando a aprender. Pero todo eso parecía haberse reducido a nada. (A, 5 semanas.)

Esos «pequeños detalles» eran los primeros signos de comunicación entre madre e hija. Como la madre del petirrojo de la página 58, esta madre estaba empezando a conocer a su bebé. Hasta ese momento no se había dado cuenta de lo mucho que había aprendido ya.

Los comienzos pueden vivirse con agobio. Al nacer, las sensaciones de un bebé son muy tiernas, igual que su piel. Necesita que su sensibilidad le posibilite el aprendizaje. Su sensibilidad, sin embargo, lo expone también al dolor. Puede llorar angustiado, a pesar de los esfuerzos de su madre por reconfortarlo. Las madres primerizas sienten a menudo deseos de llorar cuando lloran sus bebés. Ese llanto les ayuda a mantener una actitud de ternura y comprensión hacia sus bebés, incluso cuando no saben por qué lloran sus hijos. Echando la vista atrás, una madre recordaba:

> No estaba preparada para lo mucho que se los ama. Te sientes fatal si tienes que hacer algo que los haga sufrir. Empieza a temblarte el

mentón y […]. No se puede explicar con palabras. Te sientes una mala madre. (A, 5 meses.)

Normalmente no hay tiempo para que una madre reflexione sobre la fase de recién nacido hasta que ésta ya ha pasado.

Al principio estaba en ascuas, intentando hacer todo lo que necesitaba A. Pero ya no es una recién nacida. Parece mucho más segura de sí misma. Y yo estoy muy cansada. (A, 2 meses.)

Aunque esta madre se sentía «en ascuas», eran sus ascuas, no las tuyas, si eres madre, ni las mías. Intentaba hacer lo que necesitaba su hija. Pero ella es tan única como su bebé. Así que tuvo que encontrar por sí misma el modo de ser la madre de su hija. Esta madre en concreto cobró conciencia de que la fase de recién nacida se había acabado cuando su hija se mostró «mucho más segura de sí misma». Sin pensar en ello, la madre sabía que ya podía relajarse: un poco. Y en cuanto se relajó, se dio cuenta de lo cansada que estaba. No hay un término preciso para esta fase de cansancio tan significativa. Las madres suelen hablar de ello. Significa que han alcanzado cierto grado de comprensión con sus bebés y que pueden permitirse estar un poquito más pendientes de sus necesidades individuales. Es un hito.

Pero ¿cómo aprenden las madres a estar «en ascuas»? Cada nuevo hijo es una persona desconocida. No conocer a esa persona que tanto depende de ti puede vivirse como algo alarmante. Y plantea un nuevo dilema. Es exactamente así como se sentía la señora Gaskell, una novelista, cuando en la noche de un martes de agosto de 1836, once meses después de dar a luz a su primer hijo, confesaba en su diario:

Todo en la vida de una mujer, al menos eso me parece ahora, debería remitir al periodo en el que cumplirá uno de sus deberes mayores y más elevados, el de madre. Me siento tan ignorante, tan indecisa sobre tantas cosas [...][29]

Muchas madres hoy en día se sienten «ignorantes» e «indecisas». A fin de cuentas, el cuidado de un hijo recién nacido rara vez aparece en el currículo escolar. Muchas mujeres adquieren los conocimientos básicos únicamente durante el embarazo. No es lo ideal, pero con recursos como internet y la ayuda de profesionales de la salud puede no ser desastroso. Algunos pormenores del cuidado de un bebé constituirían una aportación valiosísima a la enseñanza de las ciencias en la escuela. Una información actualizada acerca de la lactancia materna y las vacunaciones sería de inestimable ayuda.

Pero la maternidad es mucho más que el cuidado del bebé. Implica la necesidad de relacionarse con una persona nueva y desconocida. Desconocer a un sujeto que no maneja aún el lenguaje verbal puede suponer un reto. Pero ¿es un obstáculo? Quizá reconocer que no se sabe pueda ser una ventaja. Ése fue el gran descubrimiento de Sócrates, el filósofo ateniense del siglo v.

Cuando le dijeron que el Oráculo de Delfos había afirmado que no había hombre más sabio que él, Sócrates, haciendo gala de su lógica característica, se propuso demostrar la falsedad de esa afirmación. Decidió entrevistarse con varios hombres a los que consideraba mucho más sabios que él, y descubrió que, al interrogar a esos «sabios», la atribución de sabiduría resultaba infundada. Tras interrogar a uno de ellos, comentó: «No sabe nada y cree que sabe; yo tampoco sé, ni creo saber. Así pues, en esa minucia parezco llevarle ventaja».[30]

Fue un hallazgo revolucionario. Ahora, igual que entonces, la mayoría de la gente admira a quien tiene fama de sabio. Sócrates afirmó sin ambages que era un rasgo de sabiduría reconocer la propia ignorancia.

El hallazgo de Sócrates sirve para las madres. Muchas alcanzan la fase de no saber casi enseguida. La mayoría aprende los rudimentos del cuidado de un bebé leyendo libros, en las clases de preparación al parto o hablando con otras madres. Ello hace que el cuidado del bebé parezca sencillo y universal. Pero, con ese sujeto único que es su bebé recién nacido, una madre se descubre al límite de lo conocido, e incluso después de empezar a conocer a su bebé, ambos alcanzan nuevas fases en las que la madre se siente nuevamente perdida.

No sé adónde voy. (A, 11 meses.)

Siento que ya no conozco a O. Cuando era más pequeño, entendía siempre exactamente lo que quería decir. Ahora hace cosas que de verdad no entiendo, por más que me empeño en intentarlo. (O, 18 meses.)

Estamos en territorio ignoto. (A, 18 meses.)

Todas estas madres han leído libros sobre los cuidados del bebé. Pero los libros hablan de bebés en general. La cosa cambia cuando una madre compara a su bebé con sus ideales y aspiraciones. Está sola en un camino que sólo ella puede recorrer. Y quizá la asuste reconocer que no sabe lo que tiene por delante. Con todo, éste parece un buen comienzo para ser madre. Le permite comenzar desde una posición de humildad. Y desde la humildad es más fácil aprender.

Esto convierte ser madre en una aventura. No tenemos por qué atenernos a respuestas preconcebidas. Somos libres de aprender a ser madres a nuestra manera. En esta época de estudios regulados y diplomas, puede ser muy liberador descubrir que hay algo que podemos aprender por nuestros propios medios.

Antes pensaba que tenía que esforzarme para aprender. Pero, como madre, me doy cuenta de que estoy aprendiendo todo el tiempo. (O, 22 meses.)

El amor suele conducir al aprendizaje. Muchas madres aman profundamente, de modo que cabe esperar que su conocimiento sea también de hondo calado. El amor les permite transformar sus detalladas observaciones en pequeños peldaños en el camino hacia la comprensión.

Mi hijo lo hace todo despacio. Se estira despacio y mama despacio. Ahora que lo conozco, entiendo por qué nació con dos semanas de retraso. (A, 21 meses; O, 13 días.)

Mi hijo se resiste a dormir. Si está pasando algo, noto cómo se esfuerza por abrir los ojos para mantenerse despierto. Pero está cansado de verdad, se queda muy tranquilo. Me sentí muy liberada cuando me di cuenta. (O, 3 meses.)

A menudo, las madres descubren que su amor crece a la par que su comprensión.

Quería a A cuando nació porque era mi bebé. Pero ahora la quiero por ser como es. Estoy loca por ella como persona. (A, 8 meses.)

Pese a todo, estos primeros pasos pueden parecer tan insignificantes que las madres no siempre son conscientes de haber empezado con buen pie. Incluso las madres que están empezando a comprender a sus bebés afirman con frecuencia haber fracasado. ¿Qué cabe deducir de esto? ¿Qué significan el éxito y el fracaso, tratándose de la crianza de un bebé?

Las madres suelen empezar por definir el éxito dependiendo de si el comportamiento de sus bebés se adecua o no a las opiniones más extendidas. Declaran, por ejemplo: «Siento que he fracasado porque O se niega a tomar el biberón». Sin embargo, un bebé que mame puede tener una sólida opinión respecto al hecho de alimentarse con un biberón. Es tan humano como su madre. En este sentido, ella no ha fracasado. Por el contrario, ha tenido «éxito»: se ha dado cuenta de que su bebé le ha comunicado su preferencia personal.

Las madres suelen decir con una nota de angustia en la voz: «Pero *tiene que* comer», «*Tiene que* dormir» o «*Tiene que* aprender a confiar en los demás». Sí, un bebé necesita aprender todas esas cosas, pero la angustia que describen las madres suele tener que ver con la noción de oportunidad. Sería mucho más sencillo que los bebés hicieran lo «correcto» en el momento «adecuado». Pero un bebé puede no tener ni idea de que necesita dormir en ese momento preciso porque su madre lo cree oportuno. Por molesta que se sienta, sin embargo, eso no significa que haya fracasado como madre. Ha recibido mensajes claros de su hijo o hija. Las madres que se encuentran en esa tesitura descubren que, si son capaces de respetar el mensaje, por inoportuno que pueda ser, consiguen seguir comunicándose con sus bebés como personas.

Hace unos meses, habría intentado convencer a A de que echara una siesta cuando creía que lo necesitaba. Ahora, si no quiere, le digo: «Vale, no quieres dormir. Si quieres quedarte levantada, nos quedamos levantadas». (A, 9 meses.)

A tiene su propia forma de dormirse, y a ella parece que le funciona. Después de contarle su cuento, se levanta y se pone a saltar con todas sus fuerzas sobre el colchón. Así parece consumir la poca energía que le queda. Es lo contrario de lo que dicen todos los libros, que hay que ir relajándose poco a poco, con calma, hasta que se duermen. Pero está claro que a ella le funciona. Después de eso,

puede dormirse sin problemas. He aprendido a confiar en su método. (A, 3 años; O, 6 meses.)

Tenemos mucho que aprender acerca de cuándo confiar en
nuestros hijos. Ello depende en gran medida de cuánto los co-
nozcamos como personas. Muchos problemas se disuelven hasta quedar en nada cuando somos capaces de llegar a conocerlos.

Con mi primer hijo, buscaba soluciones. Ahora no enfoco las
cosas de ese modo. Esa clase de soluciones no existe. (O, 2 años;
O, 3 meses.)

Lo más frecuente es que no puedas resolver lo que sea. Se resuelve
con el tiempo. Te desvives intentando facilitarle las cosas a tu hijo.
Pero al final te das cuenta de que los problemas pasan, sencillamente. Yo antes me empeñaba en resolverlos y, como madre, estoy aprendiendo a aceptar que las cosas son como son. (A, 3 años;
O, 8 meses.)

Es éste un descubrimiento importante, y no tan sencillo
de hacer como podría parecer. Esperar en la incertidumbre,
sin saber qué hacer, cuando una está profundamente preocupada por su hijo o hija, es una de las partes más difíciles de ser
madre.

Evidentemente, las madres no están siempre esperando, ni están siempre dispuestas a aceptar las cosas tal y como son. Inter-
vienen y actúan en nombre de sus hijos. Es la faceta más visible
de ser madres. Pero hay también una faceta igualmente importante, menos visible, pero más apacible y armónica que parece
característica de las madres con experiencia.

Esta faceta «paciente», más serena, cobra especial importancia si el niño cae enfermo. Las madres primerizas muestran, en
su mayoría, un afán apasionado de proteger a sus bebés. Pese a

ello, la salud y hasta la vida de un bebé no siempre están en manos de su madre. En esos casos, la ignorancia y la inexperiencia a veces resultan aterradoras. Si el bebé está gravemente enfermo, la madre tendrá que asimilar cierta información médica de carácter técnico. Basándose en ella, a menudo tiene que tomar decisiones difíciles. Es una enorme responsabilidad para la que es imposible estar preparada del todo.

Los momentos frenéticos de búsqueda de información a fin de tomar decisiones suelen alternarse con periodos lentos en los que sólo se puede esperar a ver cómo evoluciona el bebé.

Esperar puede ser muy duro. Y, sin embargo, una madre sentada junto a su bebé enfermo tiene algo valiosísimo que ofrecer. No es tan ignorante ni tan impotente como puede sentirse, aunque tal vez necesite que la animen mucho para llegar a creerlo. Una madre empieza por no conocer a su bebé, pero pronto descubre todos los matices de sus preferencias. Si su hijo tiene dolores o está nervioso, le ayuda escuchar a su madre. Todos esos pormenores afectivos que ha ido recabando pueden suponer una gran diferencia. Incluso en situaciones extremas, cuando quizá quede poco tiempo, una madre que cuente con apoyos cariñosos puede emplear su relación con su hijo para ayudar a éste. La salud del niño en ocasiones depende de la destreza de los médicos. Pero la madre tal vez pueda aportar algo íntimo y personal.[31]

> Mi empeño fue siempre intentar encontrar el modo de que A fuera una persona y no sólo una etiqueta. Cuando la gente hablaba como si fuera sólo la etiqueta [*de su enfermedad*], yo solía pensar: «¡No hables así de mi niña!» (A1 murió con dos meses; A2, 4 meses.)

> A mi hijo le pusieron las vacunas y justo después se puso malo. Yo siempre estoy deseando dormir, pero cuando O estaba enfermo

me di cuenta de que no podía dejarlo en la cuna toda la noche. Lo tomaba en brazos y me paseaba con él y lo acunaba. No me importaba el cansancio. Me daba tanta pena [...] Y lo que hice fue bueno, porque me di cuenta de que eso nos unía aún más. Comprendí que sería capaz de hacer cualquier cosa para que se sintiera mejor. (O, 3 meses.)

Con frecuencia, cuando un niño está enfermo, eso le recuerda a su madre lo especial que es su hijo. Es más fácil ser consciente de ello cuando acaba de nacer, pero después, con el ajetreo de la vida cotidiana, quizá no lo tenga tan presente.[32] A menudo hablamos como si los bebés tuvieran que subir una especie de escalera de progreso para alcanzar las cotas de la edad adulta, donde nos hallamos nosotros. Pero esto es cierto sólo en parte. Los bebés son maravillosos tal y como son, sin subir un solo peldaño.

¿Por qué, entonces, hablamos de nuestros bebés como si fueran mecanismos recalcitrantes necesitados de reparación urgente? «Mi bebé sigue despertándose.» «Mi hijo rechaza la comida sólida.» «A mi hija le cuesta compartir con sus amigos.» ¿De veras queremos bebés «impecables»? ¿Acaso no es a nuestros bebés reales, con todas esas peculiaridades que llegamos a conocer, a los que amamos de verdad?

No soy una persona religiosa, pero me siento tan afortunada por tener a A [...] Cuando está contenta, sonríe de oreja a oreja. Hace unas semanas, iba en el autobús y un señor miró a A y me dijo: «Usted ha sido bendecida. Ha sido realmente bendecida». Y yo creo que tiene razón. Me siento bendecida. Sé que es un término religioso, pero es como me siento. (A, 7 meses.)

Las madres descubren con frecuencia que en ellas se alternan periodos de euforia en los que se sienten muy afortunadas por tener a sus bebés, y periodos de pragmatismo propios de una vida agobiada por los quehaceres cotidianos.

> Te sientas a dar el pecho y, casi enseguida, ves una taza sucia por allí y un montón de papeles y ropa que hay que ordenar, y entonces te entran ganas de levantarte y ponerte a recogerlo todo. (A, 2 años; O, 2 meses.)

> Cuando A está a punto de dormirse, empiezo a hacer planes. Voy a hacer esto y lo de más allá. Pero luego pienso: «No seas tonta, puede despertarse en cualquier momento. No pongas la lavadora antes de ir al baño». (A, 4 meses.)

Cuidar de un bebé hace aflorar una nueva percepción de una misma. Muchas madres descubren que disfrutan estando con sus bebés mucho más de lo que esperaban.

> Si hubiera sabido más de bebés, me habría tomado un año de excedencia. Ahora ya me he hecho a la idea de volver, pero en cierto momento pensé en coger a A y huir con ella. (A, 4 meses.)

Esto plantea una cuestión de mayor alcance, la de si algunas madres se sienten obligadas por razones económicas a regresar al trabajo contrariando sus sentimientos más profundos. (Retomaremos esta cuestión en el capítulo 15.) Otras madres descubren que convivir con un bebé no les agrada en absoluto y están deseando volver al trabajo. Una madre puede intentar predecir cómo se sentirá después del parto, pero es imposible que sepa de antemano cuáles van a ser sus emociones.

No es fácil comenzar la crianza de un hijo en la ignorancia y aprender tan lentamente. Sospecho, de todos modos, que más mujeres elegirían este camino azaroso si, como madres, se sintieran más respetadas y apoyadas por todos nosotros. En cambio, los muchos esfuerzos que hacen por comprender a sus bebés pasan desapercibidos o se dan por descontados. Ello puede hacer que las madres sientan que su contribución a la sociedad es insignificante.

Toda madre que está criando a su bebé con amor está haciendo una contribución maravillosa. Para quien la observe desde fuera, su afecto puede parecer excesivo. Pero es lo que ellas eligen dar, y también lo que necesitan los niños. No parece que la moderación ayude a florecer a los niños. Florecen al calor de nuestro afecto, y parecen necesitarlo inmediatamente, desde el principio. Se diría que resplandecen cuando mimamos sus cuerpos y sus primeros intentos de aprender y experimentar.

El cariño de una madre no es un lujo. Es su modo de comunicarse con cada nuevo hijo. Comienza cuando crean juntos un diálogo preverbal que poco a poco va convirtiéndose en el lenguaje corriente. Después, el niño se vincula a los demás y, con el tiempo, se suma a nuestro mundo, el de los adultos. Pero primero su madre ha de tenderle los brazos.

Una madre, no obstante, nunca llega a conocer del todo a su bebé. Incluso en una relación tan íntima, su hijo o su hija será siempre un misterio. En el siguiente capítulo veremos cómo la comunicación no verbal contribuye a su conocimiento y, al mismo tiempo, aumenta el misterio.

4

Mantenerse en contacto

Las madres comunican su amor mediante sus actos mucho más de lo que puedan pensar.

> Mi hijo puede ser muy malo. No duerme durante el día. Y a mí me agota. Mi marido trabaja hasta muy tarde y mi familia vive en el extranjero. Es durísimo [*llorando*]. Lo que me obsesiona es la preocupación de no ser capaz de quererlo lo suficiente. (O, 8 semanas.)

Reconozco esa preocupación. Cuando era una madre primeriza, solía sentarme con mi bebé dormido en brazos y dejaba vagar mis pensamientos. Al igual que esta madre, me preguntaba si quería suficientemente a mi bebé. Fue una revelación estar sentada delante de esta madre y ver de qué forma expresaba su amor a través de la ternura con que sostenía a su hijo pequeño. No hay duda de que le estaba comunicando que, aunque pudiera sentirse agotada, seguía «en contacto» con él. Estaba enseñándole una de las lecciones fundamentales que ha de aprender: que por sí solo no saldría adelante. Pero la mayoría de los bebés no tienen que hacerlo. Sienten el calor confortador del contacto de sus madres.

El del tacto es un lenguaje que aprendemos antes de poder hablar. Desde el principio, es su continuidad la que parece importarnos más. Una rápida caricia en la cabeza parece demasiado pobre para un recién nacido. La necesidad de contacto continuado se refleja en nuestro lenguaje, aunque a medida que nos hacemos mayores su significado deje de ser literal. «Mantenerse en contacto», decimos de adultos. Normalmente nos referimos con ello al teléfono o a los medios electrónicos. Pero, aun así, eso mantiene vivo algo valiosísimo para nuestra existencia. Si bien tenemos cinco sentidos, no usamos los otros de la misma manera. No decimos con frecuencia «mantenernos a la escucha» o «mantente donde pueda olerte». El tacto es especial.

¿En qué momento empezamos a aprender el lenguaje del tacto y quién nos lo enseña? El contacto se inicia antes del nacimiento y nadie nos lo enseña. Cada uno de nosotros ha de descubrirlo por sí solo. Con la lengua, las manos y los pies aprendemos a tocar nuestro propio cuerpo, el cordón umbilical, la placenta y a nuestras madres desde dentro mucho antes de nacer y, por tanto, mucho antes de que ellas puedan tocarnos.

Las madres gestantes sienten moverse a sus bebés dentro del vientre, y pueden adivinar lo que están haciendo. Hoy en día muchas madres se hacen ecografías regularmente. Ello les permite ver a sus bebés antes del alumbramiento. Alessandra Piontelli, profesora de neuropsiquiatría infantil de la Universidad de Milán, cita a un obstetra que está mirando la pantalla, donde aparece la ecografía de un bebé de 25 semanas. Es fácil advertir la emoción del médico:

Ahora el cordón está aquí. Parece que está tirando de él. ¡Se está colgando de él, como si fuera una cuerda! Ahora se pone otra vez la mano sobre la cabeza. Parece que está todo el tiempo buscando algo a lo que agarrarse: su cordón, o su cabeza.[33]

¿Es agradable la caricia de un bebé? ¿Cómo reaccionan las madres? Una madre embarazada de 37 semanas era la única embarazada presente en un encuentro. Las otras madres se quejaban de lo mucho que se despertaban sus bebés por las noches. Cuando le tocó el turno a ella, dijo:

> Mi bebé tampoco duerme por las noches. En cuanto me tumbo, se anima. Es su hora de bailar.

Pero no todas las madres se lo toman con tan buen humor. En una clase de preparación al parto se dio el siguiente diálogo:

> *Profesora*: ¿Alguna de vosotras empieza a tener sentimientos hacia su bebé?
> *Madre*: Sentimientos, no sé. Pero a mi bebé no parezco gustarle mucho.
> *P*: ¿Sí? ¿Cómo lo sabes?
> *M*: Ya ha empezado a darme patadas muy fuertes. Tiene que estar enfadado conmigo si me pega así.

Así pues, sea su actitud positiva, negativa o, más probablemente, ambivalente, madre y bebé comienzan a sentirse el uno al otro mediante el tacto mucho antes de verse. Ello parece una preparación excelente para la comunicación volitiva que se establece tras el nacimiento.

Una vez que ha nacido, el bebé ya no se encuentra constreñido dentro del vientre de su madre. Los músculos de sus brazos y sus manos parecen laxos, y se diría que los controla mucho menos que antes. Hay, no obstante, otros músculos que cobran nueva importancia: los de la boca, que le permiten succionar y tragar. Una madre lactante, o cualquiera que meta un dedo en la boca del bebé, se sorprenderá al descubrir lo fuertes que parecen dichos músculos. Al menos durante los primeros seis meses son el modo más fiable que tiene el bebé de relacionarse con su entorno.

Después del alumbramiento, la madre puede sostener al bebé en brazos y da comienzo un lenguaje basado en sensaciones de contacto piel con piel. Las madres parecen necesitarlo tanto como los bebés. Con mucha más rapidez de lo que piensan, sus manos comienzan a transmitirles toda clase de impresiones acerca de sus recién nacidos: calor, suavidad, blandura, sudor, flacidez, tensión, tersura, nerviosismo... Quizá sus hijos descubran información semejante acerca de ellas. Por suerte, a nadie se le ha ocurrido enseñar a los bebés cómo se aprende esto, de modo que cada bebé sigue siendo autodidacta. Es posible que descubramos por accidente lo eficaz que puede ser nuestro contacto como medio de comunicación:

> Una noche estaba harta porque me dolía dar de mamar y tenía los pezones muy irritados. Solté una especie de queja. Y entonces A me puso la mano sobre el brazo. Seguramente fue sólo una coincidencia, pero me pareció tan tierno. (A, 9 días.)

Como madres no somos del todo inexpertas porque aprendimos el lenguaje básico del contacto, aunque sea de manera imperfecta, cuando éramos bebés. Hay técnicas útiles que podemos aprender de mayores, para sostener, por ejemplo, la cabeza del bebé o para cogerlo sin riesgo mientras lo lavamos. Afortunadamente, sin embargo, a las madres se les suele permitir que anden a tientas durante las primeras semanas y que, por tanto, redescubran por sí solas la manera de comunicarse con sus hijos a través del lenguaje preverbal del tacto.

El del tacto es un lenguaje muy sincero, pero la insensibilización a la que posiblemente se ha sometido la madre en el trabajo antes de tener hijos constituye un obstáculo para su comprensión. Cualquiera que haya pasado varios años trabajando fuera de casa habrá aprendido a reprimir las sensaciones físicas. El hambre y la sed han de posponerse hasta la hora del descanso, y, en cambio, otras veces una tiene que comer y beber en un almuerzo de trabajo aunque no le apetezca. A menudo es preciso mostrarse interesada por algo cuando, si pudiéramos ser sinceras, nos mostraríamos francamente aburridas. En otras ocasiones lo correcto es fingir desinterés a pesar de que una se sienta profundamente preocupada. No siempre es fácil mantenerse alerta por la tarde, cuando lo que te pide el cuerpo es echarte a dormir. Quizás haya que reírse de chistes sin gracia, o poner cara de póquer ante una situación ridícula. Otras respuestas corporales tales como el llanto, la crispación producida por la ira o el sobresalto del miedo también han de mantenerse bajo control hasta cierto punto.

Tras años de ejercer este autodominio de las reacciones físicas, resulta difícil percibir las señales que nos envía una persona tan poco dueña de sí misma como un bebé. Puede que las señales en sí no sean muy difíciles de descifrar, pero con frecuencia las madres tienen que hacer el esfuerzo de recuperar su simplicidad.

La comunicación a través del tacto difiere de la conversación verbal. Si tú estás hablando, yo debo guardar silencio a fin de escucharte. Y si sigues hablando, no tendrás oportunidad de oír lo que voy a decir. El diálogo depende de la alternancia. El tacto, en cambio, es simultáneo y nuestra reacción a él es a menudo más rápida que el pensamiento consciente. Una madre que sostiene a su bebé puede sentir que éste se acurruca más laxamente en sus brazos. Quizá no piense de manera consciente: «Ah, se ha dormido», pero seguramente sus brazos habrán respondido a la sensación de mayor peso sosteniéndolo con más firmeza.

A diferencia de la comunicación verbal, el lenguaje del tacto parece continuar incluso cuando la madre también duerme. Así pues, el contacto continuado no reconforta solamente al bebé.

> *Primera madre*: P y yo decidimos esta semana dejar a O en su cuna para dormir. [*Anteriormente dormía en la cama con ellos.*] O duerme bastante bien en la cuna. Pero yo lo echo de menos. Antes le daba de mamar en la cama y se quedaba dormido en mis brazos. Yo también me dormía. No duermo igual de bien cuando O está en su cuna. (O, 8 meses.)
>
> *Segunda madre* [*apresuradamente*]: Lo mismo digo. (A, tres años; O, 6 meses.)

Nuestros bebés también nos conocen bien. A veces, lo que la madre comunica conscientemente puede estar en contradicción con los sentimientos que expresa de manera más corporal. Su bebé advertirá invariablemente lo que expresa su cuerpo. Puede que para él sea obvio. Quizás una madre lleve a su bebé a una reunión familiar decidida a disfrutar de la ocasión. Pero también puede que espere comentarios negativos acerca de sus prácticas por parte de sus familiares y que no sea consciente de lo tensa que está. El bebé reacciona a su tensión y se pasa toda la reunión llorando, acongojado. Se calma, en cambio, en cuanto nota que su madre se relaja tras despedirse y salir.

Este tipo de experiencias proporciona a los bebés datos muy útiles que procesar. De mayores puede que apenas seamos conscientes de lo sensibles que somos a los signos no verbales. Una investigación acerca de las relaciones íntimas entre adultos concluía: «De hecho, cuando se da una discrepancia entre mensajes verbales y no verbales, la gente tiende a creer los no verbales».[34] El artículo no se plantea, sin embargo, en qué etapa de nuestro desarrollo aprendemos todo esto. Parece probable que, si tendemos a confiar más en los mensajes no verbales, sea porque ése es el lenguaje que primero aprendemos.

Las madres también perciben los signos no verbales. Pero únicamente cobran conciencia de ello cuando un signo les extraña (como cuando una se pregunta: «¿Por qué estará A tan caliente?»). Se diría que existe una percepción activa de impresiones cuyo intercambio es muy veloz entre madre y bebé.

Puede que la misma velocidad de este intercambio, quizá porque no es visible, traslade una falsa impresión. Algunas personas hablan de madre y bebé como un solo ser. Es cierto que, desde fuera, pueden parecer y comportarse como tal. Algunas madres afirman incluso que sienten a sus bebés como una prolongación de sí mismas. Pero eso es imposible, puesto que madres y bebés se sorprenden a menudo mutuamente al reaccionar de forma autónoma entre sí. Son individuos distintos. Si parecen una unidad, ello obedece a que su sensibilidad táctil les permite comprender muy rápidamente los signos que intercambian entre sí.

Se trata de una comunicación de carácter íntimo. Una madre puede intentar mantener una conversación verbal con otros adultos al mismo tiempo. Lo normal es que haya dos niveles de conversación que conjuga simultáneamente.

> Estaba contando cómo fue el parto delante de mi clase de preparación porque había quedado en hacerlo, pero lo que decía sonaba ensayado, como si estuviera hablando mecánicamente. La verdadera conversación estaba aquí [*señalando al bebé que sostenía en brazos*], y yo no dejaba de pensar: «Ahora le toca mamar»; «Ahora, echar los gases»; «Ahora, el otro pecho». En realidad, yo estaba dentro de una burbuja. (A, 5 semanas.)

Las madres descubren que muchos bebés recién nacidos sólo se calman y se relajan con el contacto corporal continuado. Pero

¿calmarlos por qué? Si nos paramos a pensar en ello, tiene que ser una experiencia extraordinaria nacer a una vida en la que ya no están en contacto constante con las cálidas paredes del útero. Dentro del vientre materno, el tacto ha de sentirse como parte inseparable del hecho de estar vivo. Al parecer, tardamos meses en aprender a sentirnos seguros cuando no estamos tocando a otra persona.

> Me molesta que mis amigos no lo entiendan. Como cuando dicen: «¿Por qué dices que no puedes darte una ducha? Deja a A diez minutos. ¿Qué problema hay?» ¡Como si A fuera a permitir que la dejara! (A, 4 meses.)

El poeta Samuel Taylor Coleridge, que habló por primera vez de ese «sitio en el corazón» (véase la página 27), describía una experiencia que, según afirmaba, era corriente:

> Muchos padres habrán oído a un niño de tres años despertarse de madrugada en su cunita, junto a la cama de la madre, y suplicarle en tono quejumbroso: «Tócame, sólo tócame con el dedo». Yo mismo he oído a un niño de esa edad, en las mismas circunstancias, usar estas mismas palabras en respuesta a las preguntas de su madre, medio mandándolo callar, medio reprendiéndolo: «No estoy aquí. Tócame, madre, ¡tócame para que esté aquí!».[35]

Sería interesante saber si otras personas han reparado en esto. Puede que muchos de nosotros necesitemos con frecuencia el consuelo de una caricia afectuosa para sentirnos «aquí» durante los primeros años de nuestras vidas.

> Siempre tengo a O en brazos. Llora si lo dejo en la cuna. Llora hasta si hago el intento de dejarlo. (O, 3 meses.)

Hoy en día, muchos bebés reciben cuidados profesionales, ya sea individuales o institucionales, mientras sus madres trabajan. ¿Desvirtúa esto la comunicación? La vida no es perfecta. Muchas madres ponen enorme empeño durante su tiempo libre por mantener el contacto con sus hijos, por cansadas que estén. (De esta situación se habla con más detalle en el capítulo 15.) Muchas, sin embargo, temen el momento de reincorporarse al trabajo porque ya no podrán abrazar a sus bebés. La importancia de sus sentimientos ha de obtener reconocimiento.

> La gente me ve tan cansada que se ofrece a sostener a A. Yo sé que lo hacen con buena intención, pero no se dan cuenta de lo que siento por ella. Es casi como si me hubiera crecido un órgano nuevo, un órgano afectivo, lo que significa que soy mucho más feliz si A y yo estamos juntas. (A, 2 meses.)

> Tenía cita para que me dieran un masaje y dejé a A con P y unos amigos. Cuando llegué, me di cuenta de que me había equivocado de hora. Tuve que esperar una hora. Me puse histérica. Llamé a P, y mis amigos me aseguraron que tenían suficiente comida de bebés, porque ellos también tienen un niño pequeño, y que no me preocupara. Sabía que era irracional, pero no podía remediarlo; estaba tan alterada por pasar tanto tiempo lejos de A que no pude disfrutar del masaje. Fue horrible. (A, 11 meses.)

Se ha escrito mucho acerca de madres que se sienten atrapadas por la maternidad. Hemos de darnos cuenta de que no todas las madres se sienten así.

> Se me ocurrió apuntarme a un gimnasio, así que busqué uno con guardería y quise dejar a O allí. Pero se agarró a mí con tanta fuerza que no se habría podido meter ni una tarjeta de crédito entre los dos. Así que cambié de idea y me quedé con él. (O, 7 meses.)

En algunos ámbitos de nuestra cultura puede que esta pulsión elemental de aferrarse a la madre apenas tenga oportunidad de desarrollarse. En Occidente, sin ir más lejos, existe una larga tradición de dejar a los niños en cunas, moisés y cochecitos en lugar de tenerlos en brazos. Muchas madres primerizas educadas en esta tradición se encuentran desorientadas cuando oyen llorar angustiados a sus recién nacidos en cuanto los dejan solos. Resulta desconcertante para estas madres porque, para ellas, es normal que te dejen solo en una cuna.

> Cuando yo era un bebé, me dejaban sola al fondo del jardín para que me durmiera. Si lloraba, nadie me oía. Ahora, mi instinto me impide hacer lo mismo. Llevo a O en una mochila. Odia estar tumbado, así que tengo que llevarlo derecho. Pero sentirme tan necesitada me crea un conflicto. Oigo una voz dentro de mi cabeza que me grita que lo estoy haciendo fatal. (O, 3 semanas.)

Algunos bebés necesitan este contacto más tiempo del que desearían sus madres.

> Siempre he cogido a O cuando llora. Pero creía que a estas alturas ya vería más resultados. Lo lógico sería que pudiera dejarlo en la alfombra y que no pasara nada si me siento a su lado. Pero no quiere que lo suelte. Quiere que lo lleve encima todo el tiempo. Me da miedo de que lo hayamos malcriado y que no aprenda a ser independiente. (O, 5 meses.)

¿Hay niños a los que les gusta más que a otros que los tengan en brazos? Algunos bebés protestan enérgicamente si los tumban; sobre todo, los que sufren regurgitaciones. Pero, aun sin este problema, los bebés parecen disfrutar en su mayoría cuando los cogen en brazos. John Bowlby escribió, con su acostumbrada franqueza, esta anotación a pie de página en medio de su libro *Attachment* [*El vínculo afectivo*]: «Mis ayudantes y yo nos hemos empeñado en tener en brazos a niños pequeños que, según sus madres, son poco mimosos. Con nosotros lo son, y mucho. Lo cierto es que a la madre no le gusta hacer mimos al bebé. Más adelante, descubrimos que estos bebés se vuelven reacios a los mimos y se retuercen cuando los cogen en brazos. Naturalmente —añade—, algunos bebés con lesiones cerebrales sufren hipertonía y quizá sean poco receptivos a los mimos desde el comienzo».[36]

Se trata de una observación muy interesante. Hay muy pocas características comunes a todos los niños de corta edad. Sería interesante saber si las observaciones de las madres confirman la opinión de Bowlby.

En sociedades más sencillas y tradicionales, los bebés solían llevarse colgados de chales o pañoletas, lo que resolvía el problema de cómo podía la madre seguir haciendo su vida y al mismo tiempo mantenerse en contacto con su bebé. La reciente proliferación de mochilas y bandoleras portabebés ha generado un resurgimiento de esta idea tan sencilla. Los portabebés siguen mejorándose y hoy en día hay disponibles modelos muy diversos. Es importante que haya una amplia gama de ellos, porque las madres (y también los padres) tienen constituciones muy dispares. Un portabebés ideal para una persona puede resultar incómodo para otra.

La variedad de portabebés viene a decir, por otra parte, que las nuevas madres son ahora más conscientes de que sus bebés tal vez prefieran que los lleven encima. Recuerdo, sin embargo, lo mucho que me sorprendió ver una de estas mochilas por primera vez. En 1971, justo antes de que naciera mi hija, una estadounidense me enseñó su «portabebés», y me pareció tan fabuloso que le pregunté dónde podía conseguir uno. Recuerdo que lo pedí a California, donde por lo visto sólo había un modelo disponible. Me advirtieron de que no lo usara antes de que mi bebé cumpliera tres meses, y yo estaba deseando empezar a usarlo. Cuando por fin pude llevarlo, la gente me paraba por la calle y me preguntaba: «¿Qué lleva ahí, pegado al pecho? ¿Un perrito?» Todo el mundo daba por sentado que a un bebé había que transportarlo en cochecito.

La reciente popularidad de los portabebés indica un cambio de expectativas. Actualmente, las madres son conscientes de que sus bebés quizá quieran que sus padres los lleven encima, junto a su cálido cuerpo, no sólo fuera, sino también en casa. La mayoría de los portabebés permiten a la madre ver y hablar con sus hijos muy fácilmente. Las palabras fluyen con más soltura cuando el cuerpo de la madre y el del bebé están en contacto y cuando sus cabezas se hallan muy cerca.

M: Ya no me da tanto miedo [*ser madre*].

Yo: ¿Qué es lo que ha cambiado?

M: Creo que simplemente me he convertido en una buena madre.

Yo: [*Sorprendida, debido a que apenas unas semanas antes la madre se había mostrado sumamente insegura de sí misma.*] ¿En qué notas que te has convertido en una buena madre?

M: Bueno, llevé a O al médico para la segunda tanda de inyecciones. Había allí madres que sostenían a sus hijos así [*haciendo el gesto de sostener a un bebé en horizontal, lejos del cuerpo*]. Yo sostenía a O apoyado en el hombro y le acariciaba la espalda, y le susurraba al oído que no iba a pasarle nada. Y casi no lloró. (O, 3 meses.)

Esta madre comprendió que, aunque el médico iba a poner varias inyecciones a su hijo, ella podía desempeñar un papel importante en el proceso preparando al bebé para lo que iba a suceder.

Si se ve a un grupo de madres que se ha reunido en una cafetería o en un parque para hablar, es probable que al menos una de ellas esté de pie, dando saltitos y haciendo carantoñas al bebé que sostiene en brazos para reconfortarlo. Impresiona pensar que la mayoría nos sintamos tan incómodos después de nacer que nuestras madres tengan que pasar horas infinitas acunándonos en brazos para calmarnos.

Si nadie nos conforta de la manera que sea, la sensación de congoja sin consuelo físico puede ser absolutamente insoportable. Los niños se acunan a sí mismos, se golpean la parte de atrás de la cabeza, o se repliegan en sí mismos. Estos comportamientos son bien conocidos en los orfanatos. Patreascu Peberdy salió de un orfanato rumano para ser adoptado por una pareja británica. Se crió en Inglaterra. Así es como describió su orfanato cuando volvió a visitarlo en su juventud: «Para muchos [*de los bebés y niños pequeños*] que siguen allí [*en un asilo para incurables de Rumanía*], no hay nada; se pasan la vida sentados entre malos olores, en rincones oscuros, meciéndose hacia adelante y hacia atrás».[37]

¿Por qué cambian tanto las cosas el hecho de sentirse acunado en brazos? En parte porque la presión de los brazos de la madre devuelve al bebé la sensación de seguridad y recogimiento del vientre materno. Podríamos dedicar un capítulo entero a hablar de cómo encuentran las madres la cantidad de presión «justa» para cada bebé. Pero no es sólo lo que ofrecen los brazos. Está también la temperatura de la piel de la madre, que parece comunicar una profunda sensación de calidez. La simple tibieza no parece bastar para un bebé. Se diría que necesita auténtico calor. Este calor no alcanza únicamente la superficie de su piel, allí donde la madre lo sostiene, sino que parece calar muy hondo. Los bebés muestran una plenitud y una satisfacción evidentes cuando experimentan esta sensación. La ausencia de abrazos parece comunicar lo contrario: una terrible sensación de frío y un hondo vacío interior. Estas experiencias aparecen a menudo en obras literarias y autobiográficas, normalmente descritas en un lenguaje muy vívido debido a lo doloroso de esa carencia. Virginia Ironside, por ejemplo, escribía:

> Sería una simpleza decir que añoraba el cariño de una madre, los brazos de una madre en torno a mí. Sabía que me sentía vacía, pero ignoraba qué podía llenarme.[38]

Por suerte, muchos bebés tienen madres, o quizá cuidadoras, que están dispuestas a tenerlos en brazos. A veces, coger a un bebé que llora consigue reconfortarlo. Pero, aunque no sea así, las madres tienen a menudo la sensación de que seguir abrazando a sus hijos es mejor que dejarlos solos y sin consuelo. Una madre puede estar abrazando a su bebé con la esperanza ciega de estar haciéndole algún bien. Y puede que no se opere un cambio visible que confirme que ha conseguido algo significativo.

> A mi hija le están saliendo los dientes, y la verdad es que anoche no tenía ganas de cogerla en brazos. Había sido un día muy largo y estaba agotada. Quería cenar, y coger a A se me hacía muy cuesta arriba. Ella lloraba, y yo me quedé allí sentada, pensando qué hacer. Al final la cogí, y me alegro muchísimo de haberlo hecho. Me necesitaba de verdad. Cené por fin, mucho después. (A, 4 meses.)

> Antes, cuando era más pequeña, A siempre lloraba por las noches. Yo no sabía qué le pasaba. Solía tomarla en brazos, pero no podía calmarla. P me decía: «Déjala en su cuna. Si de todos modos va a llorar, que llore en la cuna. Así podrás dormir un poco». Puede que fuera irracional, pero yo no podía. Si A lloraba, me daban ganas de cogerla en brazos. De todos modos no podría haberme ido a dormir mientras ella lloraba. (A, 5 meses.)

Indudablemente, esto transmite a un bebé pequeño e impresionable un mensaje de hondo calado. Si su madre pasa con él los momentos difíciles y no se da por vencida, ello sin duda deja en el bebé la sensación de que sus problemas no son un fastidio para los demás. De que hay gente dispuesta a ayudarlo.

No todas las madres, sin embargo, hacen esto. A algunas les resulta extremadamente difícil quedarse con un bebé que sufre y lo pasa mal. Parece un error decirles que «deberían» hacerlo. Si una madre no puede afrontar esa clase de angustia, ha de haber métodos alternativos para transmitirle su apoyo al bebé.

«El abrazo —observaba el psicoanalista Donald Winnicott—, incluye en especial el sostén físico del bebé, que es una forma de amor. Es quizás el único modo en que una madre puede demostrar su amor al niño lactante.»[39] Tenía razón, sin duda, en que el abrazo es una forma de amor. Pero ¿es «la única»? A algunas madres, como señalara Bowlby en su obra *El vínculo afectivo*, no les gusta tener a sus hijos en brazos. Otras pueden sufrir alguna dolencia física que las incapacita para levantar a sus bebés. Pero eso no significa que no tengan otros modos de demostrarles su amor. El cariño materno es fuerte y las madres tienen múltiples recursos.

Esta mañana fui a ver a mi fisio y me dio malas noticias. Me dijo, además, que no me convenía coger a O en brazos. Yo no sabía muy bien qué hacer porque siempre lo cojo cuando llora. Llegué a casa y O empezó a llorar. Era un llanto muy distinto al de otras veces. A mí no me quedaban fuerzas. Me era imposible cogerlo. ¿Qué podía hacer? Él lloraba y lloraba. Acabamos llorando los dos. Pero yo soy adulta, así que amortigüé su llanto todo lo que pude. Sabía que tendría que afrontar el mío después, cuando estuviera sola. Intenté demostrarle que no era culpa suya que yo llorara. Al final, encontré el modo de calmarlo. Le soplé en la frente y le gustó. Se quedó dormido. (O, 4 meses.)

Otra madre, discapacitada años antes como consecuencia de un accidente de coche que estuvo a punto de costarle la vida, hacía todo lo posible por ser una madre «normal» para su hijo, pero una tarde esta actitud tan positiva la abandonó y se echó a llorar.

> *Primera madre*: Ojalá pudiera inclinarme. No puedo jugar en el suelo con O. Siempre tengo que pedir a los demás que lo cojan y me lo den. Hay tantas cosas que me gustaría poder hacer... (O, 4 meses.)
> [*Una madre del grupo le ofreció un pañuelo y le acarició el hombro muy suavemente. En cuanto se repuso lo suficiente para poder escuchar, sus compañeras comentaron:*]
> *Segunda madre*: Pero O parece totalmente feliz. Le estás dando todo lo que necesita. (A, 14 meses.)
> *Tercera madre*: Eso iba a decir. Le das muchísimas cosas. No hay muchos niños que reciban tanta atención. (A, 15 meses.)
> *Segunda madre*: O ha aprendido a tener paciencia. Es mucho más paciente que cualquiera de nuestros bebés. Sabe que no puedes cogerlo, así que espera a que alguien te lo dé.

Esto parecía evidente, puesto que todas habíamos visto a O esperar pacientemente. Las madres que no sufren discapacidad alguna afirman a veces sentirse frustradas cuando sus bebés piden que los lleven a cuestas todo el tiempo. Pero las madres físicamente incapaces de llevar a sus hijos hablan como si no poder hacerlo fuera aún peor.

> Los tres primeros meses no pude coger a A, así que encontré a una mujer encantadora que venía a ayudarme. Pero la odiaba. Me importaba muy poco lo simpática que fuera. Quería ser yo quien cogiera a A, y quien la bañara, y quien cuidara de ella. (A, 13 meses.)

Algunas madres eran hijas de mujeres a las que no les gustaba tenerlas en brazos.

> Mi madre fue adoptada. No creo que su madre adoptiva fuera muy cariñosa con ella. De pequeña nunca la abrazaban, así que creo que simplemente se cohibió. Se le nota todavía ahora. Tuvo un efecto duradero. [*Acuna a su hijo en brazos.*] Dice que solía obligarse a sostenernos en brazos a mi hermano y a mí porque sabía que debía hacerlo. (O, 2 años.)

A menudo hace falta que pase más de una generación para subsanar una carencia concreta.

Tampoco puede afirmarse que cualquiera que haya tenido una madre amorosa tenga asegurada una vida feliz, aunque sin duda ayuda. Muchos libros, sin embargo, abundan en los beneficios del contacto físico y auguran resultados nefastos si la madre no toca lo suficiente a su bebé, ni de la manera «adecuada». Hay libros sobre «crianza con apego»; sobre el «concepto del *continuum*» formulado por Jean Liedlof; y libros sobre «porteo» de bebés. Todos ellos prometen resultados maravillosos si las madres siguen sus instrucciones, y predicen malos resultados si no lo hacen. Pero esto resulta desconcertante. No es la cantidad de contacto físico la que importa, sino si la madre y el bebé disfrutan del contacto de manera primordial. Si uno de ellos no disfruta, no hay comunicación afectiva entre ellos.

> Ayer me pasó una cosa muy bonita. A tiene su propia habitación, y yo estaba sentada a su lado, por la tarde. Ella estaba llorando y retorciéndose, y yo no dejaba de pensar que quizá me estaba comportando como una mala madre porque no la cogía en brazos y me la llevaba a la cama conmigo. Me sentía fatal. Luego se me ocurrió una idea: «No. Soy la madre que le ha tocado. No tiene otra. Soy yo». Así que le puse la mano en la tripa y sentí una autén-

tica corriente de amor que iba de mí hacia ella. Fue una sensación
realmente preciosa. (A, 7 meses.)

A veces es el bebé el que rechaza un contacto demasiado
estrecho.

Últimamente he leído un montón de libros sobre crianza con apego. Me gustan mucho sus puntos de vista, y quiero que O se sienta seguro como explican los libros. Lo que pasa es que O no siempre quiere estar pegado a mí. Yo imaginaba que sí, pero descubrí
por casualidad que no es así. Un día lo dejé tumbado solo y vi
que le gustaba muchísimo. Le gusta jugar, o quedarse dormido.
(O, 4 meses.)

Está claro que no puede haber normas respecto a cómo deben conectarse una madre y su bebé. Lo que importa es que encuentren fórmulas que sirvan a ambos.

Fue Winnicott quien no sólo reconoció la importancia de que
la madre tuviera en brazos al bebé, sino quien reparó en que, si
una madre sostenía a su bebé, era porque había empezado por
cogerlo. Nunca he visto una descripción más detallada que la
suya sobre cómo se coge a un bebé. «He aquí una madre con su
hija pequeña —decía, originalmente de viva voz en una emisión
radiofónica—. ¿Qué hace cuando la coge? ¿La agarra del pie, la
saca a rastras del cochecito y la lanza hacia arriba? ¿Sujeta un
cigarrillo con una mano mientras la agarra con la otra? No. Tiene una forma muy distinta de hacerlo. En mi opinión, suele avi-
sar al bebé de que se acerca, le pone las manos alrededor para
recogerla antes de moverla; obtiene, de hecho, la cooperación de
la niña antes de levantarla.»[40]

Es una observación espléndida. Los recién nacidos se sobre-
saltan cuando se los coge de repente, y agitan brazos y piernas

como sacudidos por una corriente eléctrica. Muchas madres descubren que si cogen a sus bebés lentamente, poniendo las manos bajo su cuerpo exactamente como describía Winnicott, y luego hacen una pausa antes de levantarlos, evitan sobresaltarlos. Me parece un rasgo de brillantez por parte de Winnicott haber percibido que levantar a un bebé es un arte en sí mismo.

No he encontrado una descripción del acto de dejar tumbado a un bebé comparable a ésta en lo detallado. Sin duda se trata también de un arte que en parte ha de depender de la sensibilidad de la madre hacia la disposición de su hijo en ese momento. Para algunas madres, dejar acostado al bebé es un acto sencillo, mientras que otras se quejan de que «nunca deja que lo acueste en la cuna».

> Parece que A reserva sus ataques de llanto para mí. Cuando hay gente alrededor, está contenta y entretenida. Pero cuando estamos solas, no me deja que la tumbe ni un minuto. Pero yo tengo cosas que acabar. No sé qué hacer. He perdido los nervios. Siempre he tenido muy mal genio; por eso, entre otras cosas, antes decía que no quería tener hijos. Le grité: «¡No hagas eso!», y noté que estaba cayendo por terreno resbaladizo. Y A sólo tiene ocho meses. (A, 8 meses.)

Muchas madres se ven atrapadas en este tipo de luchas. Suele empezar cuando una madre dice saber cómo «debería» comportarse su bebé. Por ejemplo, después de comer, «debería» dejar que lo acostara para dormir un rato. El bebé, sin embargo, le lanza mensajes completamente distintos que dan a entender que preferiría relajarse en sus brazos. La creencia de la madre en lo que debería querer el bebé es más fuerte que su capacidad para aceptar lo que quiere en realidad. Cuando esto pasa, la madre puede perder fácilmente la confianza en su hijo, y a continuación en ella misma como madre solvente.

La «tierna caricia de una madre» también es un tópico. Las madres no siempre tocan con ternura. ¿Qué hay del castigo físico, que también es una forma de contacto? Abarca una gama de acciones que van desde una ligera palmada en la mano de vez en cuando a las palizas habituales en el caso de niños de más edad. Estos actos tienen en común la intención de una persona mayor y más fuerte de infligir dolor con carácter punitivo a una persona pequeña y delicada. La idea es «darle un escarmiento» o «demostrarle quién manda».

Normalmente, la madre ignora por qué su hijo hace lo que a ella le parece tan «malo» o tan «descontrolado». *Supone* de inmediato que hay una razón perversa para ello, que no se para a cuestionar. Ha «perdido el contacto» con su hijo y resuelve la situación violentamente, sojuzgándolo, en lugar de comprenderlo y mantener abierta la comunicación. Quizá su hijo se acobarde en apariencia, pero por lo general se llena de una ira reprimida. El castigo físico puede parecer un modo expeditivo de tratar a un niño «difícil». Puede, en efecto, que el niño haga exactamente lo que quiere su madre. Pero se diría que tenemos un sentido innato de la justicia y la equidad. Para el niño, el hecho de que su madre le pegue enfadada por haber hecho algo que él considera razonable no es justo, ni equitativo. Cuando esto sucede, parece retirarle en cierto grado su confianza. Si sucede a menudo, la intimidad entre madre e hijo se vuelve más difícil de restaurar.

El contacto excesivamente seductor o de índole sexual plantea una problemática distinta. De ello se habla en la página 218.

Una madre no siempre reacciona ante su hijo de manera ideal. Su tacto, sin embargo, le permite percibir los mensajes que envía el bebé. Pero ¿qué ocurre si una madre no «escucha» a su bebé de este modo? En ese caso puede resultarle difícil advertir las señales que le hace llegar su hijo. En lugar de descifrarlas, tal vez perciba su comportamiento como inadecuado o falto de significado. Quizá lo tenga en brazos durante horas sin llegar a estar verdaderamente «en contacto» con él.

Julia Hollander refirió de esta manera tan expresiva y sincera sus intentos de conectar con su segunda hija, que sufría parálisis cerebral:

> Siempre hambrienta e incómoda, [*mi hija*] dormía espasmódicamente y empezaba a evidenciar su retraso: no te miraba a los ojos, no fijaba la vista ni seguía los objetos, no sonreía. Yo intentaba armarme de paciencia, aceptar que, después de un nacimiento tan traumático, su desarrollo sería lento. Pero cada día que pasaba crecía mi anhelo. ¿Cuándo respondería a mis besos, a mis nanas y a mi abrazo constante? ¿Cuánto tardaría en demostrar que me quería tanto como yo a ella?[41]

Tuvo que ser desgarrador sostener a su hija en un «abrazo constante». Pese a todo, Hollander era penosamente consciente de lo que *no* hacía su hija. Tenía conciencia, además, de que sus tentativas de acercamiento, tal vez más complejas de lo que podía asumir la niña en ese momento, no eran correspondidas. Tenía una hija mayor, y sin duda la comparación entre las dos le hacía especialmente doloroso aceptar lo retrasada que seguía estando la pequeña. Debido a su percepción negativa de la situación, el contacto entre madre y bebé pareció estancarse.

Una madre de acogida se hizo cargo de la pequeña y logró percibir sus necesidades más elementales: «[*Ella*] es muy decidida. No permite que se la ignore. Tengo una bandolera de tela que se ha convertido en su casa. Se tumba sobre mi corazón y me chupa el dedo. Durante los meses siguientes, la llevo encima siempre que estoy despierta».[42]

Tanto la madre biológica como la de acogida pasaron largos periodos portando al bebé constantemente. Pero la madre de acogida tenía una visión más positiva de la niña, basada en las señales que estaba recibiendo, en lugar de lamentarse por lo que la pequeña no podía hacer todavía. Por tanto, su modo de sostenerla debía de ser para el bebé una experiencia más comunicativa. La madre de acogida anotó que la pequeña había sonreído por primera vez antes de cumplir el primer año de vida.

La capacidad de tocar de los bebés se vuelve más intencional a medida que se desarrollan. Su capacidad para agarrar objetos parece estar presente desde el nacimiento. Una madre puede acercar un dedo a la mano de su bebé, y éste abrirá la mano y agarrará el dedo con gesto suave, cálido y relajado. Su apretón sorprende, sin embargo, por su fuerza. Paulatinamente, el bebé comienza a intentar asir otras cosas, además de a su madre. Ésta comprende entonces que debe aprender a mantenerse alerta para que no se haga daño.

> Me siento con O a la mesa, y enseguida aparto con el brazo todo lo que creo que puede agarrar y no debería. (O, 6 meses.)

> La curiosidad de A me fascina. Hay un hueco entre la bañera y la pared por donde va la tubería del agua caliente. A lo tocó, estaba caliente y lloró. Pero cuando no está abierto el grifo del agua caliente, el hueco está frío. Y sigue acercándose a tocarlo porque no consigue entenderlo. (A, 11 meses.)

Cuando los niños comienzan a desarrollar el habla, ésta se convierte en una forma de comunicación más rápida. El habla puede salvar distancias. Un niño puede gritar «¡Quiero a mi mamá!» aunque no esté seguro de adónde ha ido su madre. Los niños algo mayores aprenden a hablar más y a tocar menos. Las palabras pueden ser más explícitas que el contacto. De pronto pueden compartirse toda clase de detalles con muchas otras personas. Gracias al habla, un niño está en mejor situación para hacerse entender por otros. Esto significa que, poco a poco, puede ir distanciándose físicamente de su madre.

Entonces pueden surgir dificultades. Algunas veces, un niño se aferra a su madre y teme el distanciamiento. Otras, es la madre quien se aferra a su hijo. Quizás ambos tarden en descubrir cómo pasar de la cercanía física a una distancia cómoda.

Después, el contacto pasa a ser un concepto más abstracto. «Estoy muy tocada», decimos, en el sentido de muy afectada, prescindiendo del significado literal de la palabra. Hay, no obstante, confesiones íntimas que se expresan mejor entre dos personas que pueden tocarse. Gritarse desde lejos resulta más difícil. «Te quiero», «lo siento» y otros enunciados parecidos son más fáciles de pronunciar cuando dos personas pueden tocarse físicamente.

El contacto físico es asimismo importante una vez que iniciamos nuestra vida sexual adulta. Las mujeres que de pequeñas carecieron de la ternura del contacto físico parecen ansiarlo con posterioridad. Estas mujeres tienen la oportunidad de experimentar por primera vez maravillosas sensaciones de ternura física con una pareja sexual. Es interesante comprobar que la mayoría de nosotras sólo nos convertimos en madres después de haber disfrutado de un «curso de revisión» del lenguaje del tacto en compañía de nuestras parejas.

El anhelo de contacto se da también en momentos difíciles de nuestra existencia, cuando nos sentimos pequeños, asustados, indefensos, o cuando sufrimos grandes dolores o agonizamos. Nuestras capacidades intelectuales pueden resultar insuficientes para experiencias tan potentes como las mencionadas. Puede que esos momentos reactiven el recuerdo preverbal de cuando nos sentíamos pequeños e indefensos, recién llegados a un mundo ruidoso y desconcertante. Pero a esas alturas muchos de nosotros hemos sentido ya el consuelo del contacto con otras personas. Nuestra sensibilidad primigenia al tacto puede sernos de gran ayuda.

¿Qué hay de la expresión inglesa «quedarse cargando con el niño» (equivalente en español a «cargar con el mochuelo»)? Suele emplearse en el sentido negativo de llevar una carga que no nos corresponde. Pero cuando llevamos en brazos a nuestros bebés, estamos ejercitando una práctica sumamente positiva. Una práctica que nos permite expresar un mensaje de bienvenida que un bebé puede entender. Y que puede durar toda una vida.

5

Sombras de Truby King y Freud

Este capítulo es teórico. Al principio formaba parte del anterior, dedicado al contacto entre madre e hijo. Más adelante lo separé, pensando que una madre cansada tal vez preferiría reservarlo para una lectura posterior. Se trata de un capítulo para lectores que no estén fatigados en exceso.

Las madres y los bebés descubren por sí solos, en su mayoría, a comunicarse a través del tacto. Así pues, ¿necesitan que les enseñen cómo hacerlo? Lo cierto es que, por desgracia, casi todo lo que las madres querrían hacer autónomamente con sus bebés ha sido puesto en tela de juicio. A la gente se le ocurren continuas «mejoras». Esas personas son percibidas socialmente como «expertos», y sus ideas, por tanto, se difunden.

Dos «expertos» en particular han ejercido una enorme influencia sobre nuestras ideas respecto a cómo han de tocarse madre y bebé. Las opiniones de ambos, según se afirma, están desfasadas en la actualidad. Pero no parece ser cierto. Las ideas tienen una vida muy larga, y las de uno y otro parecen estar aún vivitas y coleando hoy en día.

Frederic Truby King (1858-1938) nació en Nueva Zelanda. Estudió medicina en Edimburgo y quedó horrorizado por la pobreza de las madres a las que pudo tratar allí. En 1904, durante una visita a Japón, le impresionó comprobar los muchos beneficios que tenía la lactancia materna tanto para la madre como para el bebé. Decidió revitalizar la práctica del amamantamiento porque, según afirmó: «El alimento natural salido directamente del pecho de la madre es un derecho por nacimiento del bebé».[43]

Truby King publicó su exitoso libro *Feeding and Care of Baby* [*Alimentación y cuidados del bebé*] en el Reino Unido en 1913. Contiene 260 páginas dedicadas a los pormenores prácticos del cuidado del bebé. Su autor puso especial énfasis en la higiene y los horarios regulados tanto para el amamantamiento como para el sueño. (Su plan de lactancia cada cuatro horas se explica en la página 316.)

Entre tantas pautas de orden práctico aparece una breve sección con un encabezamiento más maternal: «Cuidados maternos y manejo del bebé». Incluye la necesidad de los bebés de ser tomados en brazos.

Cuidados maternos y manejo del bebé

Los bebés a los que se deja pasivamente tumbados en sus cunas y que no reciben suficientes cuidados maternos tienden a ser pálidos, lentos de reflejos, flácidos e inactivos. Un lactante no ha de permanecer nunca en su cuna de manera continuada en una sola posición. No sólo hay que cambiarlo de posición en la cuna de vez en cuando, sino que ha de cogerse al bebé a intervalos y cargarlo en brazos. La estimulación que brinda el trato natural es beneficiosa y necesaria; la interferencia excesiva, el entrometimiento y la estimulación indebida resultan, en cambio, sumamente dañinos.[44]

La prosa de este párrafo de Truby King es fascinante. Lo escribió en estilo impersonal. O sea, para no tener que emplear la voz «madre». Aunque en el encabezamiento se emplea la expresión «cuidados maternos», ésta parece referirse a acciones, más que a la madre como persona.

En otras palabras, los «cuidados maternos» se presentan como una serie de prácticas necesarias, de índole utilitarista, para impedir que los niños se vuelvan «pálidos, lentos de reflejos, fláccidos e inactivos». No se sugiere en ningún momento que madre y bebé puedan abrigar sentimientos respecto al contacto entre ambos o que utilicen el tacto para expresarse mutuamente su afecto. ¿Y qué quería decir exactamente Truby King al hablar de «interferencia excesiva, entrometimiento y estimulación indebida»? ¿Se refería, quizás, a los mimos? ¿Estaba afirmando, acaso, que las demostraciones de ternura de una madre eran dañinas para el bebé?

Truby King viajó por todo el mundo creando escuelas para adiestrar a las madres. Sus ideas se extendieron. Un sinfín de madres creyó que no les estaba «permitido» mimar a sus bebés. Mabel Liddiard, directora del Centro de Formación Maternal Truby King de Highgate, en el norte de Londres, estaba impresionada por las recomendaciones de su mentor acerca de la necesidad de aire fresco, ya que cada noche la obligaba a sacar las cunas de los bebés a la terraza de Cromwell House, en lo alto de Highgate Hill, donde hasta cuando hace buen tiempo sopla el viento. Este régimen de aireamiento nocturno no se abandonó ni siquiera durante el gélido invierno de 1951, de modo que los pobres bebés debieron de desarrollar un altísimo nivel de resistencia.

Por suerte, estas prácticas no impresionaban por igual a todo el mundo. He tenido la oportunidad de hablar con una mujer que trabajaba en Cromwell House en 1950. «Siempre había que coger a los bebés —reconocía—. Cada cierto tiempo teníamos que darles la vuelta de un lado al otro en la cuna. Yo solía acunarlos en brazos cuando nadie miraba. Si te veían, te reñían.»[45]

Hoy en día existen los conceptos de «porteo» y «crianza con apego», que defienden lo contrario: que el contacto físico continuado con la madre y las muestras de cariño son beneficiosas para el bebé. Estas ideas no han logrado desterrar, sin embargo, las teorías de Truby King. Todavía se oye hablar de madres a las que se les advierte que no cojan «demasiado» a sus recién nacidos y a las que se les enseña que los bebés «necesitan» dormir solos en sus cunas.

El segundo gran «especialista» fue un coetáneo casi exacto de Truby King. Es interesante descubrir lo mucho que tenían en común. Ambos procedían de familias numerosas y profesaban devoción por sus madres. Ambos visitaron al profesor Jean-Martin Charcot, el famoso neurólogo, en París (en 1880 y 1885, respectivamente) antes de contraer matrimonio. Se casaron los dos con mujeres consagradas a su matrimonio y tuvieron sendas hijas que continuaron su labor. Creían que sus puntos de vista eran científicos y tenían la más absoluta confianza en sus propios hallazgos. No entraron en competición, sin embargo, porque ninguno de ellos parecía saber del otro.

A diferencia de Truby King, Sigmund Freud (1856-1939) opinaba que el contacto con la madre no sólo era eficaz, sino que constituía «una fuente de placer».[46] La madre de un bebé, escribía, «lo acaricia, lo besa, lo acuna»,[47] y concluía en su última obra: «Mediante el cuidado del cuerpo del bebé, [la madre] se convierte en su primera seductora».[48] «Una madre —comentaba—, se sentiría posiblemente horrorizada si cobrara conciencia de que sus muestras de afecto están excitando el instinto sexual de su hijo y preparándolo para su plenitud posterior.»[49] Creía, sin embargo, que la madre no tenía motivos para reprocharse nada. «Sólo está cumpliendo con su tarea al enseñar a amar al bebé.»[50]

A Freud, lo mismo que a Truby King, le preocupaban los padres que mostraban «un afecto excesivo» por sus bebés.[51] Pero no explicaba cómo podían distinguir los padres entre lo que él consideraba excesivo y lo que consideraba normal.

Lo más innovador del pensamiento de Freud fue afirmar que tenemos sensaciones sexuales desde el principio. ¿Qué quería decir exactamente? Es importante tener delante sus palabras precisas. En demasiadas ocasiones se le califica de psiquiatra, cosa que no era, y se le atribuyen creencias que nunca profesó. Conviene, por tanto, tomar en consideración sus palabras exactas acerca del contacto temprano entre madre y bebé.

Tanto Freud como Truby King consideraban vital la lactancia materna, aunque por razones completamente distintas. Truby King pensaba desde el punto de vista de la nutrición. Freud, en cambio, sentía fascinación por el acto de succión que entrañaba: «Si un niño lactante pudiera hablar, sin duda proclamaría que el acto de mamar del pecho de su madre es, con mucho, el más importante de su vida».[52] ¿Por qué? Porque, afirmaba, el bebé no sólo mama para alimentarse. Freud identificaba dos etapas en el amamantamiento:

> La obstinación del bebé al mamar pone de manifiesto en una etapa temprana una necesidad de satisfacción que, si bien tiene su origen y su estímulo en la toma de alimento, pugna asimismo por obtener placer con independencia de las necesidades nutricionales y que, por tanto, puede y debe calificarse de *sexual*.[53]

Es interesante recalcar que Freud distingue dos etapas en el amamantamiento: «[...] cuando los niños se quedan dormidos tras saciarse con el pecho, muestran una expresión de gozosa satisfacción que en etapas posteriores de la vida se repetirá tras experimentar un orgasmo sexual».[54]

Y continúa diciendo:

> Observamos, no obstante, que un lactante repite el acto de tomar alimento sin demandar más comida; en ese caso, por tanto, no actúa por hambre. Calificamos esta conducta como succión sensual, y el hecho de que al practicarla el lactante se quede dormido de nuevo con una expresión de dicha en el semblante viene a demostrar que es del acto de succión sensual en sí mismo del que se deriva su satisfacción.[55]

Freud observaba: «Sólo podemos atribuir este placer a una excitación de la región de la boca y los labios; llamamos a esas partes del cuerpo "zonas erógenas", y calificamos de sexual el placer derivado de la succión».[56]

Se trata de una observación muy interesante. Si bien las madres y las nodrizas debían de haber observado que a los bebés les gusta seguir mamando incluso después de haber acabado de alimentarse, no parece que hayan escrito sobre ello como práctica sexual. La conclusión de Freud resulta, pues, novedosa.

¿Hasta qué punto pudo aprender Freud de la observación directa de niños de corta edad? Era padre de seis hijos. «En el caso de mis hijos, que nacieron en rápida sucesión —recordaba—, desperdicié la oportunidad de llevar a cabo observaciones de este tipo; ahora, sin embargo, estoy enmendándome de mi error mediante la observación de un sobrino de corta edad.»[57]

En el *Caso del pequeño Hans* anotaba: «[...] Llevo muchos años animando a mis amigos y pupilos a recabar observaciones acerca de la vida sexual de los niños, cuya existencia, por norma, se ha pasado por alto astutamente, cuando no se ha negado expresamente.»[58] Cabe deducir de ello que sus oportunidades de observar de cerca y en persona el amamantamiento de un niño fueron muy limitadas.[59]

Freud no define qué quiere decir con «sexual», ni explica cómo podía estar tan seguro de que los bebés lactantes experimentaban no sólo placer, sino placer sexual. Brinda, no obstante, un relato visual detallado del proceso de amamantamiento en dos etapas que muy pocas personas se habían molestado en describir hasta entonces. Primero está la succión originada por el hambre, que en la segunda etapa pasa a ser lo que ahora denominamos «succión de consuelo». En esta segunda fase, el bebé realiza movimientos de succión, pero no sigue tragando leche. Freud tenía razón al señalar que este segundo proceso requiere una explicación. A pesar del énfasis que Freud puso en ella, hoy en día se dice a menudo a las madres que la succión de consuelo carece de importancia. El bebé ha terminado de alimentarse y, por tanto, según se afirma, sólo está «enredando». Con frecuencia se aconseja a las madres que se quiten al bebé del pecho llegadas a este punto. Pero mamar buscando consuelo no es «enredar». Freud, al menos, reconoció la relevancia de esta fase.

Su conclusión, sin embargo (que el bebé ha de estar experimentando placer sexual durante la segunda fase del amamantamiento) no es obvia. A menudo se denomina clímax al orgasmo sexual porque representa la culminación de nuestras sensaciones más intensas. El placer sexual aumenta hasta que la persona arde en deseos de culminarlo. Pero el proceso nutritivo se da de manera distinta. Las ansias del bebé son más apremiantes antes de comer, cuando tiene hambre. Un bebé no puede alcanzar un clímax en el instante de empezar a mamar porque necesita tiempo para sentirse saciado de alimento.

A medida que se va sintiendo más lleno, se tranquiliza, se relaja y a continuación se duerme. Ha ingerido ya la mayor cantidad de proteínas y grasa que contiene la leche materna, después de lo cual ésta, como sabemos ahora, se vuelve más aguada. Está plenamente satisfecho, porque la leche de su madre colma sus necesidades. Ahora puede relajarse porque ya no tiene hambre. Poco a poco, el carácter de la succión va cambiando.

¿Hasta qué punto es este segundo tipo de succión esa experiencia intensamente placentera de la que hablaba Freud? Respondo a esta pregunta no sólo como mujer que lleva treinta años ayudando a madres a dar de mamar: también he pasado años amamantando a mis tres hijos. Ellos son ya adultos, pero la sensación de dar el pecho es inolvidable. La succión no nutritiva se siente como un movimiento mucho más suave, un mero aleteo de los labios del bebé. Se diría que es la succión nutritiva, y no la otra, la que procura la sensación de placer más intensa. La succión final se asemeja a la relajación de los últimos vestigios de la tensión propia del estado de vigilia, a fin de que el lactante pueda ir quedándose dormido suavemente. Ello le permite «dormir como un bebé», porque está completamente relajado. Dicho esto, Freud acierta en su modo de describir la expresión de dicha del bebé en el momento de dormir.

Se mostraba categórico, sin embargo, al afirmar que no era el alimento el que procuraba satisfacción al bebé: «[...] el hecho de que se quede dormido de nuevo con una expresión de dicha en el semblante viene a demostrar que es del acto de succión sensual en sí mismo del que se deriva su satisfacción».[60] Esta convicción suya resulta interesante. El propio Freud parece haber experimentado de manera directa el placer oral no nutritivo. Fumaba puros cotidianamente y afirmaba que éstos eran esenciales para su labor creativa. Calificaba de desdichada una época de su vida en la que había intentado dejar de fumar, sin tener «nada cálido entre los labios».[61] Se trata de una afirmación interesante, puesto que Martha Freud procuraba que su marido tomara siempre la comida caliente y a su hora. Así pues, en su vida cotidiana, Freud había separado la nutrición del placer que obtenía del tabaco. Puede que, en su caso, la sensación de tener «algo cálido entre los labios» se tradujera en una experiencia de placer sexual. ¿Pudo Freud hacer una extrapolación a partir del placer que le procuraba el cigarro de después de la comida y generalizar acerca de lo que sienten los bebés durante la segunda fase del amamantamiento?

Si bien describe como dichosa la expresión del bebé que acaba de mamar, de su descripción del acto del amamantamiento cabe deducir que, a su juicio, el bebé queda insatisfecho. En su opinión, un bebé obtendría mayor placer chupando otra cosa que no fuera un pecho:

> Pero al principio el niño, en su práctica de la succión, abandona este objeto [*el pecho de su madre, es de suponer*] y lo sustituye por una parte de su propio cuerpo. Comienza a chuparse los dedos o la propia lengua. De este modo se independiza del consentimiento del mundo exterior en lo relativo a la obtención de placer.[62]

Pero ¿obtienen los bebés un placer especial al chuparse los dedos o la lengua? He visto a bebés chuparse los puños, pero normalmente es porque están ansiosos por comer y sus madres no han acabado aún de desnudarse el pecho. Nunca he visto que un bebé prefiera dejar el pecho para chuparse la mano, a no ser que la madre y el bebé aún no sepan adoptar la postura adecuada para la lactancia. ¿Qué significa, además, esa mención al «consentimiento del mundo exterior»? Se diría que Freud creía que ese «mundo exterior», con el que se refería, presumiblemente, a la madre o la nodriza, no «consentía» que el bebé obtuviera placer por su cuenta. Se trata de una afirmación muy llamativa para la que Freud no brinda explicación alguna.

Está, por otra parte, este revelador comentario del propio Freud: «Y por más que haya mamado del pecho de su madre, siempre le quedará la convicción, tras el destete, de que su lactancia fue demasiado corta y escasa».[63] Es más: «Parece, más bien, que la avidez del niño en las primeras etapas de su nutrición es del todo insaciable; que nunca supera el dolor de la pérdida del pecho materno».[64] Esto no es, desde luego, una verdad universal. Parece depender en gran medida de si la madre ha tenido la sensibilidad necesaria para ayudar a su bebé a destetarse. Existen numerosas pruebas, por ejemplo, a juzgar por la variedad de testimonios de madres citados en el libro *How Weaning Happens* [*Cómo se produce el destete*], de que los bebés y los niños no son insaciables y pueden acabar muy satisfechos tras experimentar la lactancia materna.[65]

Freud hizo muy rotundas aseveraciones acerca de lo que sienten los bebés. Escribía desde la posición de autoridad de un doctor de su época y como fundador del psicoanálisis. Es difícil, no obstante, saber con seguridad lo que sienten los bebés. No parece que Freud debatiera su teoría sexual con su esposa. Resulta interesante descubrir que muy pocas mujeres han comentado la obra de Freud en su calidad de madres. La teoría freudiana según la cual los bebés lactantes experimentan sensaciones sexuales no ha sido suficientemente probada ni definida. Las madres que estén dando el pecho actualmente se encontrarían en buena situación para comentarla.

Me intriga la afirmación de Freud (véase la página 101) de que una madre sólo está «cumpliendo con su tarea al enseñar a amar al bebé». Pero ¿qué clase de amor aprendería un bebé a partir de las descripciones de Freud? Aprendería a excitarse sexualmente sin que su madre se diera cuenta, porque su madre se sentiría horrorizada si «cobrara conciencia de ello». Aprendería a «independizarse del consentimiento del mundo exterior en lo relativo a la obtención de placer». Su madre, cabe deducir, formaría parte de ese «mundo exterior». Sentiría siempre que la lactancia materna, que le ha procurado un placer tan dichoso, ha acabado demasiado pronto. La versión freudiana del amor aparece, por tanto, como una experiencia solitaria tanto para la madre como para el bebé.

La idea de que la succión de los bebés tiene un cariz sexual ha afectado a la consideración social que se tiene de ella. En Occidente, el acto de chupar los pechos se considera, en líneas generales, una práctica sexual adulta que puede tolerarse en el caso de los bebés de corta edad, pero que se considera inapropiada a medida que el niño se hace mayor. La edad a la que se vuelve censurable suele aparecer expresada con toda claridad en la literatura relativa al cuidado del bebé. La edad estipulada varía, dependiendo, normalmente de conveniencias sociales. Los bebés, sin embargo, no suelen estar listos para abandonar la lactancia cuando alcanzan una fecha arbitraria del calendario. Cada uno evoluciona a su ritmo. Una minoría de madres sigue dando el pecho hasta que sus hijos paran espontáneamente. En su inmensa mayoría, los bebés lactantes se ven obligados, mediante coerción o persuasión, a dejar de mamar antes de estar preparados para ello. Han de renunciar a todo el consuelo y la seguridad de los que podrían haber disfrutado.

Truby King y Freud sostenían opiniones muy distintas respecto a las necesidades de los bebés. Pero en un aspecto se parecían: ambos afirmaban que la madre era una figura muy importante. Curiosamente, los dos veían su papel de manera impersonal, como una especie de proveedora de servicios. Lo que importaba era lo que ofrecía, no quien fuera, ni lo que sintiera respecto a su hijo. Se diría que para ambos una madre era una figura potencialmente peligrosa: alguien que podía tocar en exceso a su bebé. La solución, en ambos casos, consistía en alentar a los bebés a independizarse de sus progenitoras. A los «bebés Truby King» sólo se los tomaba en brazos a determinadas horas, para comer o cambiar de postura. Los «bebés Freud», por su parte, debían supuestamente aprender por sí solos a obtener placer chupándose los pulgares y haciendo movimientos de succión con la lengua.

Sin embargo, si se quiere que los bebés aprendan a relacionarse con otras personas, tal vez sea fundamental que no aprendan a ser autosuficientes en sus cunas, ni a chuparse los pulgares. La atención de un bebé ha de estar dirigida hacia fuera para que pueda comunicarse con su madre. Y es este tema el que enlaza el capítulo anterior con el siguiente.

6

Tenerlos presentes

«¿Cómo puede esperarse que un hombre que tiene calor comprenda a uno que tiene frío?» Ésta es la pregunta que se hacía Solzhenitsin casi al comienzo de su novela corta *Un día en la vida de Iván Denísovich*. Y de nuevo, casi al final: «Un hombre que tiene calor no puede entender a otro que se congela».[66]

Ése, el de comprender a otra persona, es exactamente el reto que ha de afrontar una madre. En el relato de Solzhenitsin, un celador sacaba a un preso de la relativa calidez del hospital de la prisión a las temperaturas bajo cero del invierno siberiano. Al celador podía resultarle extremadamente difícil comprender el frío que iba a pasar el recluso. Del mismo modo, las madres se enfrentan a drásticos contrastes. No es fácil para una persona adulta, que ha aprendido a pensar con palabras y a comunicarse, imaginar qué se siente siendo un recién nacido que carece por completo de experiencia en ambas cosas. Quizá por ello raramente podemos recordar lo que sentíamos justo después de pasar por la irreversible transición hacia la vida fuera del vientre materno.

Intento ponerme en el lugar de A. Debe de ser como llegar a otro planeta. De pronto se espera de ella que busque comida y que se

alimente [*mamando*] por sí sola. Antes se alimentaba por el cordón umbilical. (A, 5 meses.)

¿Puede una madre ponerse en el lugar de su recién nacido
aunque no pueda entenderlo del todo? Solzhenitsin tenía razón
al cuestionarse si una verdadera comprensión es posible. Él hablaba, no obstante, de personas encarceladas en campos de pri-
sioneros que, posiblemente, no sobrevivirían a menos que se
preocuparan sólo de sí mismos. Por suerte, pocas madres se encuentran en circunstancias tan degradantes. Son responsables de
bebés a los que están aprendiendo a querer. Cuando una mujer
se convierte en madre, no puede permitirse ya pensar sólo en sí
misma. Poco a poco aprende a «formar un tándem» con su bebé
y a pensar en los dos. Sus pensamientos son el sustrato invisible
que le permite llegar a conclusiones y tomar decisiones. Todo ello
es expresión de su amor.

Puede que en todas las culturas se hallen testimonios acerca de lo mucho que piensan las madres en sus bebés. Unos versos del profeta bíblico Isaías, del siglo VIII a.C., sirven para ejem-
plificar hasta qué punto ese pensamiento atento y solícito debía
de parecer un marchamo propio de las madres. Isaías escribía con el fin de tranquilizar a los judíos asegurándoles que
Dios no se había olvidado de ellos. Para que su mensaje calara,
escogió dos imágenes: la de un pastor que se acuerda de sus ove-
jas y la de una madre que recuerda a su bebé. Acerca de la madre decía:

¿Puede una madre olvidar a su niño de pecho?
¿Puede dejar de amar al hijo de sus entrañas?
Pues aunque ellas [*las madres*] pudieran olvidar,
Yo [*Dios*] no te olvidaré [*al pueblo judío*].[67]

Lo interesante de esta metáfora es su contexto. Su éxito dependía de que sonara verosímil. Si era normal ver, con sólo echar un vistazo alrededor, que la mayoría de las madres cuidaban ostensiblemente de sus bebés, el pueblo judío se sentiría reconfortado. Si era muy raro ver a las madres en esa actitud, la metáfora fracasaría y la gente se seguiría desesperando, convencida de que Dios se había olvidado de ellos. Isaías tenía que usar imágenes bien asentadas. De ello puede concluirse en toda lógica que, en su época, la gente estaba posiblemente acostumbrada a ver a pastores vigilando su rebaño y a madres que (con raras excepciones) se acordaban manifiestamente de sus bebés lactantes.

Las palabras de Isaías tienen casi tres mil años de antigüedad. Pero todavía parece existir el convencimiento generalizado de que es normal que una madre parezca ausente porque está con la cabeza ocupada sólo en su bebé.

> Ayer fui en coche al supermercado, senté a O en el carrito, hice la compra y me puse a la cola para pagar. Me creía muy eficaz. Luego descubrí que me había dejado la cartera en casa. La mujer que iba delante de mí me dijo mientras guardaba su compra: «Bueno, tienes un bebé, ¿no?». (O, 2 meses.)

Así pues, está claro que la mujer de delante daba por sentado que las madres de bebés de corta edad se vuelven olvidadizas. La presencia de un bebé en el carro de la compra hacía innecesaria cualquier otra explicación que justificara el hecho de ir a hacer la comprar y no llevar la cartera.

Las madres procuran estar pendientes de todos los detalles, pero aun así:

> ¡Ay, señor! ¡Acabo de darme cuenta de que iba a salir de casa [con A] sin ponerme los zapatos! (A, 13 meses.)

¿Cómo es posible que las madres se concentren hasta tal punto en sus bebés que olviden cosas esenciales, como la cartera o los zapatos? ¿Es que se les derrite el cerebro? Además, una cosa es concentrarse en algo un par de horas, y otra, como afirman muchas madres, estar pensando constantemente en sus bebés, día y noche. ¿De veras son sinceras?

Muchas madres describen con cuánta intensidad piensan en sus recién nacidos. Los abrazan y los miran maravilladas. Pero una observación tan intensa sólo puede darse a costa de eclipsar buena parte de la vida cotidiana.

> ¿Cuántas veces no habré estado en medio de una habitación y me he preguntado «qué iba a hacer yo»? (O, 3 semanas.)

> Mi vida gira en torno a O. Ya ni me acuerdo de quién soy. Hace unos días, estuve hablando con mi marido sobre O y un rato después mi marido dijo: «¿Te importa que hablemos de otra cosa?» Y los dos nos quedamos callados. ¡No se nos ocurría qué decir! (O, 8 semanas.)

> Uso mucho la palabra «cosa». Digo: «Pásame esa cosa roja»; «¿Dónde está mi cosa amarilla?» Se me olvidan las palabras. (A, 9 meses.)

La madre cuyo marido quería que hablaran de otra cosa era una de las tres madres primerizas con las que estaba hablando una tarde. Tenían cada una un niño, y se dio la casualidad de que los tres tenían ocho semanas de edad. Una de las madres era inglesa, otra francesa y la tercera procedía de una familia asiática. Todas ellas, sin embargo, hablaban del hecho de ser madres de un modo parecido. Decían estar muy cansadas:

> No tengo energía.
> Ya no tengo memoria.

No escucho lo que me dice la gente. Pongo cara de estar escuchando, pero no me entero de nada.

—Y bien —pregunté yo—, ¿a qué prestáis atención, entonces, si no escucháis, si estáis siempre pensando en otra cosa? Contestaron:

Pienso en él. Todo el tiempo.
Pienso en lo que quiere y en qué hacer a continuación.
Intento comprender lo que necesita.

Yo veía los resultados de todas estas cavilaciones mientras hablábamos. Primero lloró un niño; luego, otro. Las tres madres comprendieron brillantemente lo que querían sus bebés. Parecía sencillo, después de que lo explicaran. Pero *yo*, que los veía desde fuera, no me había percatado. En los tres casos la madre reaccionó, el bebé dejó de llorar y se tranquilizó y, por tanto, la comprensión de la madre quedó demostrada.

Quiere comer.
Me está diciendo que quiere estar en su mochila.
Yo: ¿Cómo dice eso un bebé de ocho semanas?
[*La madre me miró con expresión de agotamiento.*] No lo sé. Simplemente lo sé.
Necesita echar los gases y luego tendrá hambre otra vez.

Las tres madres sentían que la relación con sus bebés estaba empezando a parecerles más llevadera:

Creo que ya he pasado lo peor.
Ahora va siendo más fácil.
Es mejor que antes.

—¿Qué ha cambiado? —pregunté yo—. ¿Por qué es más fácil?

Es más persona. Ahora me reconoce.
Me sonríe.

Fuimos a visitar a la familia de mi marido. Mi marido tenía en brazos a O y me dijo que el niño me seguía con los ojos por toda la habitación. Creo que sabía que soy su madre.

¿Por qué es tan difícil ser madre? ¿Por qué están tan cansadas las madres recientes? Si pasan tanto tiempo pensando en sus bebés, ¿cómo es posible que el solo hecho de *pensar* en un bebé sea tan agotador?

Por lo que cuentan las madres, una de las razones primordiales de este agotamiento es que una madre tiene bajo su responsabilidad a una persona recién venida al mundo que al principio no se comunica voluntariamente con ella, pero que depende de ella. De modo que la madre tiene muy poco tiempo libre para centrarse en sí misma. Ha de seleccionar, entre sus pensamientos, sólo los esenciales. Pasa constantemente de momentos fugaces en los que piensa en sí misma a momentos en los que piensa intensamente en su bebé. Ha de preguntarse continuamente qué necesita de ella. Puede que el bebé tampoco sepa la respuesta. De ahí que la madre deba hacer acopio de observaciones detalladas pero todavía inconexas. Ha de tener a mano gran cantidad de datos sin estructurar. Cuando varias observaciones encajan, se produce la comprensión, y ésta trae consigo el relajamiento. Así pues, no entender todavía deja a la madre perpleja e incapaz de relajarse.

Paulatinamente, con el paso de los meses, la atención reconcentrada de la madre va rindiendo fruto. La madre ya es capaz de reconocer los gestos de su bebé y de descubrir en ellos breves secuencias de comportamiento coherente. Cuando esto ocurre, es fácil percibir su emoción. Estos momentos de comprensión reactivan sus energías. Como decía una madre:

> Supongo que cada vez que comprendo a O es como un granito de arena. Por sí solo no es gran cosa. Sólo con el tiempo va creciendo y puede convertirse en un gran castillo de arena. Crece poquito a poco. Pero cada grano cuenta. (O, 14 meses.)

¿Qué «granitos de arena» descubren las madres? A menudo son detalles minúsculos, pero confirman que la madre ha empezado a comprender a su hijo.

> Creo que, cuando un bebé llora, buscas sólo un motivo. Pero lo que he aprendido es que empieza por una cosa y luego cambia. Como cuando no quiere el pecho y se pone a chillar si se lo ofrezco, y un momento después sí lo quiere. (O, 7 semanas.)

> A sabe que existe. Lo sabe en un sentido físico. Es un cambio enorme, y no sé explicarlo de otra manera. Noto que lo ha captado y que sabe que, si da una patada a una pelota y se mueve, se da cuenta de que es porque le ha dado una patada. (A, 8 meses.)

Algunos «granos de arena» muy útiles se recogen cuando las madres advierten lo mucho que están aprendiendo sus hijos observándose a sí mismos.

> A ha aprendido a inclinar la cabeza cuando quiere decir sí. Al principio pensé que tenía una especie de tic. Pero ahora lo hace muy bien. Debe de haberse fijado en nosotras y haberse dado cuenta de que lo hacemos. [*Me descubrí asintiendo cuatro veces con la cabeza mientras la madre me contaba esto. Nunca me había fijado en lo mucho que hacíamos ambas ese gesto cuando hablábamos.*] (O, 4 años; A, 12 meses.)

O se da palmaditas en las mejillas. Yo imaginaba que tenía que haber aprendido algo, pero no sabía qué. Luego, la otra mañana, estaba poniéndome crema hidratante en la cara y miré a O y vi que se estaba tocando las mejillas. Y de pronto me di cuenta de que eso era lo que había aprendido. (O, 13 meses.)

Estas observaciones exigen mucha paciencia por parte de la madre. Puede resultar tentador desentenderse de los gestos de los bebés porque se tarda mucho tiempo en comprenderlos.

A durmió mal varias noches seguidas y yo me puse en plan: «Cállate, A, y duérmete de una vez». Me decían que eran los dientes, pero yo no estaba segura. Luego pensé que los mayores nos pasamos la noche dando vueltas en la cama cuando nos preocupa algo. A está procesando muchísimas cosas nuevas. Imagino que tiene un montón de cosas en la cabeza. Después de pensarlo, me quedé mucho más tranquila y desde hace unas cuantas noches podemos dormir en paz. (A, 4 meses.)

O se enfada mucho cuando no le doy lo que quiere. Esta mañana le ofrecí plátano para desayunar. Empezó a sacudir la bandeja de su trona. ¡Quería guisantes! En cuanto se los di, se quedó tranquilo. Cuando tengo energía, consigo entender lo que intenta decirme. Pero, cuando estoy cansada, pienso que está armando un escándalo por nada. (O, 10 meses.)

Puede darse el caso de que una madre no sea consciente de lo mucho que ha aprendido sobre su bebé. Pero si se ofrece a cuidar del hijo de otra mujer, quizá comprenda por fin lo bien que conoce al suyo:

Una amiga me pidió que cuidara a su bebé, y la verdad es que me costó mucho esfuerzo. Con eso me di cuenta de lo bien que conozco a A, porque yo miraba al bebé de mi amiga y pensaba: «¿Qué quieres?» Mientras que con A es muy fácil. *Sé* lo que probablemente quiere. (A, 10 meses.)

Pero hasta la madre más atenta puede no llegar a entender del todo a su hijo, o no saber exactamente qué es lo que siente. Cabe la posibilidad, no obstante, de que esas deficiencias de comprensión sean beneficiosas. Puede que el niño se sienta agobiado si su madre lo conoce demasiado bien. El psicoanalista Peter Fonagy lo señalaba en su análisis del proceso de «mentalización». Es decir, nuestra capacidad de percibir las ideas y sentimientos ajenos tan bien como los propios. Ya en la infancia, nos tranquiliza advertir que nuestros cuidadores pueden «reflejar» nuestras emociones «fielmente, pero no de manera abrumadora».[68] Evidentemente, Fonagy se dio cuenta de que no es indispensable que la comprensión de una madre sea perfecta.

Pensar como una madre es de por sí muy duro. Las madres tienen que actualizar sus datos a medida que sus hijos evolucionan y van superando fases a las que ellas ya se habían acostumbrado.

Lo que se me hace más cuesta arriba es que sea todo tan impredecible. Pasas una eternidad creando una atmósfera relajada con un cuento y la teta. Hace unos meses, O se quedaba dormido así. Pero ahora, de pronto, ¡zas!, se despierta, se levanta y se va por ahí a hacer cualquier cosa. No está cansado. Pero yo no he cenado, ni he hecho nada. (O, 16 meses.)

Las madres han de estar constantemente observando cambios y adaptándose a ellos.

Ahora A ya puede moverse y yo tengo que pensar continuamente en todos los peligros que corre. Ella no tiene ningún miedo, y yo me siento orgullosa de que no lo tenga. Pero no paro de pensar:

«¿Qué estará haciendo ahora?»; «¿Debo rescatarla o dejo que lo descubra por sí misma?»; «¿Se hará daño?» Es agotador. Estoy muy cansada. (A, 10 meses.)

Tu mente se dispara en todas direcciones, pensando en todo lo que puede pasar. Tienes que ir siempre como veinte pasos por delante de ellos. (A, 20 meses.)

El proceso de anotar mentalmente cualquier peligro potencial es lento, pero de pronto una madre puede tener que reaccionar como un relámpago. Inevitablemente, los bebés aprenden a moverse mucho más deprisa de lo que cualquiera podría esperar.

O ha aprendido a rodar esta semana, hacia los dos lados. Cada vez es más independiente. Pero ahora que sabe rodar, el único sitio seguro para que esté es el suelo. (O, 4 meses.)

Una vez que me había dado la vuelta, A subió cinco escalones. ¡Cinco! Yo no sabía ni que podía subir uno. Me deja pasmada. (A, 13 meses.)

A medida que crecen, los niños se dan cuenta de que sus madres, o sus madres sustitutas, los tienen continuamente presentes e intentan protegerlos.

M: Recuerdo que me caí por las escaleras de mi abuela cuando tenía menos de dos años. Ya sabía cómo había que caer, así que no me hice daño. Recuerdo que me estaba poniendo un zapato y que me incliné demasiado hacia delante y me caí.
Yo: ¿De qué te acuerdas exactamente?
M: De la cara de mi abuela.

Está claro que el pánico o la preocupación de la abuela por su nieta dejó en ésta una impresión mucho más profunda que el miedo o el dolor de la caída.

Sorprende descubrir lo falto de experiencia que puede ser un niño pequeño. Una madre puede dar por sentado que su hijo conoce las consecuencias de un acto, cuando, por ejemplo, golpea un vaso contra la mesa. Para ella, es evidente que el vaso se romperá si lo golpea una o dos veces. El niño, en cambio, no parece consciente de ello y se pone simplemente a dar golpes para descubrir qué pasa.

Un bebé parece vivir fundamentalmente el presente, sin noción alguna del futuro. Eso es lo que preocupa a la madre. Tiene que estar constantemente haciendo cábalas y calculando cuándo es probable que su bebé esté cansado, cuándo tendrá hambre, cuándo tendrá frío, etcétera, etcétera. Procura tener todo esto en cuenta a la hora de planificar su vida cotidiana. Piensa por dos y toma constantemente decisiones para intentar que tanto ella como su hijo tengan un buen día.

Curiosamente, a medida que una madre aprende a estar siempre pendiente de su hijo, los resultados pueden parecer tan armoniosos y fáciles de conseguir que a otras personas (e incluso a la propia madre) llega a parecerles que la comprensión del niño, que tanto le ha costado conseguir, se ha dado por sí sola. Sólo su cansancio indica el gran esfuerzo mental que ha supuesto en realidad.

Lo más cansado de ser madre no es el esfuerzo físico. No es el trabajo. Es el trabajo *mental*. Son todas esas pequeñas decisiones que pasan por tu cabeza, como cuando te preguntas si debes hacer tal o cual cosa, o si es hora de hacer esto o aquello. Hay que decidir constantemente. Me paso el día tomando esas pequeñas decisiones y, al final, acabo agotada. Ayer mi novio me preguntó si necesitábamos beicon. Le dije: «Decide tú». Tengo la sensación de que no puedo tomar una sola decisión más, ni aunque sea para algo mío. (O, 11 meses.)

Al mismo tiempo, es imposible centrarse tan intensamente en una persona sin necesitar algún respiro. Muchas madres describen momentos en los que simplemente se quedan en blanco. Durante un rato no piensan en nada, o se relajan y piensan en algo totalmente distinto. Es un modo elemental de recuperarse de un esfuerzo mental durísimo.

> Puedo dejar tranquilamente a mi bebé con mi hermana. Es la madre más tranquila que conozco. Así que le dejé a A para que la tuviera en brazos y me puse a hablar con mi sobrina, y de pronto vi a A en brazos de mi hermana y pensé: «¡Ay, pero si tengo un bebé!» Sólo había estado diez minutos hablando con mi sobrina, pero era como si hubiera estado de vacaciones una larga temporada. (A, 3 meses.)

> Debía de ir empujando el cochecito con los ojos cerrados. Me di cuenta de pronto. Y pensé: «Dios mío, ¿dónde estoy? Soy una madre con dos hijos pequeños a mi cargo, en Londres». (A, 2 años; A, 3 meses.)

A menudo, las madres crean sus propios momentos de relajación. Algunas cosen, hacen punto o cocinan; sobre todo, hacen dulces. Dicen que esto las ayuda a recuperarse de la atención que han de dedicar a sus hijos, y no sólo en el caso de los bebés, sino también de niños que ya caminan o incluso de otros más mayores.

Mariella Doumanis ofrece un buen ejemplo de ello en su libro *Mothering en Greece* [*Prácticas maternales en Grecia*]:

No puedo evitar acordarme [...] de los muchos pasteles que hice para mis hijos, poniendo toda mi atención en los detalles de la receta, esforzándome por que el resultado final fuera bueno y, mientras me concentraba en la tarea, ignorando, o procurando ignorar, a las mismas personas a las que supuestamente debía atender.[69]

Una tarea que exija concentración, como la de hacer pasteles, puede resultar relajante después de intentar seguir el ritmo de una familia de niños despiertos y aventureros

Precisamente en el momento en que una madre se toma un respiro cuando puede vislumbrar lo mucho que hace.

Hará unos dos meses me invitaron a una fiesta. P se quedó cuidando de A y yo me fui a la fiesta. Primero hubo un cóctel y recuerdo claramente que estaba allí, con una copa de champán en la mano, pensando: «Esto es lo único que tengo que hacer. Sólo quedarme aquí y hablar con estas personas. Qué fácil. No tengo que estar continuamente volviendo la cabeza para ver si A está bien». (A, cinco meses.)

¿Es conveniente concentrarse hasta ese punto? Puede que una madre piense demasiado en su bebé, hasta el extremo de que se convierta en una obsesión más que en un proceso de aprendizaje. Pero ¿puede juzgar si es una cosa u otra quien observa la situación desde fuera?

Un amiguito de A vino a jugar con ella, con su mamá. Al principio, pensé que la madre se excedía. Que estaba siempre encima de él, allá donde fuera. Pero luego me di cuenta de que su hijo veía mal y se tropezaba continuamente con las cosas. Así que, pasado un rato, llegué a la conclusión de que seguramente la madre se preocupaba lo que debía preocuparse. (A, 3 años; O, 4 meses.)

Suele regañarse a las madres por pensar demasiado en sus bebés; con frecuencia se las tacha de neuróticas, de alarmistas o de «madres helicóptero».*[70]

Puede que los amigos les digan que no es sano centrarse tanto en el bebé. Pero las personas que hacen estos comentarios suelen precipitarse. Indudablemente, teniendo en cuenta el grado de dependencia de un bebé, una madre tiene muchas cosas de las que preocuparse. Si no está segura de lo que hace, es lógico que se preocupe más aún. Quizás haya tenido previamente problemas de fertilidad, o haya abortado, o haya pasado por un parto difícil, o quizá su bebé haya sufrido recientemente una enfermedad repentina o un accidente. Experiencias de este tipo pueden hacer que una madre tenga los nervios a flor de piel durante meses. Evidentemente, es posible preocuparse hasta extremos injustificados. Pero las personas con empleos de responsabilidad a menudo se granjean el respeto de los demás cuando afirman estar absortas en las preocupaciones de su trabajo. ¿No sería más justo, pues, que en este sentido se considerara a una madre «inocente hasta que se demuestre lo contrario»? De ese modo podríamos considerar justificada su preocupación, a menos que tengamos pruebas concretas de que no es así.

> Cuando A era recién nacida, solía controlar su respiración para asegurarme de que estaba bien. Y si alguna vez al subir al piso de arriba pensaba que ese día me sentía más segura y había aprendido a no preocuparme, me decía enseguida: «Ya, pero es justo entonces cuando pueden pasar las cosas, el día en que me relajo y no lo compruebo». Así que corría abajo a mirar otra vez. (A, 12 meses.)

---

* El concepto de «padres helicóptero», procedente de Estados Unidos, hace referencia a los padres que sobreprotegen a sus hijos, planeando sobre ellos como un helicóptero. (*N. de la T.*)

Cuando A1 tenía nueve meses, pasó diez días con gastroenteritis. Fue una época horrorosa para mí. Recuerdo que, cuando la niña ya estaba mucho mejor, iba un día por la calle preguntándome cuánto tiempo tendría que pasar para que dejara de preocuparme tanto. Justo entonces paró un coche a mi lado y se bajó una madre con un niño de unos siete años. Le dijo al niño: «¿Estás bien?» Y vi en su cara la misma preocupación por la que acababa de pasar yo. Entonces me di cuenta de que la respuesta era «nunca». Como madre, nunca dejas de preocuparte. (A1, 3 años; O, 2 años; A2, 10 días.)

Cuando las madres cuentan cómo están pendientes de sus bebés, salta a la vista que se refieren a un acto volitivo. Pero para un observador externo su conducta puede parecer involuntaria, como si la madre hubiera sido «abducida» por su bebé. «El principio rector de un individuo autónomo que busca la satisfacción personal no es aplicable a la maternidad», señala Lyn Craig en las conclusiones de su libro *Contemporary Motherhood: the Impact of Children on Adult Time* [La maternidad hoy en día: el impacto de los hijos en la vida adulta]. «Tras el nacimiento de los hijos, el amor, el apego y la responsabilidad hacen acto de presencia, y las mujeres se entregan a su cuidado incluso en detrimento de sí mismas. Se ha sugerido que convertirse en madre se asemeja más a padecer una adicción que a ejercer una alternativa libremente elegida y dinámica.»[71]

Visto desde fuera, el ejercicio de la maternidad puede asemejarse a una adicción. Las madres suelen cuidar de sus bebés aun a costa de su propio bienestar físico. A veces ellas mismas se quejan de no tener alternativa. He oído decir a muchas: «Cuando llora O, no tengo más remedio que cogerlo en brazos». Pero tienen elección, desde luego. Están ejercitando su libre albedrío. Ponen en la balanza el malestar de su hijo y su propia necesidad de dormir y deciden que aquél es más urgente. Esperan poder recuperar el sueño perdido en algún momento. Se trata de una decisión conmovedora. Muchas madres postergan sus propias necesidades varias veces cada noche. Es una lástima comprobar que esta elección moral se malinterpreta y se la tilda de «adicción» ajena a la voluntad de la madre.

Estar pendiente del bebé se vuelve más complicado cuando la madre intenta al mismo tiempo comunicarse con otras personas.

> La gente te ve tomando un café con una amiga. Pero lo que no ve es que apenas tenéis tiempo de miraros la una a la otra. Cada una está atenta a su bebé. (A, 6 meses.)

> Cuando hablas por teléfono, estás escuchando cosas distintas con cada oreja. Le estás escuchando a él al mismo tiempo que intentas seguir la conversación. (O, 16 meses.)

Hasta ahora, la idea de estar pendientes del bebé la he tratado desde el enfoque de madres que observaban a sus hijos en un sentido positivo. Es posible, sin embargo, que una madre piense en su bebé constantemente, pero en un sentido muy negativo. Encontré un buen ejemplo de ello al comienzo de las *Memorias* del mariscal de campo Montgomery, el cuarto de los nueve hijos que tuvieron sus padres. «Puedo afirmar, desde luego —escribía Montgomery—, que mi infancia fue infeliz. Ello se debió al choque de voluntades entre mi madre y yo. [...] Si no me veían por ninguna parte, mi madre decía: "Id a ver qué está haciendo Bernard y decidle que pare".» Y añade: «Poco a poco fui replegándome en mi caparazón».[72]

Impresiona que su madre estuviera pendiente de él, a pesar de tener nueve hijos. Pero esa atención de signo negativo parecía haber causado en su hijo una herida profunda. Resulta interesante descubrir que él se comportó de manera parecida con sus enemigos de la Segunda Guerra Mundial. Comenta en sus memorias que un comandante en jefe «ha de esforzarse por leerle el pensamiento a su oponente, por anticiparse a la respuesta enemiga a sus movimientos, y actuar sin perder un instante a fin de evitar que el enemigo interfiera en sus planes».[73] Casi parece su madre intentando poner coto a sus travesuras infantiles, si bien él se serviría de esta forma de pensamiento negativo para conseguir, con el transcurso del tiempo, un resultado excelente en la batalla de El Alamein.

De todos modos, no todos los niños encuentran un modo tan positivo de emplear la atención negativa cuando se hacen mayores. Muchos hijos pueden replegarse en sus caparazones, y quedarse ahí.

Parece que siempre hay alguien que atribuye intenciones perversas a todo cuanto hacen los niños. Una madre puede adoptar esta actitud y enfadarse con su hijo atribuyéndole segundas intenciones que es improbable que pueda manejar ya. Las madres con más experiencia pueden ayudar sugiriendo otras explicaciones posibles:

Primera madre: A finge toser. Cuando no tose de verdad, lo noto. Es mentira. Cuando tose, la tomo en brazos y le doy palmaditas en la espalda. Pero yo sé que es mentira. Y pienso que cómo es posible que haya aprendido a fingir, a ser tan manipuladora, teniendo sólo cuatro meses. (A, 4 meses.)
Segunda madre: Puede que esté jugando. (O, 15 meses.)
Tercera madre: O que esté practicando. (A, 17 meses.)
Cuarta madre: O puede que sólo le guste el ruido que hace. (A, 13 meses.)

Estas madres se mostraban unánimes a la hora de poner en duda la idea de que una niña de cuatro meses pudiera intentar desafiar a su madre. Su tacto y su empatía les impedían contradecir la argumentación de la primera madre. Se limitaban a ofrecer explicaciones alternativas.

¿Qué sucede cuando una madre no está atenta a su hijo? Sólo cuando una madre deja de hacer algo cobramos conciencia de la enorme diferencia que ello supone. Una mujer que quedó huérfana siendo niña y a la que enviaron a vivir con una abuela muy estricta comentaba que las madres cariñosas «están pendientes de sus hijos». Empleó tres veces esta expresión en una redacción que escribió para un curso que yo estaba impartiendo. Fue años antes de que me diera cuenta de la importancia de este fenómeno, de modo que no reparé en sus palabras hasta que releí su trabajo años después.[74] Me conmovió entonces comprobar lo dolorosa que había sido para ella esa carencia.

Cuando una madre ha empezado a conocer a su hijo, pero muere antes de que el niño se convierta en adulto, el hijo deja súbitamente de estar presente en la mente de la madre. «Tu madre crea la historia de tu vida y la entreteje en la inmensa trama de historias de la existencia humana», escribía Dorothy Rowe en el prefacio a su libro *Death of a Mother, Daughters' Stories* [Muerte de una madre. Historias de hijas.].[75] Cuando muere nuestra madre, esta historia queda en nuestras manos. No sólo tenemos que contar el fin de su historia, sino que la nuestra sigue adelante. Ya no podemos contarle todos sus hitos para que los añada a la base de datos mental que tiene sobre nosotros. Por mayores que seamos, una vez muerta ella, en ocasiones aún resulta extraño no tener una madre viva que escuche el siguiente episodio.

Esto lo describe muy bien Rosa Ainley. Su madre murió cuando ella tenía 8 años, y el libro citado más arriba fue idea suya. Acerca de su madre, escribía:

> Yo quería que estuviera allí, pero también que me conociera, que supiera quién soy y a qué me dedico y lo que me gusta. [...] Su muerte y los cambios que siguieron hicieron que me sintiera siempre desubicada, ajena, descentrada, capaz de todo, pero siempre fuera, fuera, fuera. Y es a pesar de su muerte, o precisamente por ella, por lo que estoy feroz y formidablemente (según dicen) segura de quién soy y de lo que quiero ser, [...] y también tan perdida, tan vulnerable, tan indecisa.[76]

Sin una madre u otra persona adulta que se haga cargo de la historia en desarrollo del niño, éste puede sentirse incompleto y a la deriva. Se diría que la madre conforma a su hijo al enlazar una parte de su vida con otra. Sólo ella conoce sus orígenes, la experiencia compartida de sus inicios, del embarazo y el parto.

Los hijos también pueden sentirse a la deriva si tienen una madre que no está pendiente de ellos. Camila Batmanghelidjh fundó en Londres Kids Company, un centro de juegos para niños desfavorecidos. En su libro *Shattered Lives* [Vidas rotas] relata sus visitas a los padres de algunos niños que frecuentaban sus centros de juegos, y decía lo siguiente acerca de las madres a las que había podido observar:

> Muchos niños están expuestos, por desgracia, a una carencia crónica de atenciones. En los casos menos graves, esta situación viene dada por una madre ensimismada, deprimida o drogodependiente cuya capacidad para ocuparse de las necesidades del bebé se ve muy mermada. La madre está demasiado centrada en su propia supervivencia o demasiado absorbida por su pobreza. Carece de recursos afectivos para suplir adecuadamente las necesidades de su

hijo. El bebé se siente catastróficamente desprovisto de atenciones y cuidados. La dedicación de la madre, que debería preservar la díada formada por madre e hijo, ya no mantiene a salvo al bebé. Y éste experimenta una angustia para la que no hay alivio.[77]

Batmanghelidjh había visitado a muchos de los padres de los niños. Su conclusión resume de manera sensible e intuitiva una experiencia ingente. Para ella, estaba claro que el hecho de que la madre estuviera pendiente de su hijo podía mantener a éste a salvo.

Si la madre está viva y presente, debe estar pendiente de su hijo, al menos en parte. Aun así, esa parte puede percibirse como muy escasa o como demasiado acotada en el tiempo. En esos casos, el niño puede sentirse olvidado. No importar lo suficiente para que se acuerden de uno es, al parecer, un temor que comparte mucha gente. El niño puede descubrir, sin embargo, que se vuelve visible en sentido negativo, siempre y cuando desarrolle conductas antisociales, lo que es preferible a verse olvidado.

Encontré un ejemplo interesante de este dilema en un informe y una conversación grabada de un grupo de presos adultos. Los reclusos estaban asistiendo a un encuentro especial dentro de su prisión y hablando de cómo esperaban que fuera su vida cuando salieran en libertad. Dos de ellos confesaron su pánico a ser enviados a un lugar nuevo en el que nadie los reconociera. Uno dijo: «Voy a salir pronto de aquí. ¿Qué creéis que me da más miedo? Perder mi imagen. Voy a pasar de quién era, donde todo el mundo me conocía, a un sitio equis, donde nadie me conoce. Nadie va a saber nada de mí. Y eso es lo que más miedo me da. Antes me encantaba que toda la gente a la que veía me conociera. [...] Me tenían miedo, temían que los matara o algo así. Y eso es lo que más temo, perder esa imagen y ser una persona corriente en la que nadie se fija».[78]

Este recluso hacía alusión a cómo imaginaba que lo tenían presentes los demás. Aspiraba a ser recordado como alguien al que temer, porque había notado que quienes lo temían se fijaban más en él. Ello es infinitamente preferible a la alternativa de «si te he visto, no me acuerdo». Ser recordado como una buena persona parece una experiencia desconocida para él. Decca Aitkenhead, la periodista, no preguntó si este recluso había tenido una madre incapaz de estar atenta a sus necesidades. Pero sin duda parece probable.

De todo esto cabe concluir lo importante que es para las madres seguir estando pendientes de sus hijos pequeños. ¿Qué significa estar pendiente de alguien? No es como guardar algo valioso en una caja. Porque, una vez guardado el objeto, la caja se ocupa de él, y sólo hay que acordarse de dónde lo has puesto. Tener en mente a un niño es distinto. Un bebé es un ser vivo y tangible, mientras que una mente no es más que una metáfora.[79] En realidad no tenemos dentro del cuerpo una cavidad que podamos llamar «mente». Así que ¿cómo podemos albergar a un bebé tangible en nuestra mente intangible?

En un sentido literal, no podemos tener a un bebé dentro de nuestra mente. Nos referimos, en cambio, al modo complejo en que una madre se acuerda a menudo de su hijo, sea cual sea la fase que atraviesa éste. No queremos decir con ello que las madres lo hagan a la perfección. Ni tampoco significa que las madres sean de manera innata y misteriosa menos egocéntricas que el resto de las personas. Las madres han de aprender por sí solas a pensar con sensibilidad sobre sus hijos y a hacer continuamente pequeños ajustes a medida que éstos evolucionan. Es impresionante observar cómo lo hacen muchas de ellas.

Con el paso del tiempo, la madre comprueba que su hijo está aprendiendo a confiar en ella y que no es necesario que reaccione con tanta presteza. Puede que no lo exprese así de manera consciente, pero se siente más relajada y descubre que de nuevo tiene tiempo para pensar en sí misma.

> Esta mañana me miré en el espejo, y al verme la cara pensé: «Qué bien, todavía estoy aquí». Si piensas en lo mucho que te miras normalmente en el espejo (al ir al váter, antes de salir, constantemente...). Creo que, desde que soy madre, hacía semanas que no tenía tiempo para mirarme en el espejo. (O, 2 meses.)

¿Qué sucede cuando nace otro bebé? No podemos pensar con la misma intensidad en dos hijos al mismo tiempo. Las madres parecen buscar razones para justificar cómo discriminan prioridades. De ello hablamos en el capítulo 12.

¿Puede compartirse esta mentalidad? A fin de cuentas, muchos niños tienen dos progenitores. ¿Qué hay de los padres? ¿Acaso ellos no tienen igual de presentes a sus bebés? En una reunión, varias madres afirmaron sentirse mucho más relajadas cuando estaban presentes sus maridos y parejas. «¿Hasta qué punto os sentís relajadas? —pregunté yo—. ¿Podéis desconectar, dejar de estar pendientes de vuestros hijos?» Me sorprendió la rotunda negativa con que contestaron. «Sólo dejo que mi pareja haga las cosas prácticas.» «La responsabilidad siempre está ahí.»

> P no comparte la responsabilidad. Estás sólo tú. Tú hoy, mañana y dentro de cinco años, y dentro de diez. (A, 7 meses.)

> P, si no está con A, no piensa en ella. La quiere un montón, y le encanta estar con ella. Pero yo estoy siempre pensando en ella. Aunque esté con su padre, estoy pensando [*haciendo como que mira el reloj*]. «¿Estarán bien? ¿Los llamo o los dejo tranquilos? Espero que no cojan el coche. No, la verdad es que no pasaría nada.» ¡Todo el tiempo! (A, 11 meses.)

Los padres normalmente responden de manera distinta. Da la impresión, sin embargo, de que esta atención constante al bebé suele recaer en una sola persona. La madre, que ha estado en contacto con él desde el momento de la concepción, es la persona más obvia para encargarse de ello.

¿Qué ocurre cuando la madre es el principal sostén de la familia? Las madres que se reincorporan pronto al trabajo tienen que pensar en otras cosas. Y es precisamente la necesidad de tener presente las necesidades del bebé la que puede convertir el regreso al trabajo en algo tan estresante. Las madres hablan de momentos de «chequeo» de sus bebés durante la jornada laboral. Ello puede traducirse en un rápido cambio de atención, o quizás en una llamada telefónica. Tener al bebé en mente, aunque sea muy en segundo plano, suele ayudar. Pensar en su hijo prepara a la madre para mostrarse más receptiva hacia él cuando vuelven a estar juntos.

Una madre que dejaba a su hijo en casa, al cuidado de su marido, describía el cambio mental que tenía que hacer cuando llegaba a casa después de estar absorta en su trabajo:

> Volver a casa después del trabajo es como ocupar tu lugar en una orquesta completamente distinta y tocar una melodía distinta. Y si no estás en sintonía con ella, te pones... No se me ocurre una palabra que signifique no tocar en armonía. Y el modo de conseguir esa armonía es obligarte a parar antes de entrar, para poder oír la música que están tocando A y P. Tengo que acordarme de parar al llegar a la puerta. Si paro y luego entro, todo va bien. (A, 12 meses.)

Pero ¿de veras es necesaria una madre para un bebé de 12 meses? ¿Acaso un bebé de esa edad no está preparado ya para recibir el cuidado de una niñera profesional? Muchas cuidadoras profesionales se entregan con denuedo a su trabajo. Algunas son cariñosas y adoran a los niños a los que cuidan. Pero es precisamente a la hora de tener en mente a un niño concreto cuando puede resultarles difícil equipararse a la madre.

Si una niñera actúa como sustituta de la madre, seguirá de cerca la evolución del niño que tiene a su cargo. Quizás entonces pueda estar en condiciones de realizar la misma observación pormenorizada y de establecer las mismas relaciones que una madre. Pero para ella este proceso normalmente resultará mucho más difícil que para la madre del niño.

> *M*: Antes era niñera.
> *Yo*: ¿Y es distinto?
> *M*: Totalmente. Es totalmente distinto. Es... Ser madre significa estar en una longitud de onda distinta. Piensas con una parte distinta de tu cerebro. Como madre, estás en sintonía con tu hijo. Sabes lo que quiere. Hay una conexión. Como niñera, tienes que esforzarte. Y hasta cuando te esfuerzas siempre hay cosas que nunca llegas a entender. (O, 9 meses.)

> Una de las habilidades que aprendes siendo madre, de la que no eres consciente hasta que le pides a alguien que cuide a tu hija, es que sabes lo que puede aguantar y lo que no, lo que puede ser peligroso para ella y lo que no, cuándo ayudarla y cuándo dejar que lo resuelva por sí misma. Una persona que se enfrenta a eso en frío, nunca podrá entenderlo del todo. (A, 17 meses.)

Al final, resulta beneficioso que los niños no sean comprendidos al instante. Aprenden a comunicarse eficazmente con personas que no están en sintonía con ellos. Pero antes de que así sea, la comprensión de la madre y su capacidad para traducir sus primeros intentos de comunicación resultan esenciales. Sin su ayuda, intentar comunicarse con un adulto que no comprende podría parecer un esfuerzo desalentador. Algunos niños se vuelven retraídos y apenas demandan atención. «Reservan» sus energías para cuando están con sus madres, juntos otra vez.

¿En qué beneficia a los niños que se los tenga presentes? Es difícil saberlo con seguridad, y asimismo vincular un aspecto del cuidado maternal con cómo se muestra el hijo más adelante. Sólo se puede especular. Parece que sentirse comprendido y valorado ayuda al bebé. A medida que la madre comienza a enlazar sus reacciones ordenándolas en secuencias coherentes, puede que el niño comience a sentirse reconocido como persona cuyos actos se comprenden y están dotados de sentido. Es posible que esto permita al niño sentirse un sujeto coherente.[80] «Incluso los niños muy pequeños, los que todavía no han aprendido a leer o a sumar dos y dos, han aprendido, en cambio, profundas verdades acerca de su propia mente y de la mente de otros», escribían Alison Gopnik, Andrew Meltzoff y Patricia Kuhl.[81]

Los bebés aprenden antes de lo que pudiera pensarse a tener presentes a sus madres.

> Me he dado cuenta de que antes O lloraba como un desesperado por mí, hasta cuando estaba cerca. Ahora, en cambio, cuando me oye hacer ciertos sonidos, sabe que voy a ir y deja de llorar. (O, 6 meses.)

> Mi hijo me conoce muy bien. El otro día me dijo: «Mamá, ¿estás enfadada?» Yo contesté: «No, O, no estoy enfadada, sólo estoy molesta». Entonces se echó hacia delante y se quedó mirando mi cara por encima de los ojos. Dijo: «No, mamá, no estás molesta. Tienes esas dos rayas en la frente. Estás enfadada». (O, 3 años; A, 8 meses.)

Cuando otras personas comentan algo sobre nosotros que nos parece un acierto, tenemos la sensación de ser «reales». A fin de cuentas, no sólo a los niños les gusta que piensen en ellos.

—¡Pat!

—¡Hola, Chris!

—¡Cuánto tiempo! Tienes muy buen aspecto.

—Estoy bien. ¿Y tú qué tal?

—No me va mal. Nada mal. ¿Sigues tan liado como siempre o puedo convencerte para tomar un café?

—Me encantaría, pero ya llego tarde al trabajo.

—Bueno, en fin. Me alegra haberte visto. He pensado: «Seguro que es Pat».

—Yo también me alegro de verte, Chris. Cuídate. Tengo que irme.

Este diálogo imaginario está basado en incontables conversaciones observadas en la calle. Me hizo gracia comprobar que, una hora después de escribir esto, fui al banco y oí a dos personas saludarse exactamente así. La conversación puede durar apenas dos minutos; al principio sube en intensidad, luego baja y acaba sin compromiso alguno por ambas partes. El encuentro, no obstante, parece animar a los dos interlocutores. Cada uno se siente reconocido por el otro. Se siente importante para el otro. Se lleva una impresión renovada del otro, y tiene la sensación de que lo mismo le sucede a la otra persona. Ambos parecen entusiasmados, sonrientes y más animados que antes.

El poeta inglés John Clare comenzó un soneto con el verso: «Soy; mas qué soy, nadie lo sabe, a nadie interesa».[82] En diez palabras escasas, dejó constancia de que no basta sólo con ser. Es importante que otros sepan de ti y se interesen por ti. Sin duda se trata de una verdad que sirve para todos nosotros. Florecemos cuando otras personas saben quiénes somos y se interesan por cómo somos. Hay incontables modos de demostrar que nos acordamos de nuestros seres queridos. Da la impresión de que las personas se sienten perdidas y a la deriva si no se sienten recordadas.

Con el paso del tiempo, a medida que crecen los hijos, muchas madres descubren modos de estar pendientes de ellos y de apoyarlos con delicadeza, sin entrometerse en sus vidas. Los momentos de separación son cada vez más prolongados. Pero normalmente el hijo sale de excursión, o va a la escuela, o cualquier otra cosa, mientras la madre parece tenerlo siempre presente, como si de ese modo lo mantuviera a salvo. Algunos hijos vuelven contando historias que ponen los pelos de punta. Referírselas a sus madres parece «anclarlos». Es la madre quien compone la historia de toda su vida. Nuestros hijos tienen una capacidad única para tenernos en vela, angustiadas. Pero nuestra preocupación parece ayudarlos a sentirse de una pieza.

Observar a los demás, tenerlos presentes y aprender a entenderlos no es algo que se enseñe formalmente, y es muy posible que no pueda enseñarse. Como muchas otras interacciones sociales, ésta se aprende mejor cuando somos jóvenes. Y puede ayudarnos a relacionarnos con los demás el resto de nuestra vida.

¿Cuánto tiempo sigue teniendo una madre presente a su hijo? En 2007 tuve ocasión de hablar con Edwina Froehlich, una de las siete madres fundadoras de la Liga de la Leche. Tenía 92 años, era afable y resultaba fácil hablar con ella. Le pregunté si todavía se sentía madre. No me refería a la Liga de la Leche. Ni siquiera a sus nietos. Sino a si se sentía una madre para sus hijos. Contestó:

—Bueno... Tengo tres hijos cincuentones. Ya no les digo lo que tienen que hacer, ni los critico por lo que hacen. Los tres viven cerca de mí. Siempre siento algo aquí dentro [*tocándose el corazón*] cuando alguno de ellos se acerca a mí. Siento una especie de orgullo de que sean mis hijos. Respondiendo a tu pregunta, no necesito hablar con ellos todos los días. Pero sí... una vez por semana. Suelo llamarles una vez por semana para ver qué tal están. Estos teléfonos móviles modernos son muy útiles. Me gusta saber cómo están.

Me habló de uno de sus hijos y de cómo había encontrado un momento a la semana en el que él estaba libre para telefonearle.

Le dije:

—Entonces, ¿inicia usted el contacto?

—Sí, lo inicio yo. Quiero saber cómo están. Me siento muy rara cuando no lo sé.

Le pregunté si podía citar sus palabras porque me parecían importantes. Respondió:

—Claro que sí.

Así que me senté a anotar esta conversación en cuanto me despedí de ella.

La conversación se dio en un lenguaje sencillísimo, y sin embargo describía los hondos sentimientos de una madre de más de 90 años. Evidentemente, no todas las madres actúan del mismo modo, y puede que esto suene extraño para una madre que haya organizado su vida de otra manera. Pero para mí fue emocionante descubrir cómo una madre puede tener presentes a sus hijos toda una vida. Edwina Froehlich murió unos nueve meses después de nuestra conversación.

Así pues, ¿cuál es la respuesta a la sencilla pregunta de Solzhenitsin: «¿Cómo puede esperarse que un hombre que tiene calor comprenda a uno que tiene frío?» Sin duda, la respuesta es que no puede esperarse tal comprensión si no se trabaja para conseguirla. Si quien tiene calor está dispuesto a esforzarse de sol a sol, como hacen las madres, para observar a quien tiene frío, y si es capaz de reparar en esos «granitos de arena», de reflexionar sobre ellos y de enlazar unos cuantos, entonces hasta quien pase más calor conseguirá hacerse una idea del frío extremo que sufre un preso en el Gulag.

Este extraordinario nivel de comprensión es el que logran muchas madres día tras día.

7

Cuando la vela apenas arde

Es fácil sentirse abrumada por ser madre. Las madres descubren que a los bebés suele gustarles su presencia. Cuando una madre está presente, comparte una inmensa porción de su tiempo. Las noches y los fines de semana no son tiempo libre, ni las vacaciones épocas de asueto. El amor que siente por su hijo hace que valga la pena. Pero el amor también agrava las cosas, porque no tiene límites. Siempre hay algo más que una madre cariñosa podría hacer. Indudablemente, es más bien imposible que una madre se siente y diga: «Bueno, he hecho todo lo que puedo hacer».

> *Primera madre*: El otro día, A se quedó dormida ella sola. Nunca lo había hecho. Yo no sabía qué hacer, así que me tumbé en la cama para pensar. Me sentía tan distinta, siendo madre...
> *Yo*: ¿Distinta en qué sentido?
> *Primera madre*: Estoy aquí. Estoy viva. Antes de que naciera A, siempre podía dejar lo que estuviera haciendo. Pero A es para siempre. Es un trabajo que jamás terminaré. Nunca habrá un momento en el que esté todo hecho. La maternidad es... descomunal. No me había dado cuenta de lo descomunal que es en realidad. (A, 2 meses.)

Segunda madre: Es tan descomunal que yo todavía no me he hecho a la idea. (O, 16 meses.)

Afortunadamente, ser madre tiene una vertiente muy práctica. Pero los quehaceres prácticos dependen de las decisiones de la madre respecto a lo que hay que hacer. Hay más de un modo de hacer cualquier cosa que tenga que ver con un bebé. No es fácil estar constantemente sopesando decisiones por el bien del bebé. Muchas de ellas no son triviales. Afectan al futuro del niño. Las madres, sin embargo, deben decidir a menudo a ciegas, porque no tienen tiempo para documentarse o no hay suficiente información a su alcance.

He estado leyendo un libro sobre vacunas y me he puesto enferma. Soy tan ignorante. Acepté vacunar a A porque confiaba en lo que se me ofrecía. Necesito alguien que me aconseje. Una mentora con experiencia para consultar con ella cuestiones complejas como ésa. (A, 16 meses.)

Yo lo veo así: lo que pasa es que toda la vida hemos tenido evaluaciones. En el trabajo, y también en el colegio. Y ahora, de pronto, en una tarea tan importante como ésta, se nos deja a nuestro aire. (O, 18 meses.)

Sin evaluaciones oficiales (sin mentores ni supervisores, sin directores ni informes que redactar, sin reuniones departamentales en las que hacer partícipes a los demás de nuestros problemas), pero tomando con frecuencia decisiones importantes, las madres pueden juzgarse a sí mismas con extrema dureza.

No estoy acostumbrada a fallar. Siendo madre, he tenido que afrontar un montón de veces que me había equivocado. (O, 3 años; A, 5 meses.)

Me comparo continuamente con otras madres y pienso que soy una mala madre. O sigue despertándose por las noches. Soy muy analítica, pero no consigo llegar al fondo de lo que estoy haciendo mal. (O, 6 meses.)

Cuando me he enfadado con A, suelo darme cuenta de que ha sido por culpa de mi Voz Crítica, que me dice que no soy una buena madre, que no debería ser así y que tendría que hacerlo todo mejor. (A, 9 meses.)

Todo iría bien si fuera capaz de apagar esa vocecilla insidiosa. (A, 20 meses.)

¿Por qué las madres son tan críticas consigo mismas? No es nada sorprendente que lo sean, desde luego. La mayoría de las mujeres reciben muy escasa preparación para afrontar la maternidad. Una madre primeriza tarda en descubrir sus preferencias. Así que, al principio, se mide constantemente empleando los parámetros de otras personas. Estos parámetros pueden ser ajenos a sus propios valores. Pero la madre es demasiado «novata» para hacer caso omiso de criterios que le son extraños. Y, conforme a esos criterios, puede que esté fallando. Normalmente, cuando las madres afirman estar fracasando como tales, es porque toman como norma valores que no les son propios.

Por suerte, hay muchos foros en internet en los que una madre puede compartir sus sentimientos y encontrar interlocutoras. Pero, aunque esto puede ser muy útil, también puede dar lugar a malentendidos. Creo que hay algo en el hecho mismo de teclear un mensaje y hacer *clic* que a veces puede parecer brusco y petulante para quien lo recibe.

Hay muy pocos grupos que brinden espacios de encuentro en los que las madres puedan verse cara a cara para hablar de su maternidad. El cara a cara es, en cualquier caso, un marco más propicio. Las madres pueden intercambiar información visual, sobre todo fijándose en cómo interactúan con sus bebés. Cuando se sienten seguras, suelen ser muy afectuosas y receptivas entre sí.

M: En este momento, mi llamita interior está muy baja.
Yo: ¿A qué te refieres?
M: Me cuesta encontrar energías. Sé que es estupendo tener a A, pero también... [*llorando*]. Nunca hay tiempo para recuperarse. Mi pareja trabaja hasta muy tarde. Mi madre vive muy lejos. Yo le dedico todo mi tiempo. Sé que es horrible decirlo, pero estoy tan cansada... No hay respiro.
[*Más tarde*:] Hablarlo aquí me ayuda. Digo lo que pienso y todo el mundo me escucha, y al final me voy a casa más animada. (A, 5 meses.)

En otra reunión, una madre apareció muy pálida y crispada. Pensé que quizás estuviera enferma. Dijo:

Estoy tan cansada. Es que estoy muy... [*Echándose a llorar de repente.*] No sabía... [*Estuvo llorando unos tres minutos. Las otras madres guardaron un respetuoso silencio.*] Creía que sólo estaba cansada. No sabía que necesitaba llorar. No había llorado así, llorar de verdad, desde que nació A. (A, 6 meses.)

Siguió hablando. Había recuperado el color (lo mismo que la madre anterior, después de llorar) y parecía encontrarse mejor. Creo que las madres necesitan un refugio en el que puedan sentirse arropadas si rompen a llorar. Ninguna de estas madres era consciente de que necesitaba llorar. Pero ser madre es un trabajo de responsabilidad, y me pregunto si contener las lágrimas es uno de los motivos por el que las madres afirman estar irritables con tanta frecuencia:

Primera madre: He tenido una semana difícil, después de dos enfermedades. O y yo estuvimos enfermos, los dos. Sentía que me asfixiaba. No me acordaba de nada. Se me olvidaban palabras que conocía perfectamente. Iba a comprar y no me acordaba de a qué había ido. Notaba la garganta cerrada, como si estuviera intentando no echarme a llorar. Ya no quería ser mamá. Perdía la paciencia con O, aunque me sentía muy culpable. O lo notaba y se ponía aún más exigente. Ayer fui a dar un paseo con [*Segunda madre*]...
Segunda madre: Fue un largo paseo cuesta arriba. Lo siento.
Primera madre: No, qué va, estuvo bien. Volví a casa, me preparé un baño y le puse algo especial. Me metí en el agua y di rienda suelta a las lágrimas. Lloré y lloré. Después, volví a enamorarme de O. (O, 22 meses.)

Cuando las madres se reúnen, no sólo lloran. Perciben en sus hijos cosas nimias que nadie más ve. Las madres son sociables y puede ser fabuloso compartir esos momentos.

A veces tu hijo hace algo increíble en un sitio público y miras alrededor buscando a alguien con quien compartirlo. Empieza a bullirte por dentro [hace el gesto de algo que sube del vientre a la garganta], hasta que sientes que vas a *estallar* si no se lo cuentas a alguien. (A, 10 meses.)

Acabo de llevar a O a gimnasia para bebés, y ves a otro niño hacer algo especial, y ves cómo lo mira su madre. Y se le cae la baba. (O, 15 meses.)

En una reunión de madres puede generarse, además, un humor muy de andar por casa. Esta risa compartida es especial. Puede combinar la compasión hacia el hablante con la conciencia de lo mucho que comparten las madres. Lo que sigue hizo reír a todo un grupo de madres muy cansadas:

Unas semanas después de que naciera A, me llamó una muy buena amiga mía y me dijo: «No me ofrezco a ir a verte todavía. Seguramente aún estarás envuelta en una nube de felicidad». Me dieron ganas de gritarle: «¿En una nube de felicidad? Pero ¿tú en qué mundo vives? ¡Me estoy volviendo loca! Estoy deseando hablar con alguien». (A, 2 años; O, 4 meses.)

Es frecuente que las madres se ayuden mutuamente a no sacar las cosas de quicio.

Dejas llorar a tu hijo y piensas: «Ya está, soy la peor madre del mundo». Y luego vienes a una reunión y hablas de ello y todo el mundo se ríe, y piensas: «A mi hijo no le va a pasar nada por un berrinche». Recuperas el sentido de la proporción, y todo se arregla. (O, 17 meses.)

¿Se os ocurre alguna idea para que un bebé duerma más y se despierte menos veces? [*Silencio. Nadie contesta.*] Muy bien. Entonces, no hay solución, ¿no? Es normal. No es que esté haciendo algo mal. Siempre me siento culpable por hacerlo todo mal. (O, 2 meses.)

Primera madre: Tengo todo el tiempo esa sensación de angustia de baja intensidad. No es sólo por A. Es por mí misma. Si se me acelera el corazón mientras estoy dando el pecho, pienso: «¿Y si me muero de un ataque al corazón?» (A, 4 meses.)
Segunda madre: En realidad no es por ti por quien sientes esa angustia. Es por las consecuencias que tendría para A. Yo también me pongo ansiosa. Y sé que no es que tenga miedo por mí misma. (A, 20 meses.)

Todo el grupo se reconoció en el relato de las ansiedades de esta madre. Ello alivió de inmediato la tensión. Si todas sentían lo mismo, estaba claro que se trataba de algo inherente a la maternidad.

Con frecuencia, en lugar de ofrecer soluciones, las madres se animan entre sí mediante la comprensión mutua.

Primera madre: Con mi primer hijo, pensé que me había tocado un bebé llorón al que había que llevar a cuestas a todas partes. La gente me decía: «No te preocupes, dentro de unos meses se le habrá pasado». (O, 12 años; O, 8 semanas.)

Segunda madre: Pero, con un bebé recién nacido, importa muy poco que sean unos meses o un día entero. Te sientes como si no pudieras aguantar ni un segundo más. (A, 2 meses.)

En una reunión, una niña de 6 semanas no paraba de llorar. Al parecer, tenía gases y no podía expulsarlos. Otra madre preguntó: «¿Quieres que me quede con ella un rato?» La madre aceptó, y la otra tomó al bebé en brazos y estuvo un rato meciéndolo y dándole palmaditas. Cuando lo devolvió a su madre, le pregunté a ésta cómo se había sentido.

Ha sido de gran ayuda. Miraba a A2, y de pronto veía a una personita luchando con sus gases. La veía realmente a ella. Verla así me ha ayudado a comprender que no era sólo culpa mía que llorara. (A1, 2 años; A2, 6 semanas.)

A partir de ese momento sostuvo a su hija en brazos más relajadamente y la niña se quedó dormida con la cabeza apoyada en su hombro.

El grupo puede ayudar también en esos momentos de ansiedad en los que una madre está convencida de que lo hace todo mal y de que está echando a perder a su hijo. Suplica a los demás que, por favor, le digan qué hacer. Y, sin embargo, lo que suele resultarle más útil, si está a su alcance, es la cálida comprensión de otras madres.

No puedo seguir así. No puedo más. Es demasiado duro [*llorando*]. O no se duerme, a no ser que lo sostenga derecho en su portabebés. Hace semanas que no duermo como es debido. Ya no tengo relaciones con mi pareja. Es sólo el otro portador del bebé. Le digo: «Hola. ¡Tómalo!» Desde que nació O, no nos hacemos ni una carantoña. Yo era muy favorable de la crianza con apego. Pero ahora siento que he fracasado como madre. O depende de mí y del portabebés y no se duerme de ningún otro modo. (O, 6 semanas.)

Algunas personas responderían que, en efecto, ha fracasado, y que debería haber acostumbrado al bebé a dormir solo en su cuna, de modo que escuché con gran interés lo que le dijeron las otras madres presentes en la reunión. Noté que nadie la juzgaba por haberse decantado por la crianza con apego. Tampoco le dio nadie ningún consejo. Su llanto evocó sentimientos compartidos, y cada una de las madres habló de sus propias dificultades.

No obstante, para mi sorpresa, al final de la reunión la primera madre se levantó y dijo: «Esta reunión me ha servido para recuperar la confianza en mí misma. Ahora ya sé lo que estoy haciendo. Y por qué lo hago». Deduje de ello que se había dado cuenta de que ser madre no podía ser fácil. Las otras madres habían afirmado que ellas también estaban luchando por superar sus dificultades. Era evidente que no había nada de malo en que ella también tuviera problemas.

Además, mientras hablaban, habían redefinido sus situaciones concretas. En lugar de abundar en sus dificultades, decían haber optado por adaptarse a sus bebés. Notaron que cada madre y cada bebé habían encontrado una forma de adaptación personal que convenía a ambos. Temían, sin embargo, verse desautorizadas por otras personas cuyas prioridades eran distintas. Naturalmente, este cambio de percepción no alivió lo más mínimo el problema físico de falta de sueño de la madre. Pero al parecer fue justo lo que necesitaba para darle energías con las que seguir adelante.

Si una madre tiene problemas más complejos, puede que no baste con un encuentro en grupo. Quizá funcione mejor una conversación individual. Pero para los «bajones» cotidianos, reunirse con otras madres puede ser un bálsamo.

Si están solas, las madres encuentran modos peculiares de recuperar energías.

> Esta mañana nos quedamos en la cama hasta tarde. Hemos pasado una noche horrorosa. Me he pasado toda la noche cantando cancioncitas. Luego, A se quedó profundamente dormida. Yo me levanté y me preparé un té. Un té riquísimo. ¡Un té! Noté cómo me bajaba por el cuerpo, calentito y reconfortante. (A, 7 meses.)

> Cuando A está dormida, me he propuesto no ponerme a fregar lo que tengo acumulado, o a lavar la ropa. Escribo en mi diario o me pongo a leer. Así vuelvo a entrar en contacto conmigo misma. Y me hace muchísima falta, para poder prestarle más atención a A. Cuando me recompongo, la diferencia es enorme. Si no encuentro tiempo para mí, me siento gris y desvaída. (A, 8 meses.)

> Me siento un fracaso total como madre. No tengo confianza en mí misma. Así que me compré un diario muy gordo. Fui anotando las fechas y escribiendo todas las cosas que hago bien como madre. Es tan fácil olvidarlas. Ahora, en cambio, pienso: «Fíjate, algunas cosas las estoy haciendo bien». (O, 11 meses.)

> Es tan fácil quedar atrapada en la rutina. Si se me ocurre algo que me gustaría hacer, pienso: «Qué va. Hay tantas cosas que hacer. Es mejor dejarlo». Pero cada vez que me olvido de la rutina y hago algo que me gusta me alegro muchísimo de haberlo hecho. (O, 5 años; A, 3 meses.)

Cuando las madres parecen más inseguras de sí mismas, resulta que siempre hay varias personas que no paran de «chincharlas».

Me siento como caminando por la cuerda floja, porque un sencillo comentario [*negativo*] puede tumbarme. (O, 6 meses.)

Poco a poco, las madres aprenden a defenderse de los comentarios ajenos.

La gente se empeña en decirme que haga con O lo que hacían ellos con sus hijos. Y a mí me gustaría tener algo que poder mostrar para cerrarles la boca. Luego, un día, pensé: «Muy bien, vosotros hacéis las cosas a vuestra manera. O es mi bebé y yo las hago a la mía». Después de eso me sentí mucho mejor y pude disfrutar de verdad de O por ser como era. (O, 7 semanas.)

La gente me dice: «¿Es que tienes que coger a A cada vez que llora? Podrías dejarla en la habitación de al lado y cerrar la puerta. Llorar no va a hacerle ningún daño, ¿sabes?». Y entonces yo digo: «Mira, no soy la clase de madre que creía que iba a ser. El llanto de un bebé está diseñado biológicamente para hacer que la madre se sienta incómoda. Y eso es lo que me pasa a mí». (O, 6 meses.)

Cuando una madre ha aprendido a defenderse, le resulta más fácil ser más generosa consigo misma.

Ahora me siento segura como madre. Eso me permite reconocer lo asustada que estaba al principio. No me gustaba nada de nada. Pero las cosas que antes me dejaban hecha polvo ahora ya no son un problema. (O, 15 meses.)

Después de que naciera A, solía imaginar que había una cámara de vídeo en la casa, vigilando todo lo que hacía. Luego, un día me di cuenta de que no, de que no había nadie mirando. Estoy sólo yo. Puedo hacer lo que me apetezca. (A, 3 años; O, 13 meses.)

Tengo un Comité Invisible que me compara con los demás y me critica por lo que hago. Pero los días buenos, cuando me relajo y puedo mostrarme tal y como soy con mis hijos, ese Comité Invisible... no sé, se evapora. (A, 9 años; A, 7 años.)

Las madres buscan apoyo las unas en las otras. Pero cuando se sienten inseguras, les da por hablar como si sólo hubiera un modo adecuado de ocuparse de un bebé. Cada vez que esto pasa, pierden la oportunidad de trabar amistad entre ellas.

Cuando una madre aprende a sentirse más segura con su forma de ejercer la maternidad, su seguridad puede parecerles incomprensible a otras madres que todavía están luchando por alcanzarla. Pero la madre segura de sí misma a menudo aparece como especialmente fuerte porque se siente aliviada por haber superado un comienzo repleto de dificultades.

La última vez que estuve aquí, dije que estaba disfrutando de ser madre. Pero me preocupaba decirlo. A otras madres puede parecerles una fanfarronada. (O, 2 meses.)

Creo que ahora me gusto más. Siempre he sido muy crítica conmigo misma. Me pongo listones muy altos que normalmente no puedo alcanzar. Pero miro a A y me siento satisfecha con ella. Y eso hace que me sienta bien porque su padre y yo hemos contribuido a crearla. Ella es ella, claro. Pero yo me siento muy satisfecha conmigo misma. (A, 13 meses.)

Un grupo formado por madres que se sienten más seguras puede ser muy generoso con una madre más novata.

La gente me dice que O parece muy feliz. Pero yo creo que parece feliz porque es un bebé feliz. Tiene un carácter alegre. No soy capaz de ver su alegría como resultado de algo que haya hecho yo. [*Esto hizo cundir de inmediato una protesta entre las madres que la escuchaban. Señalaron que la madre en cuestión interactuaba muy bien con su bebé. Al final, la madre dijo con timidez:*] «Me alegra saberlo». (O, 7 meses.)

Oyes a madres que vienen aquí y se quejan de lo cansadas que están, y luego ves que todavía tienen energía para portarse bien con sus hijos, para acariciarlos y reconfortarlos y ser cariñosas. (O, 15 meses.)

Una madre con más experiencia [*tras pasar más de una hora escuchando a todo un corro de madres quejándose de que se sentían fracasadas porque no conseguían que sus hijos durmieran por las noches*]: Sólo tengo una cosa que deciros: jamás penséis que sois malas madres. (A, 3 años.)

¿Esas madres están sólo siendo amables? Yo no lo creo. Creo que, cuando las madres sentadas en corro se miran entre sí (siempre y cuando no todas ellas se sientan inseguras), ven muchas cosas buenas las unas en las otras. Parecen necesitar verse reflejadas entre sí. Les cuesta reconocer en sí mismas esas cualidades tan maravillosas.

Escuchándose las unas a las otras, pueden darse cuenta de que ninguna es infalible. De pronto cobran conciencia de que han puesto muy alto el listón de la maternidad. Hay que bajarlo a un nivel más manejable. De ese modo, todas llegan a alcanzarlo. He oído a muchas madres confesar sus fracasos, y en todos esos casos el grupo asumió sus errores como inherentes al ser humano.

Dentro de un grupo, las duras críticas que una madre puede hacer de sí misma cuando está sola en casa se ven suavizadas. Ello aligera su carga y le hace más fácil querer a su bebé. El cansancio sigue ahí. La responsabilidad no desaparece. Ni los problemas sin resolver. Pero la sensación de fracaso que sentía en casa ha cambiado. Y eso lo cambia todo.

8

«¿Estoy frenando su desarrollo?»

Algunas madres creen que su papel como tales exige de ellas que se esfuercen por dar a sus hijos todas las ventajas posibles. «La maternidad nos transforma en tigresas —escribía una periodista—. Nos guste o no, estamos programadas para desear que nuestros hijos prosperen.»[83]

A diario hay sesiones de juego, lectura de cuentos, clases de música, gimnasia y otras actividades dirigidas a la estimulación de niños pequeños e incluso bebés. Si una madre vive en un entorno urbano, sin duda la oferta será mayor de lo que pueda abarcar. Si no lleva a su hijo/hija a todas estas actividades, ¿le/la está privando de la oportunidad de desarrollar todo su potencial?

> Quiero hacerlo bien con O, pero nunca estoy segura de si hago lo suficiente o me quedo corta. ¿Qué cantidad de estimulación es excesiva y cuál es insuficiente? (O, 4 meses.)

Al principio, éste parece un dilema típico de la vida actual: tenemos demasiado donde elegir. Pero no se trata sólo de eso. El imperativo de estimular a sus hijos produce ansiedad en las madres. Se preguntan si tienen capacidad para ayudar a sus hijos a progresar (y para no ser un lastre para ellos). Hoy en día, muchas madres sólo disponen de unos meses de baja por maternidad. Les preocupaba especialmente dar un buen uso al tiempo. Pero la presión que sienten por estimular a sus hijos supone, al parecer, un escollo para su posibilidad de relajarse y disfrutar de la calma necesaria para quererlos.

> Si compro un juguete educativo y hago algún juego constructivo con A, creo que estoy consiguiendo algo. Pero si me paso toda la mañana con ella sin hacer nada y después no tengo absolutamente nada que mostrar, aunque nos lo hayamos pasado en grande, siento que soy un fracaso como madre. (A, 5 meses.)

Este testimonio es muy significativo. ¿Por qué un juguete educativo parece mucho mejor que «pasar toda la mañana juntas sin hacer nada»? Las madres se sienten con frecuencia sometidas a una enorme presión para que inicien a sus hijos en experiencias «educativas». Les preocupaba que sus bebés puedan encontrarlas aburridas y poco estimulantes. Con frecuencia, las madres que menos de un año antes de dar a luz han trabajado en campos muy competitivos hablan de su miedo a que sus hijos se queden rezagados respecto al resto y pierdan una carrera frenética hacia una invisible línea de meta futura.

> A es el único bebé que conocemos que todavía no gatea. Casi puede. Y está perfectamente. Pero la vi sentada en medio de todos esos niños que andaban gateando y me descubrí pensando: «¡Ay, no! En el colegio será la que está siempre sola, la que no tiene amigos». (A, 9 meses.)

Cuesta sentirse segura. ¿Cómo sabe una madre si su bebé se está desarrollando bien o no? En muchas facetas de la vida, cuando una se siente tan ignorante, la solución es pagar a un profesional. ¿No sería preferible dejar la estimulación del propio hijo a alguien con formación?

> La gente suele pensar que un profesional lo haría mejor que ellos como padres. Tengo una amiga que dice que se siente mal por no estimular a su hijo lo suficiente. No tiene tiempo para dedicarse al juego creativo, a actividades con agua y arena, a enseñarle las primeras canciones, a leer cuentos, a hacer teatrillo y a aprender los números. Está pensando en contratar a una ayudante para que su hija tenga más oportunidades de las que ella puede ofrecerle. (A, 3 años; O, 7 meses.)

Por el contrario, el psicoanalista René Spitz observaba: «La existencia de la madre, su sola presencia, estimula las respuestas del niño en su primera infancia; su más mínimo gesto, por insignificante que sea, incluso cuando no está relacionado con el bebé, actúa como un estímulo».[84]

Si esto es cierto, un poco de estimulación por parte de la madre puede llegar muy lejos. Ésa no es, sin embargo, la impresión que se tiene en la actualidad. Cuando entras en una juguetería, encuentras toda clase de juguetes «estimulantes» y de colores vivos que emiten pitidos, cancioncillas y destellos y se mueven cuando los tocas. Estos juguetes fomentan esa convicción de que la vida cotidiana no es lo suficientemente estimulante.

> Me acuerdo de que cuando A era bebé; cada día era un inmenso *vacío* sin fin que tenía que llenar, y no sabía cómo. Solíamos vestirnos y nos íbamos a hacer la compra. ¡La compra! En eso se nos iba gran parte del día. (A, 23 meses; O, 3 semanas.)

Si bien esta madre se burlaba de sí misma por ir a hacer la compra, éste parece un buen medio para llenar un vacío. Incluso con un bebé muy pequeño, como lo era entonces su hija, pueden aprenderse muchas cosas haciendo la compra. Seguramente la niña sentía el cambio que se operaba en la conducta de su madre, cómo dejaba de estar pendiente de ella y se ponía seria para planificar, elegir y calcular qué podía permitirse comprar. Puede que su madre también tuviera cierta relación con los dependientes, lo que demostraría a su hija cómo interactuaba con personas a las que veían diariamente. El impulso de esta madre de ir a la compra con su hija cada día, lejos de ser ridículo, parece, pues, muy sensato.

Naturalmente, no se quiere dar a entender con ello que *todas* las madres vayan a hacer la compra con sus bebés cada día. Hoy hay una tendencia a convertir en imperativo lo que debería ser una opción personal de cada madre. De pronto, todo se vuelve abrumador: hay una lista completa de actividades que la madre «debe» hacer porque así lo aconsejan otras personas. Hasta las cosas más divertidas pueden convertirse en una tarea.

La doctora Margot Sunderland pretendía seguramente animar a las madres cuando escribía: «Empieza todo con el baile cara a cara en la primera infancia. Si tienes montones de conversaciones encantadoras cara a cara con tu bebé, se abrirán caminos en el cerebro superior del niño que son la clave para dominar el arte de relacionarse con los demás».[85] Según este enfoque, no importa qué sientan la madre o el niño respecto a esas conversaciones cara a cara. Éstas se definen como «encantadoras», de lo que se deduce que ambos deben desearlas. Se infiere de ello que, sin esas conversaciones, no se abrirán «caminos» de vital importancia en el cerebro superior del niño.

Por suerte, el «arte de relacionarse con los demás» es en realidad mucho más espontáneo. Madre e hijo se relacionan, ya sea cara a cara, espalda contra espalda o de la manera que sea, porque están haciendo algo juntos. Lo que hacen tal vez no sea «encantador». Pero puede que sea necesario. En cualquier caso, su relación, que se desarrolla constantemente, afecta al cerebro del niño, pero también a su corazón y a otros órganos. Afecta, de hecho, a todos los aspectos de su ser.

La madre, sin embargo, no debe sentirse la única responsable de la estimulación de su hijo. Tampoco es necesario contratar a un profesional. Los bebés son capaces de tener ocurrencias y crear actividades propias.

> *M*: A era muy independiente desde que nació.
> *Yo*: ¿En qué lo notabas?
> *M*: Bueno, después de nacer, cuando la tumbaba sobre mi pecho, se empeñaba en levantar la cabeza. Parecía que se lo había propuesto. Tenía muy fuertes los músculos del cuello. (A, 15 meses.)

> Veo a A en el cambiador, dando patadas y agitando las manos y mirándoselas, y pienso: «Ahora tiene otra experiencia. Si la llevara en brazos todo el tiempo, no la tendría». (A, 6 semanas.)

> Lo que más le gusta a A es que su padre y yo nos pongamos a hacer nuestras cosas cerca de ella, mientras ella sigue a lo suyo. (A, 10 meses.)

Es posible que una madre pase por alto la vivacidad de su bebé, y lo sienta, en cambio, como una especie de recipiente vacío que ha de llenar y rellenar con entretenimientos. Si una madre ve así a su hijo, se sentirá impelida a llenar el día con incesantes actividades. Si, por el contrario, se da cuenta de lo activo que es en realidad su bebé, los dos pueden aflojar el ritmo y relajarse. El pediatra y psicoanalista Donald Winnicott habló de cómo veía jugar a los bebés con una simple cuchara y concluía: «Dejando al bebé espacio para la experiencia absoluta, y tomando parte en ella, [*la madre*] va cimentando poco a poco la futura capacidad del niño de disfrutar sin sobresaltos de toda clase de experiencias».[86]

> Leí que si das un lápiz y papel a un bebé de seis meses, aprende a usarlo y puede convertirse en un artista. Así que me animé a intentarlo. Pero no tuve en cuenta las muchas cosas que pueden hacerse con un lápiz y papel y que no son dibujar. O arrugó el papel y se lo llevó a la boca. Y experimentó con el lápiz de mil maneras. Yo lo miraba boquiabierta. (O, 8 meses.)

Es fantástico ver a un niño experimentar así. Pero, al mismo tiempo, es fácil pasar por alto lo importante que es la presencia de la madre. «Si los bebés aprenden, es porque los queremos», afirma Alison Gopnik con sencillez.[87] De manera parecida escribía Anne Manne: «Debido a lo mediatizado que está el mundo del niño por las relaciones personales, [y] debido a que en su desarrollo se entretejen lo emocional, lo social y lo cognitivo, son la sensibilidad y la receptividad de esas relaciones lo que más importa.»[88] Creo que esa imagen de algo entretejido describe muy bien cómo integran los niños amor y aprendizaje.

> Pensaba que O necesitaba un entorno estimulante. Pero me he dado cuenta de que sólo lo disfruta si está con alguien que lo quiere. (O, 13 meses.)

Un niño puede relacionarse con toda clase de personas. No siempre tiene que ser con la madre. Ésta, sin embargo, conoce bien a su hijo y puede ofrecerle una mezcla especial de afecto y comprensión que lo ayuda a desarrollarse hasta que está listo para disfrutar jugando con otros niños.

Cuando una madre se toma el tiempo suficiente para fijarse en cuándo se interesa su hijo por proyectos propios, está también en situación de reparar en otra cosa: en que incluso un bebé es capaz de protestar cuando se siente verdaderamente aburrido. Es ése un buen momento para que la madre piense en buscar una actividad más estimulante.

> Creo que, cuando A ha dormido, ha comido y el pañal está limpio, empieza a aburrirse. Se queda ensimismada si le enseño cosas. (A, 2 meses.)

> Mi hijo era muy tranquilo de pequeño. Ahora, en cambio, si hace un ruidito y no reacciono inmediatamente, le da un berrinche horroroso que no me gusta nada. Si le doy un juguete, se calla. Así que me he dado cuenta de lo que le pasa. Está aburrido. Es como si estar aburrido le doliera de verdad. Necesita estar explorando y ampliando sus horizontes constantemente. (O, 4 meses.)

Hay un tipo de bebé (supongo que todas hemos oído hablar de él) que se contenta con pasarse toda la mañana mirando el móvil de su cuna (o cualquier otro juguete educativo), mientras su madre se dedica a tareas prácticas; que se queda dormido en medio minuto en cuanto su madre lo acuesta; que está encantado si lo deja con otra persona; que nunca, cuando es ya un poquito mayor, retrocede asustado cuando su madre intenta animarlo a que pruebe a lanzarse por el tobogán del parque; y que no tiene reparo alguno en codearse con otros niños. Este niño rebosa confianza en sí mismo y exige muy poco de su madre. No da ninguna molestia. Dudo que alguna de nosotras lo haya conocido, pero se diría que existe en el éter, y es fácil sentirse una inepta como madre si nuestros hijos no se parecen a él.

En cuanto una madre comprende que su hijo tiene sentimientos peculiares y únicos, empieza a tratar con una persona. Si compara a su hijo con ese niño etéreo, puede que la conducta de su pequeño le resulte muy problemática. Pero su hijo es de carne y hueso, lo que significa que puede ser recalcitrante e intratable como ella misma.

> Llevo a O a clase de música una vez por semana. Me molesta un poco que nunca se una al corro, ni coja un instrumento, ni participe. Se queda dando tumbos por fuera del corro. Quizá debería dejar de llevarlo. A fin de cuentas, estoy pagando. (O, 15 meses.)

Pero si el niño no disfruta yendo a clase de música, ¿significa eso que su madre tiene que hacer de todo para estimularlo? Indudablemente, ella también es una persona con limitaciones que le son propias.

> Llevaba a A a un grupo de juego. Nunca me siento a gusto dentro de un grupo, y estoy segura de que A lo nota. No me comportaba con naturalidad, y me fastidiaba que a A le pasara lo mismo, porque nadie se daba cuenta de lo simpática que es. Después me sentía fatal. Tenía la sensación de habérselo estropeado todo. Pero luego pensaba: «No. Así es como soy yo. No me gustan los grupos». A tendrá que encontrar el modo de diferenciarse de mí. Es una niña muy sociable. Le encanta estar con otras personas. (A, 9 meses.)

Para una madre, puede ser un reto confiar en sí misma, en lugar de esforzarse por emular lo que, aparentemente, hacen otras madres. Hoy en día está muy extendida la idea de que los bebés tienen que aprender a ser independientes y de que la relación íntima con su madre puede ser un lastre en ese aspecto.

> Se habla mucho de separación. Así que, si sigues llevando a tu hija en el portabebés a los quince meses [*como era su caso*], puedes sentirte un fracaso como madre. No has conseguido que se efectúe

la separación. Hay todo un pensamiento que afirma que la madre está retrasando a su bebé. Lo que esa teoría no tiene en cuenta es que una madre que lleva a su hija encima, sabe que la hija se lo va a dejar perfectamente claro si la está reteniendo [*imitando a un bebé retorciéndose en su mochila*]. Así que, ¿por qué no confían las madres en su propio criterio? Claro que hasta yo, que estoy convencida de ello, sigo oyendo esa vocecita fastidiosa que me dice que quizás esté frenando el desarrollo de mi hija. (A, 15 meses.)

Actualmente, en toda clase de situaciones sociales, se indica a las madres que se espera de ellas que se separen de sus bebés, advirtiéndoles que estarán lastrando su desarrollo si insisten en mantener el contacto físico.

Se da por sobreentendido que tienes que querer que tu bebé vaya a una guardería. Hay una clase de pintura a la que podría llevar a A. Pregunté si podía llevar también a O. Sabía que no me costaría nada tenerlo en brazos mientras ayudaba a A a pintar. Pero me dijeron: «No hace falta. Tenemos guardería». El problema que tengo con eso es que no sólo tienes que dejar a tu bebé en manos de personas a las que tú no conoces, sino que tu bebé tampoco las conoce. Es como si tu bebé no fuera humano, sino un paquete que pasa de mano en mano, de un adulto al siguiente, como si todos fueran iguales. (A, 3 años; O, 9 meses.)

Los niños no son paquetes. Cada uno de ellos es un individuo que va desarrollándose a su modo. No es necesario meterles prisa. Una madre puede dar por sentado que su hijo quiere ser independiente. Pero el niño ha de estar preparado para afrontar cada nueva fase. Lamentablemente, la cantidad ingente de oportunidades sociales de que disponemos parece obligar a las madres a dejar a sus hijos en contextos de socialización antes de que sean lo bastante autónomos para disfrutar de ellos. Se anima socialmente a mandar a los niños a guarderías y a grupos de juego, sin tener en cuenta si se sienten seguros o no sin sus madres. Un periodista escribía: «El Gobierno ha fomentado una enorme expansión del cuidado en grupo de los bebés en la última década. Los ministros insisten en que llevar a los niños a la guardería lo antes posible mejora sus capacidades sociales y de comunicación, y les brinda mejores oportunidades de desarrollo en años posteriores».[89]

Algunos niños están preparados para ir a la guardería o a grupos de juego y disfrutan muchísimo en ellos. Pero ¿es así en todos los casos?

> La semana pasada llevé a O1 a un grupo de juego por primera vez. No le gusta nada. Se despierta llorando por la mañana: «¡Por favor, no me dejes!» Y una vez allí, se agarra a mis rodillas y no quiere juntarse con los otros niños. Y yo me digo: «¿Qué he hecho mal? ¿Deberíamos haber empezado antes? ¿Depende demasiado de mí? ¿Estoy retrasando su desarrollo? ¿Seguirá pegado a mis faldas cuando tenga diez años?» No sé cuál es la respuesta. Me siento perdida, completamente perdida. (O1, 3 años; O2, 14 meses.)

Hay quien argumentaría que para los niños es bueno que los lleven a la guardería. Que los niños no necesitan que sus madres los mimen y se lo pongan todo fácil. Que deben aprender a valerse solos. ¿Tienen razón esas personas? Evidentemente, no todos los niños son iguales. Pero he descubierto que este asunto puede hacer aflorar recuerdos dolorosos en algunos adultos que sienten que de pequeños se vieron obligados a afrontar situaciones en las que se sentían inseguros.

Durante la primera clase de un curso que estaba impartiendo, una mujer que asistía como alumna comenzó a hablar de su infancia, y los recuerdos manaron a borbotones. No asistió al resto del curso. Sospecho que se sentía culpable por haber sido tan sincera. Esto es parte de lo que dijo:

> Todo el mundo decía que yo era una niña estupenda porque era muy independiente. Hacía cosas que a nadie se le ocurriría dejar hacer a una niña tan pequeña. A los tres años, podía cruzar una calle con mucho tráfico e ir sola a la guardería. Y estaba bien. No quiero culpar a mis padres. Pero en el fondo... Ojalá... ojalá hubiera habido alguien ahí para protegerme. Ojalá alguien hubiera dicho: «Eso es peligroso. Es demasiado pequeña. No dejéis que lo haga».

Esto plantea una cuestión importante. ¿Cómo pueden saber los padres qué grado de independencia es excesivo para su hijo? Cuando esta mujer tenía 3 años, seguramente parecía sentirse orgullosa de su autonomía. Habría parecido una deslealtad hacia sus padres que pensara de otra manera. Como mucho, se le ocurría (a partir de una respuesta que se daba muy «en el fondo» y que sólo se permitió sentir siendo ya adulta) que otra persona pudiera instar a sus padres a brindarle más protección.

Hay en marcha investigaciones neurológicas relevantes que intentan demostrar en qué situaciones experimentan un estrés excesivo los niños pequeños. Pero la mayoría de las madres no son neurólogas. No tienen (al menos en el momento de escribir estas líneas) medios para cuantificar los niveles de cortisol (la hormona del estrés) de sus hijos. ¿Hay algún modo más sencillo de que una madre compruebe no si está lastrando el desarrollo de su hijo, sino, por el contrario, si lo está acelerando con excesiva brusquedad?

Una parte muy útil del ejercicio de la maternidad es permitir que los niños identifiquen verbalmente sus emociones. No todas las madres lo hacen. Ahora bien, las que sí lo hacen, parecen empezar por casualidad, antes de que el niño pueda hablar.

No creo que la crianza sea lo mismo que los cuidados maternales. Yo doy a mi hijo muchísimos cuidados afectivos. Sé que los necesita. Y cuando me sonríe... Me alegro de que sea un niño tan expresivo. (O, 9 meses.)

Si estoy disgustada o enfadada y O me mira, le digo: «Mamá está disgustada», o cualquier cosa que siento. (O, 14 meses.)

O1 antes se ponía histérico por cualquier cosa. Como un día que me dejé en casa su carné de la biblioteca y no pudo sacar el libro que quería. Horroroso. No podíamos hacer nada. Pero ahora tiene casi tres años. Ha aprendido a hablar, y es bastante tranquilo, así que podemos debatir qué alternativas tenemos. (O1, 2 años; O2, 12 meses.)

A menudo, para un niño es una revelación descubrir que esa sensación de inquietud que tuvo cuando se perdió en el supermercado es miedo, o que a veces puede sentir dos cosas a la vez; una mezcla de enfado y tristeza, por ejemplo. Nadie, salvo el niño, puede saber qué está sintiendo realmente, pero su madre es quizá la persona mejor situada para ayudarlo a expresar con palabras esas emociones. Un niño capaz de emplear un vocablo para explicar lo que siente puede comunicar sus sentimientos verbalmente, en lugar de tener que exhibirlos mediante acciones.

A está muy contenta en la guardería. Sólo una o dos veces me ha dicho al llegar a casa: «Quería estar contigo. Quería a mi mamá». (A, 3 años; O, 8 meses.)

Se trata de un lenguaje muy preciso para una niña de 3 años. Comunica a su madre exactamente cómo se ha sentido. Una vez que la madre comprende lo que está sintiendo su hija, ello la dota de un puente con el que salvar la distancia que los separa. La mujer que a los 3 años podía cruzar sola una calle llena de coches (véase la página 161) no parecía contar con esa clase de puente para comunicarse con sus padres.

Las madres pueden hacer mucho por mejorar la comprensión de sus hijos. Es terrible, creo yo, que muchas se sientan atormentadas por el miedo a lastrar el desarrollo de sus hijos. Los niños no aprenden únicamente mediante actividades «educativas». La vida cotidiana está llena de enseñanzas. Un niño que corretea detrás de su madre por la casa mientras ella hace las camas o recoge las cosas tiradas por el suelo puede aprender no sólo lo que hace su madre, sino también la cadencia de sus gestos. Es muy posible que sienta el impulso de imitarla. El ritmo y la repetición de los gestos cotidianos es importante para los niños.

Así pues, ¿es posible que una madre retarde el desarrollo de su bebé? Sí, pero no en el sentido en que ella puede pensar. Como su hijo está atento a ella, disfruta complaciéndola y pasa tiempo con ella, la aprobación de la madre puede estimularlo. Del mismo modo, su censura puede frenarlo en seco. A los niños les gusta experimentar. Es asombroso comprobar hasta qué punto pueden ser arriesgadas, repetitivas, costosas, laboriosas o embarulladas las cosas que se les ocurren:

Le digo siempre a A1 que la leche es comida, pero a ella le gusta para pintar. El otro día le dije: «Vamos a recoger toda esta leche», y se puso a llorar. Gritaba: «¡Eso es mi árbol!» [*A1 había pintado un árbol con leche.*] Intento tener paciencia, pero duermo muy poco. Me oigo decir todas esas cosas que me había prometido no decirle nunca. No me comporto como la clase de madre que quería ser. (A1, 2 años; A2, 5 meses.)

Es fácil que una madre pierda la paciencia en situaciones parecidas. Los niños tienen ideas que superan con mucho los horizontes de los adultos.

Puedo tener una conversación mucho más interesante con O que con la mayoría de los adultos. Si bajo al *pub*, estarán hablando de los políticos. Todo son opiniones. Ya las habré oído todas. Cuando hablo con O, siempre me dice algo nuevo y original. (O, 23 meses.)

Los niños ven posibilidades donde nosotros no las vemos. No pretenden molestarnos: sólo están ejercitando el pensamiento científico. Pero, por muy seguros que parezcan de sí mismos, es fácil que nuestra impaciencia los lastime. Pueden rebasar con creces los límites de nuestra comprensión adulta. A pesar del saber o la experiencia que hayamos acumulado, se diría que hemos perdido la inventiva que todavía poseen nuestros hijos.

Hay momentos en que nos sentimos desbordadas. Es fácil ser un lastre para nuestros hijos cuando estamos cansadas, cuando hace tiempo que deberían haberse ido a la cama y estamos convencidas de que sus ocurrencias son inviables. Porque los amamos, sólo podemos confiar en que, si de veras quieren hacer algo, no cejarán en su empeño a pesar de nosotras.

9

Aprender a turnarse

Existe la convicción, partiendo de la noción tradicional de maternidad, de que una madre sacrifica de buen grado sus necesidades y deseos propios para satisfacer los de su hijo. De que siempre antepone su hijo a sí misma. Y de que obtendrá su recompensa por ello cuando el niño sea mayor. Será entonces cuando éste corresponda a todos los cuidados que ha recibido de su madre.

Esa idea de que los hijos se ocupen, agradecidos, de sus madres ancianas puede resultar atractiva. Pero, evidentemente, no siempre funciona en la práctica. Las escritoras feministas han puesto de manifiesto, además, la desigualdad elemental de esta idea: se espera de una madre tradicional que renuncie al potencial de su juventud y sacrifique los mejores años de su vida para facilitar el desarrollo de los demás miembros de su familia.

«Ha llegado la hora —escribía en 1852 Florence Nightingale en su apasionado ensayo *Casandra* de que las mujeres hagan algo más que servir de "fuego del hogar", o sea, cuidar de los niños, tener la casa bonita, cocinar con esmero y entretener a las visitas.»[90] Somos las hijas de ese sueño.

Hoy en día, al menos en Occidente, la tendencia se ha invertido. Las tareas domésticas y el cuidado de los niños rara vez se enseñan en la escuela. Antes se transmitía, junto con las habilidades prácticas, todo el conjunto de valores que llevaban aparejadas. Si se contempla la historia de las mujeres, es posible visualizar los motivos del drástico vuelco que ha dado la situación en nuestros días. Un vuelco que ha traído dificultades imprevistas a las madres de las nuevas generaciones.

La mayoría de las mujeres que crecieron en las décadas de 1970 y 1980 fueron alentadas por sus padres y maestros a dar prioridad a sus propias necesidades. Debían reconocer su potencial como mujeres y desafiar la hegemonía masculina en todos los campos. Esta generación de mujeres jóvenes ha dado pasos de gigante. Ha traspasado múltiples barreras para abrirse paso en el mundo profesional. En una sola generación, las mujeres han logrado mediante su esfuerzo labrarse oportunidades que parecían enteramente reservadas a los hombres.

Pero al convertirse a su vez en madres, afirman sentirse inhábiles. Sencillamente, anteponer las propias necesidades no «funciona» en el caso de las madres actuales. La energía reconcentrada y la determinación que les abrieron las puertas del mundo profesional no les sirven de ayuda a la hora de cuidar a sus bebés. La periodista Mary Kenny escribía, bajo el interesante titular «Se acabó la fiesta: empieza la maternidad»: «Ser madre es una tarea ardua: puede que sea natural, pero también se opone radicalmente a las libertades modernas y al principio de "elección personal" que, con énfasis infinito, es el lema de nuestra época. Una madre no tiene "elecciones personales" en el sentido absoluto del término».[91]

Repentinamente, de un día para otro, los valores nutricios que les han enseñado a despreciar cobran importancia. Las madres jóvenes se quedan a menudo atónitas al descubrir que deben aparcar sus necesidades inmediatas. Lo mismo que sus abuelas, han de dar prioridad a sus recién nacidos, pero, a diferencia de aquéllas, muchas no se lo esperaban.

> *M*: Soy hija única y no tuve mucho contacto con niños mientras crecía. Siempre he sido muy independiente y he hecho exactamente lo que he querido. Ahora, de repente, al nacer O, me doy cuenta de que tengo que echar el freno. De pronto todo se centra en él. Estoy aprendiendo a asumirlo.
> *Yo*: Pero ¿no debes centrarte también en ti? ¿No necesitas pensar también en ti?
> *M*: Puede ser. Pero todavía no he llegado a esa fase. Todavía estoy intentando acostumbrarme a dar prioridad a O. (O, 6 semanas.)

A las mujeres actuales se las ha animado a interiorizar que no tienen que consagrar su vida a los intereses de su familia para lograr sus deseos. Como madres (o como hijas, hermanas o tías), las chicas y las mujeres saben que también tienen derecho a satisfacer sus necesidades individuales. Una madre primeriza siente a menudo, sin embargo, que ese derecho ha quedado en suspenso porque nunca parece tener tiempo para sí misma:

> Es evidente que ser madre significa que tienes que compartir tu tiempo con tu bebé, de modo que tienes muy poco tiempo para ti. Eso es lo que supone ser madre, ¿no? Y, sin embargo, para mí fue una sorpresa total, y al principio se me hizo muy difícil. (A, 2 meses.)

Surgen situaciones que la madre, sencillamente, no había previsto, y ello puede resultar traumático.

> Una mañana, O estaba dormido y pensé que era el momento ideal para darme un baño. Así que llené la bañera, y acababa de meterme en el agua caliente y de mojarme el pelo cuando oí... [*imitando*

el llanto de un bebé]. Así que tuve que salir y darle de mamar en el suelo del cuarto de baño. Recuerdo que pensé: «Tus necesidades son enormes. Pero yo también tengo las mías. Ahora mismo necesito cubrirme, entrar en calor y secarme el pelo. Pero mis necesidades no son nada al lado de las tuyas». (O, 3 meses.)

¿Cómo aprenden las madres a atender a sus bebés sin tener que tiritar mientras los amamantan sentadas en el suelo del baño? Poco a poco, van asimilando que sus planes quizá se vean interrumpidos en cualquier momento. Pensando un poco, pueden prever estas contingencias. Luego, cuando sus bebés se ponen a llorar inesperadamente, son capaces de interrumpir lo que estaban haciendo con un mínimo de malestar.

Esto supone que ya no pueden anteponer sus necesidades como solían, pero no que vayan a asumir por ello ese inmenso sacrificio personal que les han enseñado a eludir. Las madres de hoy se sienten con derecho a la autorrealización, no al sacrificio. Esto, sin embargo, no tiene por qué dar lugar a una pugna entre las necesidades de su bebé y las suyas propias. Ambos pueden formar un equipo. De modo que, quizá sin expresarlo así, las madres aprenden a anteponer las necesidades que benefician al equipo.

Empiezo a hacer algo que tengo que hacer y confío en poder acabarlo mientras A juega. Entonces reclama mi atención, así que dejo lo que estoy haciendo para estar con ella un rato. Después, cuando me parece que puede quedarse sola tranquilamente, retomo lo que estaba haciendo. (A, 9 meses.)

A quiere tenerme cerca todo el tiempo, así que no puedo irme a cargar el lavaplatos, por ejemplo. Pero que esté contenta jugando en el suelo de la cocina es una ventaja, porque así puedo usar el lavaplatos. Y si está jugando en el cuarto de baño, aprovecho para limpiarlo. (A, 10 meses.)

Estas soluciones no sirven para todos los equipos formados por madre e hijo, pero ejemplifican cómo estas madres encontraron formas de hacer diversas tareas sin provocar una confrontación directa con sus hijos, poco dispuestos a cooperar. Las madres descubren también que, haciendo pequeños ajustes, pueden dar cabida a sus necesidades personales, aunque normalmente tengan que postergarlas varias horas. Puede que al principio tengan que hacer muchas cábalas para lograrlo, pero resulta mucho más sencillo a medida que madre y bebé van conociéndose mejor. En un primer momento, sin embargo, quizá resulte extraño.

> Estás ahí sentada, con el bebé, y todo parece apacible y en calma, sobre todo si el bebé acaba de mamar. Pero por dentro estás pensando: «Todavía no he podido ir al baño. Y encima debería haber bebido agua...» [*Interrumpida por las risas de asentimiento de las madres presentes.*] (A, 5 semanas.)

Entre iguales, ambas partes suelen ponerse de acuerdo para «turnarse». Con un bebé es distinto. Cuando tanto la madre como el bebé necesitan algo al mismo tiempo, ha de ser la madre quien decide cuál de ellos debe aguantarse por el bien del equipo (normalmente, ella, pero no siempre) mientras «le toca» al otro. Luego, el primero espera (o se distrae, o se duerme, si es el bebé), mientras el segundo ejerce su turno. Esta nueva vía supone que el turno de la madre queda justificado por el bien del equipo. El énfasis ha cambiado.

> Me gusta darme una ducha todas las mañanas. Acabo de descubrir que a O no le importa que me la dé, con tal de que le quite el pañal. Así que lo dejo en el suelo del cuarto de baño, encima de una toalla, y patalea mientras me ducho. (O, 7 semanas.)

A veces, O está entretenido debajo de su aro de juegos, y puede pasarse así entre veinte minutos y media hora, mientras yo hago un par de cosas. Luego nos miramos cada uno desde su lado de la habitación y, si me parece que está bien, sigo con lo mío. (O, 4 meses.)

Estas madres estaban «negociando» con sus bebés. Ello les permitió sentirse responsables de lo que decidían. Esta asunción de responsabilidad les daba fuerzas, lo cual les hacía mucho más fácil actuar con amor. Resulta revelador comprobar cómo se sienten las madres cuando, en lugar de negociar, se consagran a sus bebés en el sentido tradicional.

Antes, con A, pensaba que mi amor no debía tener límites y que tenía que dárselo todo. Era lo que daba por sentado, así que no la observaba intentando descubrir cuáles eran sus límites. Estaba muy cansada. Pero con O es distinto. Me da tiempo. Me hace notar que, a eso de las siete de la tarde, está dispuesto a dormirse. Así dispongo de siete horas. Las aprovecho, y le estoy muy agradecida. (A, 3 años; O, 5 meses.)

Puede parecer duro al principio. De noche, muchas madres se preguntan si no estarán sacrificando demasiado. La mayoría de los recién nacidos, sobre todo si maman, no pueden dormir toda la noche de un tirón: el hambre los despierta. De ellos, muchos siguen despertándose por las noches durante su primer año de vida, a veces con frecuencia. Las madres han de decidir, por tanto, si dejan llorar a sus bebés de hambre, o si se despiertan cada vez que lo hagan sus bebés, para alimentarlos. Una noche de sueño entrecortado es llevadera, pero su sucesión durante meses y meses resulta agotadora. Las madres optan por diversas soluciones.

Primera madre: O sigue despertándose varias veces casi todas las noches. Tengo la sensación de que necesita estar tumbado a mi lado. Su padre dice que sólo quiere «darme guerra». Pero yo creo que O no sabe dónde estoy si no está a mi lado por las noches. (O, 10 meses.)

Segunda madre: Podrías dejarlo llorar. Es lo que hice yo con A. Suena fatal, pero yo tenía la impresión de que la niña necesitaba darse un berrinche para poder dormir. Ahora pasa bien las noches. (A, 7 meses.)

Primera madre: Si lo dejo llorar, chilla todavía más. No sé. Se contenta con tenerme ahí, así que creo que es ahí donde debo estar.

Si una madre está impaciente por que su hijo se duerma para que le llegue el turno de suplir algunas de sus propias necesidades, puede transmitirle al bebé su tensión. El bebé, a su vez, responde crispándose hasta el punto de no poder dormir. Si ella puede relajarse, él hace lo mismo.

He notado que O se queda dormido mucho más deprisa si lo llevo conmigo [*en un portabebés*] y sigo haciendo cosas que si me empeño en hacerlo dormir. De pronto miro su carita y tiene los ojos cerrados. Le gusta sentirse parte de la familia. (A, 3 años; O, 5 meses.)

Antes pensaba que la impaciencia de la madre por que llegue su turno cuando el bebé se queda dormido era un problema reciente en el mundo occidental, y que las madres tradicionales eran más tranquilas y pacientes. Pero un día, mientras hojeaba una antología de textos antiguos compilada por James Pritchard, encontré la traducción que había hecho de una nana sumeria, perteneciente a la civilización conocida más antigua de Oriente Próximo, denominada a veces la «cuna de la civilización». Estaba enclavada en lo que actualmente es Irak, y se extendió durante el cuarto y el tercer milenios antes de la era cristiana. Ésta es una estrofa del poema:

> Ven, Sueño, ven.
> Ven con mi niño.
> Corre, Sueño, ven,
> cierra los ojos inquietos
> de mi niño.
> Pon tu mano
> sobre sus ojos pintados [de kohl].
> No permitas
> que su lengua de trapo
> retrase su descanso.[92]

El profesor Pritchard comenta que el niño de esta nana parece estar enfermo. Quizás ello explique la ansiedad de su madre. Sin duda lleva cuidando de él todo el día. Necesita un respiro, e invoca al Sueño como su único recurso. He leído este poema en voz alta delante de varios grupos de madres, y todas ellas han reconocido la premura de los sentimientos de esta madre sumeria de hace miles de años.

Puede parecer que las madres que atienden a sus hijos de noche están haciendo un enorme sacrificio a costa de su propio descanso. Y es cierto, pero, por lo que ellas mismas cuentan, el trato parece ser otro. Están cambiando cantidad de sueño por calidad. Después de ayudar a sus hijos a quedarse dormidos, se sienten satisfechas consigo mismas, aunque dispongan de menos tiempo para dormir. Su turno de sueño puede resultar, por tanto, más descansado.

El convencimiento de que estas situaciones no son eternas puede ayudar a las madres a seguir adelante.

Da la impresión de que todo lo que nos conviene a nosotras es malo para los bebés. La comida, los pañales, los periodos de sueño. Los bebés son muy inoportunos. Pero, pensándolo bien, ¿qué necesitan? Sólo tres años de que no duermas bien. Sólo tres años, con sus noches. Y luego tienes un hijo feliz. Al menos, eso es lo que espero. (A, 13 meses.)

Algunas personas parecen creer que los bebés deben invertir su turno únicamente en alimentarse y dejar que los arrullen para dormir. Pero hasta los bebés más pequeños son seres sociables. Disfrutan tanto de ciertos placeres que quieren compartir su turno con sus madres. A veces, esto es una fuente de enorme deleite para las madres. Pero no siempre.

A mi hija le gusta que nos miremos a los ojos constantemente. No podría ponerme a leer un libro mientras ella esté despierta. No me parecería bien. Pero hay una parte de mí que desearía tener otra vez más estimulación intelectual. (A, 3 meses.)

Antes, cuando O era más pequeño, me aburría. A él le encantaba estar tumbado en el cambiador y patalear. Era lo que más le gustaba. Podía pasarse una hora así. Yo tenía que estar allí porque podía caerse rodando y hacerse daño. Pero la verdad es que a los diez minutos estaba harta. (O, 4 meses.)

Encontrar formas de mantener el interés, en vez de caer en el hastío y el resentimiento, es importante para muchas madres que se dan cuenta de que es bueno para sus bebés compartir con ellas aquello con lo que disfrutan. El pediatra y psicoanalista Donald Winnicott lo expresó con sencillez: «Si [*la madre*] está ahí, disfrutando de todo, para el bebé es como si saliera el sol».[93]

Me he pasado horas con O mirando las excavadoras de una obra, en la rotonda que están construyendo. Se aprende un montón así. Y he descubierto que para mí también es fascinante. Si las miras de verdad, te das cuenta de que las excavadoras se mueven como en un ballet. (O, 3 años.)

Yo misma he hecho cosas parecidas. A través de las palabras de esta madre, puedo rememorar el viento frío del invierno soplando; puedo sentir los pies helados, el deseo de estar otra vez en casa con una taza de té caliente. Sería fácil decir: «Ya está. Estoy harta. Nos vamos». Y sin embargo... La mirada atenta de un niño tiene algo de grave y de solemne que convierte en un privilegio ser partícipe de ella, aunque sea durante largo rato y pese al frío que haga.

Paulatinamente, a medida que se desarrolla, el bebé puede esperar más tiempo, y la mentalidad de equipo de su madre varía para adaptarse a los cambios. En lugar de seguir dejando sus necesidades en espera, descubre que puede disponer de más turnos para ella y más a menudo.

Yo: ¿Por qué llora O2?
M: Porque quiere que lo ayude a levantarse. Pero va a tener que esperar porque tengo que encontrar mis gafas [*rebuscando en su bolso*]. (O1, 4 años; O2, 7 meses.)

A reclamaba cada vez más atenciones. No parecía tener fin. Así que, al final, le dije que necesitaba un poco de «tiempo para mamá». Después de eso, cuando era su turno, podíamos hacer juntas algo que le gustara a ella. Al principio protestó, pero ahora lo comprende. Llevamos haciéndolo uno semana, más o menos, y es mucho más fácil. (A, 18 meses.)

A medida que aprenden a dar prioridad al turno de uno u otro, las madres también inician a sus hijos en esa dinámica. Indudablemente, no nacemos con esa habilidad. Nuestro saber primigenio dicta que nuestras necesidades son urgentes y que han de satisfacerse de inmediato. Turnarse con otros es, pese a ello, una parte esencial de la vida en sociedad. ¿Cómo podríamos comunicarnos si no nos turnáramos en los papeles de hablante y oyente? ¿Cómo podrían disfrutar dos niños pequeños del mismo juguete si un adulto no los ayudara a descubrir que pueden dividir el tiempo de uso, en lugar de luchar por apropiárselo? Hoy en día, el flujo del tráfico en las carreteras se organiza dividiendo las calzadas en carriles, poniendo semáforos y respetando un conjunto de normas acerca de qué carril tiene prioridad en los cruces o las rotondas. Los embotellamientos pueden ser muy molestos, pero el sistema de turnos establecidos nos permite confiar en que el atasco se resolverá en algún momento.

Somos capaces de asumir las complejidades de la vida social adulta a condición de que podamos confiar los unos en los otros para turnarnos. No siempre es fácil ponerse de acuerdo respecto a qué intercambio es el más justo, pero al menos somos capaces de negociar dentro de los márgenes que impone el concepto de equidad. La vida social funciona maravillosamente bien cuando aplicamos este hallazgo fundamental del ser humano.

¿Qué ocurre con los niños que no han aprendido a turnarse? Se trata de un aprendizaje tan elemental para la comunicación humana que los niños que no lo han asimilado se encuentran en franca desventaja. Un niño al que no se ejercita en esta práctica desde una edad temprana parece perplejo al darse cuenta de que nunca consigue gran cosa a base de apoderarse de lo que quiere por la fuerza. Habla un lenguaje social distinto al de los turnos. Nuestro sistema educativo incluye protocolos de recuperación para ayudar a los niños que se hallan en este aprieto. Pero estos protocolos son mucho menos eficaces que la educación espontánea que puede procurar una madre. Casi ninguna madre se sienta a enseñar a sus hijos formalmente. Como la mayoría de sus enseñanzas, ésta se transmite a través de la vida cotidiana.

La madre es siempre responsable de cómo invierte el tiempo que pasa con su hijo, pero puede optar por dar al pequeño la oportunidad de elegir.

Le dije a O que iríamos al parque y salimos de casa. O echó a andar en sentido contrario. Decidí que, en lugar de insistir, dejaría que fuera él quien dirigiera el paseo, y al final lo pasamos de maravilla. Subió a trompicones por la calle mayor y luego me indicó que quería que cruzáramos, y eso hicimos. Entró en la estación de tren y subió las escaleras hasta el andén. Entonces llegó un tren y O se puso como loco de contento. Pensé: «Ay, no, ¿qué he hecho? Vamos a pasarnos el día aquí». Pero después del tercer tren, O se cansó y volvimos a casa. Cuando llegamos, él estaba muy cansado, pero yo me sentía muy satisfecha por haberlo seguido todo el tiempo. Casi siempre soy yo quien dice adónde vamos. (O, 14 meses.)

Hago lo que ella quiere, y luego ella hace lo que quiero yo. Le gusta ir al parque y sentarse en el estribo del carrusel. Puede pasar mucho rato así. Y yo me siento más relajada haciendo lo que quiere ella que haciendo lo que quiero yo. (A, 15 meses.)

Lamentablemente, los bebés son demasiado pequeños para premiar a sus madres concediéndoles turnos. Puede resultar descorazonador que una madre haya sido generosa al darle a su hijo un buen turno y que el bebé, en cambio, no coopere y se resista, por ejemplo, a echar una siesta a la hora prevista. El bebé es demasiado pequeño para pactos bilaterales. Ello sólo es posible mucho después. No es culpa suya que la madre pierda su turno, porque en realidad él nunca ha accedido a dárselo. Así pues, ¿con quién puede enfadarse la madre que ve frustrados sus deseos?

He dejado prácticamente todo lo que hago, menos mi clase de yoga. La disfruto de verdad. Sólo que el miércoles pasado O no paraba de llorar porque estaba cansado y se negaba a dormir. Lo intenté todo. Así que tuve que salir con él [*de la clase*] por primera vez. No me di cuenta de lo mucho que me importaba hasta después. Pensé: «En fin, qué se le va a hacer». Pero estaba muy enfadada con él. Y eso me asusta, porque lo quiero muchísimo. (O, 6 meses.)

Una tarde, sólo me apetecía estar sola. Aunque fuera unos minutos, para recuperar energías. Pero O se empeñaba en seguirme a todas partes. Confieso que, para vergüenza mía, lo llevé a rastras a su cama, lo tiré encima y le grité: «Pero ¿qué quieres?» Y ¿sabéis qué? Ni siquiera así me dejó en paz. Salió de la habitación detrás de mí, cantando como un loco y dando patadas a los juguetes. (O, 3 años.)

Madres y bebés parecen crear sistemas de intercambio de turnos gracias a los cuales los bebés aprenden a qué atenerse. Sin embargo, puede que otros miembros de la familia no piensen de la misma manera y pidan turno para sostener al bebé en brazos. Pero ¿cómo sabe el bebé que va a ser solamente un rato y que pronto podrá recuperar a su mamá?

Fuimos a casa de mi familia por Navidad. Mi madre y mi suegra estaban deseando tener a O en brazos. Así que decidí darme una ducha y dejar que cuidaran de él. Pasé casi veinte minutos en la ducha, y fue estupendo. Cuando volví, mi suegra me dijo que le parecía muy importante para mi crecimiento como madre que hubiera sido capaz de hacerlo. Pero no tenía nada que ver con mi crecimiento como madre. Me llevé a O arriba para darle de mamar, como hago siempre después de ducharme, y estaba furioso conmigo. Se negaba a mamar y no hacía más que llorar. Tuve la sensación de que me quería decir: «¿Por qué has tenido que hacer eso? Todavía no me había acostumbrado a estar en esta casa extraña y tú vas y...» (O, 8 meses.)

Surgen toda clase de cuestiones respecto al reparto de turnos y la relación con terceros que exigen una reflexión ética profunda por parte de la madre.

Sigo cuestionándome qué necesidades deben ir primero. ¿Sería capaz de anteponer las necesidades de otro niño a las de mi hijo? Supongo que sí, en una emergencia. (O, 10 años.)

Poco a poco, los propios niños descubren cómo turnarse. Parece comenzar como un juego divertido, mucho antes de lo que podamos imaginar.

Me gusta la intimidad por las noches. Hablamos entre nosotras. Yo le digo «¡Hola!», y ella se ríe y me dice cosas. (A, 7 semanas.)

Cuando O se despierta, me mira y jugamos a cosas. Por ejemplo, yo le saco la lengua y él me la saca a mí, y se parte de risa. Y luego yo hago otra cosa y noto cómo se pregunta qué músculos faciales tiene que usar para hacerlo él también. (O, 9 semanas.)

La madre es normalmente mucho más hábil que el bebé cuando le llega su turno.

Mi hijo estaba jugando con un sonajero y una caja y me dijo por señas que quería que jugara con él. Así que cogí el sonajero y lo sacudí más fuerte que él, y más tiempo. Y vi que, cuando se lo devolví, lo lanzó al otro lado de la habitación y no quiso seguir jugando con él. Ahora estoy aprendiendo a jugar con O, pero procurando hacerlo peor que él. (O, 8 meses.)

Es asombroso lo generosos que pueden ser los niños pequeños cuando empiezan a cederle el turno a sus madres.

Ahora, a A le gusta darme de comer a mí. Es precioso. Agarra una cuchara y me la mete en la boca, y se pone como loca de contenta cuando me la como. (A, 8 meses.)

Noto muchas veces que A intenta ayudarme. [*Le pedí un ejemplo.*] Bueno, a mí me cuesta levantarme por las mañanas. Veo que A se sienta, completamente espabilada. Luego se da cuenta de que yo todavía estoy medio dormida, pero no se queja. Vuelve a acurrucarse, mama un poco y noto que se esfuerza por volver a dormirse. (A, 9 meses.)

En el caso de los niños mayores, el intercambio es más evidente:

Primera madre: Espero poder adelantar trabajo esta semana de vacaciones. (A, 9 años; A, 7 años.)
Segunda madre: ¿Y cómo vas a hacerlo, con dos hijas? (O, 8 meses.)
Tercera madre: Eso estaba pensando yo. (A, 7 meses.)
Primera madre: Nos conocemos. Y nos respetamos. Sé que mis hijas respetarán mi necesidad de trabajar.

Cuando un niño ha aprendido a compartir con sus padres y otros adultos, con el tiempo será capaz de turnarse también con otros niños. Pero extrapolar esta vivencia puede llevar más tiempo del que cabría pensar. Los niños necesitan tiempo para sentirse verdaderamente seguros con sus iguales. Creo, apoyándome en años de observación, que esperamos de los niños que se turnen entre sí mucho antes de que hayan asimilado cuestiones básicas, tanto prácticas como éticas, respecto a la necesidad de turnarse con los demás, y mucho antes de que confíen en su capacidad para gestionar esas cuestiones.

Puede ser difícil decidir cuáles son los criterios más justos para dar prioridad al turno de uno u otro, sobre todo si hay varios hermanos o algún niño invitado. Las decisiones pueden basarse en la edad («A fin de cuentas, tú eres mayor y A sólo es un bebé»), o bien obedecer a convenciones sociales («Vamos a dejar que le toque primero a O, porque es nuestro invitado»). Los niños pueden tardar mucho en aprender a manejar el complejo sistema mediante el que equilibramos necesidades y derechos.

¿Hay que obligar a los niños a compartir sus juguetes y juegos más personales, o pueden quedar excusados de ese proceso de aprendizaje hasta que sean lo bastante maduros para disfrutar del hecho de compartir? ¿A qué edad es probable que suceda esto? Son preguntas fascinantes acerca de nuestro desarrollo como seres sociales. Hay madres que se encuentran en posición ventajosa para hablar de estas situaciones, por haberlas podido observar de primera mano. Pero, en cualquier caso, es necesario que pase un tiempo considerable para que los niños comprendan de verdad la necesidad de esperar su turno.

No es bueno que los niños se salgan siempre con la suya, ¿no? Pero cuesta saber cuándo son lo bastante mayores para esperar y cuánto tiempo pueden aguantarse. A mí me parece muy difícil. (A, 7 meses.)

Tengo que hacer un esfuerzo para recordar que A no lo entiende todo. «¡Espera un minuto!», por ejemplo. Creo que le cuesta entender qué significa eso. (A, 3 años; O, 4 meses.)

A los hijos mayores, el nacimiento de un hermano les sirve como iniciación para aprender a esperar su turno. El niño mayor descubre que el bebé suele tener prioridad, y esperar puede hacérsele muy largo, muy extraño y exasperante.

Había perdido los nervios con O tantas veces, que pensé que lo mejor sería llevármelos fuera a los dos, y decidí hacer todo lo que quisiera O. En casa siempre tiene que esperar mientras cuido de A. Así que nos fuimos a la calle. O quería ir al parque, y lo pasamos en grande. Pude tomarme un café y sentarme con A. Le dije a O que estaría mirándolo, y se contentó con eso. Y me di cuenta de que no estaba pidiendo nada que no fuera razonable. Todo lo que me pedía, yo podía hacerlo. Lo pasamos los dos de maravilla. Luego volvimos a casa y noté que, cuanto más nos acercábamos a la puerta, más despacio andaba él. Le dije: «¡Vamos!» y empecé a enfadarme. Luego, justo cuando vio nuestra puerta, O se tiró al suelo y se negó a levantarse. Entonces fue cuando estallé. Allí estaba, insultando a mi hijo a voces. Tenía la sensación de que habíamos estado a punto de conseguirlo y de que de pronto habíamos fracasado. Pero, cuando lo pensé mejor, y estuve dándole vueltas muchas horas, me di cuenta de que el día no había sido un fracaso. O se había tumbado en la calle porque había sido estupendo. Supongo que no soportaba volver a casa y tener que estar esperándome constantemente mientras me ocupo de A. (O, 3 años; A, 6 semanas.)

Las cosas cambian mucho, indudablemente, si la madre entiende lo difícil que puede ser esto para el niño mayor. De ello hablamos con más detalle en el capítulo 12.

Cuando los hermanos crecen, aprenden a turnarse entre sí, sobre todo si pasan mucho tiempo juntos. A menudo lo hacen mediante el juego, y sus soluciones pueden ser muy ingeniosas. Cuando mis dos hijos varones eran pequeños, tuve que dejarlos en un sitio sin un solo juguete, y al poco rato se estaban partiendo de risa. Habían inventado un juego en el que uno de ellos tenía que parpadear, o darse palmadas en la cabeza, o sacudir el pelo, y el otro tenía que intentar no reírse. En cuanto uno se echaba a reír, se cambiaban los papeles.

Las canicas, los bolos, el tejo, las cartas, todos los juegos tradicionales para jugar en familia se basan en esa capacidad de los niños para turnarse entre sí. Entre los niños ya mayorcitos surgen conflictos respecto a la sucesión de turnos, o lo que es justo y no lo es. Esto los puede llevar a pelearse. Pero hasta una pelea «civilizada» depende del sistema de turnos. Puesto que las peleas suelen considerarse parte normal de la vida en familia, la capacidad de turnarse puede ser muy útil a la hora de crear una dinámica familiar en la que una disputa pueda debatirse y resolverse. Quienes participan en ella parecen recurrir a la violencia únicamente cuando se quiebra su confianza en el sistema de turnos.

A medida que crecen, los niños también aprenden a turnarse en el caso de comportamientos que sus madres nunca desearon que copiaran:

Desde que nació A, me enfado mucho más con O. Y ahora me devuelve la pelota. Antes le decía: «O, si vuelves a pegar a A, no voy a dejarte hacer tal cosa». Y le prohibía que comiera una golosina, o que jugara con su juguete preferido. Ahora me lo hace él a mí. Me dice: «Estoy *muy* triste, mamá, y si dentro de *un* minuto no haces que me sienta mejor, no me comeré la comida». Lo que dices, te rebota. (O, 3 años; A, 7 meses.)

Me pareció que O se estaba poniendo grosero conmigo, así que le dije: «O, me estás hablando con muy poco respeto. La verdad es que parece que piensas que soy mala y que no sirvo para nada». Y él contestó: «¿Sabes qué, mamá? Cuando tenía unos trece años, tú solías hablarme así, y yo también pensaba que era malo y que no servía para nada». Al principio quise defenderme. Pero fue un regalo, y procuré aceptarlo como tal. (O, 16 años; A, 6 meses.)

Hasta donde sabemos, todos nacemos con sensibilidad suficiente para aprender a turnarnos. No obstante, esa misma sensibilidad puede obrar en contra nuestra. Aprendemos tanto de las malas experiencias como de las buenas. Si nuestra madre no nos ofrece turnos equitativos, podemos vernos influidos por esa experiencia temprana.

¿Puede darse un sistema de turnos injusto? El psicoterapeuta existencial R. D. Laing encontró un ejemplo meridiano de ello en un caso clínico publicado en el que se describía el comportamiento de una madre con su bebé de seis meses. La madre sonreía al bebé, y éste, a su vez, le devolvía la sonrisa. Pero si era el bebé el que sonreía a la madre, ésta jamás le correspondía con una sonrisa.[94]

Podemos figurarnos lo que un bebé puede aprender de una vivencia tan temprana y repetida. Es probable que de mayor se sienta seguro al responder al contacto, siempre y cuando lo inicie el otro. Pero puede que se sienta mucho más inseguro a la hora de hacer una aproximación amistosa a otra persona, por miedo a ser obviado. Laing opinaba que ello podía tener repercusiones profundas. «Creer que [uno] es incapaz de interesar a los demás —comentaba respecto a esa madre y su hijo—, puede generar una sensación de vacío y futilidad.»[95]

Esta circunstancia puede causar problemas igualmente si se invierten los papeles. Puede darse el caso de que una madre infeliz sólo sonría cuando sonríe su bebé, sin tomar nunca la iniciativa. Ello podría crear fácilmente la impresión en el bebé de que todo intercambio depende de él. Sin él, puede concluir el niño, su madre (y, por tanto, también otros adultos) quizá no sonría casi nunca. El bebé quizás acabe experimentando la situación inversa a la descrita por Laing, y convencerse de que su aportación es crucial. La importancia de sus iniciativas puede convertirse, por tanto, en una carga muy pesada de sobrellevar.

Aprender a turnarse equitativamente a veces parece algo muy evidente cuando sale bien. Pero es precisamente en ese aspecto en el que con más facilidad se tuercen las relaciones. Algunos adultos afirman disfrutar viviendo solos. Pero, cuando explican el porqué, suelen decir que no les gusta compartir su espacio privado y que solos se sienten más relajados. En todos los casos expresan el temor a que otra persona pueda avasallarlos y a sucumbir a sus exigencias.

El explorador Richard Byrd escribía: «Debería poder vivir exactamente como se me antojara, sin obedecer a necesidad alguna, salvo a las dictadas por el viento, la noche y el frío, ni a ley humana ninguna, como no fuera a la mía propia».[96] La periodista estadounidense Anneli Rufus se lamentaba de que la socialización le resultaba tan extenuante como donar sangre. «Después de tres horas, estoy exangüe, aunque quiera a la persona con la que me encuentro».[97] Con idéntica franqueza se expresaba la novelista Kate Atkinson: «Vivir con alguien es como adoptar otra vida. Sé en qué me he equivocado en mis relaciones con los demás en el pasado, y para mí es la verdad. Sólo soy verdaderamente yo cuando estoy sola. [...] Cuando estoy con otros, siempre me descubro pensando: "Uf, tengo que hacer un esfuerzo"».[98]

La creencia de que una persona no puede comportarse con naturalidad con otras está muy extendida. Es uno de los motivos por los que tantas relaciones adultas empiezan bien y luego zozobran. La primera relación es aquella dentro de la que nacemos, normalmente con nuestras madres. Como bebés, somos la parte menos experimentada. Esta primera relación deja una profunda huella en nosotros. Si nuestra madre no nos ofrece turnos equitativos, podemos reaccionar de dos maneras. Primero, quizá nos esforcemos todo lo posible por complacerla, porque es un buen modo de obtener lo que necesitamos de ella. Y, segundo, puede que nos guardemos de no vernos sometidos nunca más a una relación tan desigual.

Pero nuestra desconfianza también nos lleva, por otro lado, a malinterpretar la conducta de nuestra pareja. En vano argumentará que no pretende dominarnos, ni controlarnos. Si hemos conocido este tipo de relaciones desde una edad temprana, nos cuesta creer que pueda haber otras más equitativas.

Es más, el miedo a verse avasalladas y a tener que someter sus necesidades a las de otra persona parece ser una de las razones clave por las que tantas mujeres afirman no querer convertirse en madres. Para ellas, el papel de madre es sinónimo de debilidad. Lo perciben como una esclavitud respecto al bebé. Muchas madres dicen sentirse atrapadas. Quizá les cueste reconocer que pueden tomar realmente las riendas de la relación.

> Al principio, me sentía como si fuera dos personas. Una era la de siempre, la que no era madre. La otra era una persona llamada «madre», que no era yo. Al principio, hacía todo lo que parecía correcto que hiciera la figura de la madre. Me parecía un deber. Después, una semana, decidí relajarme. Y descubrí que estaba haciendo las cosas que haría la figura de la madre, sólo porque de verdad quería hacerlas. Por ejemplo, tenía en brazos a A, y no era un deber. Descubrí que, cuando me relajaba, deseaba tenerla en brazos. (A, 21 meses.)

Un tipo distinto de alternancia se da cuando los padres encuentran el modo de compartir equitativamente la crianza de los hijos. Esta cuestión se expone en el capítulo 11. El hecho de que otra persona asuma el turno de la madre tiene, entre otras, la ventaja de que permite ver a la madre cuánto disfruta de su turno. Sin un descanso, es difícil darse cuenta de ello.

> Ahora, los martes, P cuida de A, y yo tomo el tren para acudir a una cita fija. Así que el martes pasado, llegué a la estación y compré el periódico y luego un café. Y pensé: «Bueno, ésta es mi mañana libre». Así que me compré un cruasán. Luego me monté en el tren con mi periódico, mi café y mi cruasán y busqué asiento, y al principio estuve muy a gusto. Pero ¿sabéis qué? Que a los diez minutos me aburrí del periódico y pensé: «¿Esto es lo que echaba tanto de menos? ¿Por esto he renunciado a A?» Porque sé que, si hubiera estado con A, la mañana habría sido muy distinta y habríamos estado muy a gusto. (A, 9 meses.)

Hay, por otro lado, un tipo de alternancia muy generosa en la que el dador no espera nada a cambio del receptor. Confía, por el contrario, en formar parte de un sistema de reciprocidad mucho más extenso. A esta escala más amplia, una madre emplea su turno en ser generosa con sus hijos, con la esperanza de ayudarlos a convertirse, a su vez, en adultos y padres generosos. No existen garantías de que vaya a ser así, y la madre se arriesga a que su empeño no tenga éxito. Pero ha de ser muy satisfactorio vivir para ver que sus esfuerzos han dado fruto.

> Yo tuve una madre *de verdad*, una madre que hacía cosas por nosotros, y me gustaría reproducir las atenciones que recibí de ella. Eso me da una base muy importante sobre la que apoyarme. Lo único que me gustaría cambiar por A son cosas pequeñas. [*Le pedí un ejemplo.*] Mi madre nos enseñó a patinar sobre hielo. Pero no a esquiar. Así que ahora me dan pánico las pistas de esquí, mientras que, si hubiera aprendido de pequeña, seguro que disfrutaría. Pero eso no tiene importancia, en realidad, y seguramente yo también me dejaré cosas en el tintero. (A, 5 meses.)

Esta generosidad a la hora de ejercer el turno de madre no siempre se da hoy en día. Ello parece formar parte de un cambio social reciente. David Elkind publicó en 1981 un libro con el esclarecedor título de *The Hurried Child: Growing Up Too Fast Too Soon* [El niño apresurado: crecer demasiado rápido, demasiado pronto]. En él comentaba:

> La noción de infancia, tan esencial para el modo de vida estadounidense tradicional, se halla en peligro de extinción en la sociedad que hemos creado. [...] Si la crianza de los hijos conlleva necesariamente estrés, metiéndoles prisa para que crezcan, o tratándolos como adultos, confiamos en aliviar en parte el peso de nuestra preocupación y nuestra ansiedad y en recabar su ayuda a la hora de sobrellevar la carga que supone la existencia.[99]

Existen pruebas sobradas de que, en la actualidad, muchos niños no tienen la oportunidad de ejercer su turno como tales. Se les impone desde muy temprana edad una enorme presión para que sean autosuficientes, para que busquen consuelo en sí mismos, para que comprendan y perdonen las flaquezas de sus mayores. Pero la infancia es, indudablemente, al menos aquí, en Occidente, una época de la vida que han de proteger padres experimentados que permitan a sus hijos crecer sin prisas e ir asimilando paso a paso la enorme complejidad de la vida adulta contemporánea.[100]

> Nuestra sociedad me parece que tiene muy poco respeto a los niños. Hay tantas cosas que O no debe hacer. Vayamos donde vayamos, siempre hay cosas que O no puede tocar, ni explorar. Casi no hay ningún sitio al que podamos ir y O pueda comportarse como es él. Es tan difícil. Yo sólo quiero respetar a O por ser como es, un niño, para que se sienta respetado y respete a los demás. (O, 21 meses.)

Si no damos tiempo a nuestros hijos para que se comporten como niños, estamos perdiendo la oportunidad de crecer como madres. Y ello también va en detrimento nuestro. «Nosotras, tanto como nuestros hijos, salimos perdiendo si no somos capaces de rendirnos al amor materno», escribía Brenda Hunter en su obra *The Power of Mother Love* [El poder del amor materno].[101] Pero ¿qué es lo que perdemos? ¿Qué clase de turno ejercen las madres?

Una madre que había contratado a una niñera para poder trabajar por su cuenta comentaba:

> Puedes dejar tu trabajo y no importa tanto, ni muchísimo menos, como se piensa. Puede hacerlo otra persona, aunque no lo haga tan bien como tú. Pero si tienes que dejar a tu bebé, él nota la diferencia inmediatamente, y a él sólo le vales tú. (A, 4 meses.)

Esto puede generar una presión que no agrada a todas las mujeres.

> ¿Qué nos pasa? Las madres somos necesarias. ¿Tan difícil es ser necesaria? ¿Tanto cuesta estar ahí si tu hijo te necesita? Si nos cuesta tanto es porque nos pasa algo. Estar ahí es primordial. Si no estamos ahí, nuestros hijos se sienten abandonados. A mí me gusta estar ahí para mis hijas. Sé que no soy perfecta. Pero soy su madre. (A, 3 años; A, 15 meses.)

Cualquier puesto de responsabilidad nos hace visibles y evidencia, por tanto, nuestras imperfecciones. Pero también nos brinda la oportunidad de desarrollar mucho más nuestro potencial. Ejercer nuestro turno como madres puede enseñarnos, sobre todo, que somos capaces de gestionar cómo amamos.

Las madres aprendemos que el amor no tiene por qué ser sinónimo de gestos de entrega grandilocuentes que nieguen nuestras propias necesidades vitales. La sucesión de turnos, mínima y cotidiana, es un buen modo de amar. Gracias a ella, las madres no acumulan resentimiento por la desigualdad de la relación con sus hijos. Incluso en el caso de los intercambios más nimios, una madre puede sentirse extenuada por haber entregado sus energías a su bebé en grado excesivo. Su descontento quizá la alerte, sin embargo, de la necesidad de revisar lo que está haciendo y de regular sus prácticas cuando sea necesario.

Esta forma de amar, más equitativa, permite que tanto madres como bebés se sientan seguros cuando comparten sus vidas íntimamente. Y para crear una relación íntima con su bebé, una madre necesita sentirse suficientemente segura.

10

«No sé relacionarme íntimamente»

¿Son sinónimos amor e intimidad? No todo el mundo disfruta de la estrechez de una relación íntima.

Sí, las relaciones íntimas nos aportan algo especial. Evolucionamos como individuos a lo largo de toda nuestra vida. Pero nunca aisladamente. Otras personas nos sirven de inspiración y son clave para el desarrollo de nuestro potencial.[102] Seamos quienes seamos, vivamos donde vivamos, necesitamos a los demás para que hagan aflorar aspectos distintos de nuestro yo. Esto no podemos hacerlo por nuestra cuenta. Tenemos que estar hasta cierto punto unidos a otra persona para que suceda. Una relación íntima no es lo único que necesitamos, pero su falta puede hacernos sentir que la vida no tiene sentido. No es baladí, indudablemente, que muchas personas que expresan un sentimiento de futilidad parezcan no tener, además, ningún amigo íntimo con quien hablar.[103]

Elegimos cuidadosamente, en general, en quién confiamos para entablar una relación estrecha. Esto nos parece sensato, porque en un momento concreto una persona concreta puede transformar nuestras vidas. Sin embargo, la mera idea de sufrir una transformación puede generar desasosiego. Un adulto puede rechazar a otro más rápidamente de lo que pudiera pensarse. La intimidad depende de que ambas partes quieran asumirla.

Una vez iniciada, la intimidad recíproca no parece del todo reversible. Surgen dificultades y algunas relaciones se hunden. Pero, aunque podamos pelearnos y romper relaciones ulteriores con una persona «intratable», nos hemos abierto a ella hasta cierto punto, y no podemos cerrarnos del todo otra vez. Su influencia sigue siendo parte importante de nuestra historia personal.

La mayoría nos iniciamos en esta vía aprendiendo a intimar, aunque sea imperfectamente, con nuestras madres. Un recién nacido tiene una mirada de soledad peculiar. Aún no ha vivido una relación estrecha con otra persona. Ni siquiera los hermanos nacidos de partos múltiples parecen relacionarse entre sí como se relacionan con su madre.[104] La madre suele ser la persona que inicia a su hijo en las relaciones de intimidad.

La intimidad es, en su expresión más perfecta, una oportunidad para dar y recibir amor. En el peor de los casos, una madre puede servirse intencionadamente de ella o aprovecharla para causar dolor. Ninguna madre es perfecta, y es fácil herir a alguien accidentalmente. Sin embargo, si una madre crea con su hijo una primera experiencia de intimidad caracterizada por la generosidad, éste tendrá la oportunidad de descubrir lo que puede aportarle una relación estrecha con otro ser humano.

La intimidad no es un lujo. Como adultos, la necesitamos. Lo veo cuando me siento en el amplio local de una cafetería, al final de un día laborable. El local bulle, rebosante de conversaciones.

—¿Te has fijado en que tenemos un verdadero problema con Martin?

—La verdad es que me ha dado vergüenza ajena.

—Enseguida me di cuenta de adónde quería ir a parar.

Al fin, la oportunidad de bajar la guardia, de sincerarse y confiar los unos en los otros después de la tensa reserva del día. Por lo que puedo oír, se habla principalmente del efecto que surte una persona sobre los demás. Seguramente, ninguna de estas manifestaciones es una muestra de verdadera confianza. La gente disfruta manteniendo conversaciones íntimas y relajadas para recuperarse al final de un día de trabajo.

Me pongo cómoda e intento imaginarme a cada adulto como si fuera un bebé en la fase preverbal. Todos han tenido que ser bebés. La idea me hace pestañear de asombro. Son personas animadas y lúcidas. Y, sin embargo, hace mucho tiempo, ninguna de ellas sabía hablar, y menos aún expresar pensamientos íntimos. La mayoría debe a su madre el haber dado sus primeros pasos en el camino hacia la expresividad.

¿Cómo aprenden las madres a entablar una relación de intimidad con sus bebés? ¿Hay alguna directriz que seguir? Parece que no, porque aunque las madres existen desde hace miles de años, no han creado ningún reglamento maternal. ¿Se debe ello a un descuido? ¿O acaso sugiere su largo silencio que no hay reglas para esto, y que cada madre es capaz de encontrar su propio camino?

> En mi trabajo, soy muy organizada. Me gusta escoger mis objetivos y planificar mi futuro a partir de ellos: el primero, el segundo... Pero con las relaciones es distinto. Para P y para mí, no tengo metas. Así que, con O, actúo de oído. Y ha sido todo muy fácil, de momento. (O, 3 meses.)

Muchas madres, en cambio, se sienten mucho menos seguras.

> No sé relacionarme íntimamente. Puedo hacerle la comida, bañarla y... Pero no relacionarme íntimamente con ella. [*Un brote de llanto.*] Supongo que conmigo nadie lo hizo. (A, 18 meses.)

Debió de ser muy duro para esta madre intentar estrechar lazos con su hija si careció de esta experiencia. Yo veía, sin embargo, que su hija corría continuamente en su busca y que, obviamente, se sentía unida a ella. Quizá, tratándose de un niño pequeño, preparar la comida y el baño sea un modo de entablar una comunicación estrecha. La intimidad puede darse inesperadamente, sin que ninguno de los implicados lo intente. No es preciso, desde luego, que una madre se limite a ideas preconcebidas respecto a cómo han de ser las relaciones de confianza.

Para esta madre en concreto debía de ser difícil, además, preparar la comida o el baño. Estaba enferma y empleaba a una niñera para que la ayudara. Un día le pregunté a la niñera qué tal le iba. Contestó: «A ya confía en mí. Lo pasamos muy bien juntas. Pero a veces necesita a su mamá, es así de sencillo». Indudablemente, esas ocasiones ponen de manifiesto la intimidad entre madre e hija.

Las madres no son conscientes de lo mucho que saben. Son observadoras sutiles, porque pueden aproximarse a sus bebés mucho más que cualquier estudioso o espectador. Recomponiendo algunas de sus observaciones podemos empezar a hacernos una idea más amplia de cómo se inicia esta relación de intimidad.

Los meses de embarazo parecen ser, como hemos visto en las páginas 74-76, una suerte de preludio a la intimidad. El momento del parto es íntimo de por sí, porque el cuerpo de la madre se abre y el bebé emerge de dentro de ella. El parto no sólo abre físicamente su cuerpo. También parece prepararla para abrir su yo esencial, a la espera de recibir a su bebé.

Cuesta describir el momento del parto sin dar la impresión de que éste ha de vivirse siempre como lo vivió una. Algunas madres viven el parto como algo aterrador. Para otras, en cambio,

es una experiencia emocionante. «La flor se abre. Gruesos péta-
los se separan», escribía Sheila Kitzinger en su poema *A Celebration of Birth* [Elogio del parto].[105] Otra madre decía: «Dar a
luz es un acto espiritual. Ojalá hubiera podido parir en una iglesia». Otra se mostraba más prosaica: «Dar a luz es lo único que
me ha dejado sin habla. Normalmente, hablo sin parar. Cuando
parí, fue un *shock*. ¡No pude decir ni una sola palabra!» Estas tres
mujeres intentaban describir un momento trascendental, y cada
una de ellas lo expresaba a su manera.

La primera impresión que una madre recibe de su hijo se
compone, por lo común, de su llanto, su tacto y su apariencia.
Recuerdo, no obstante, que el olor era también una parte importante. No suele hablarse de los olores. Sería muy útil recabar
detalles precisos del impacto del olor durante los primeros momentos de relación con nuestros bebés.

El recién nacido puede conocer a su madre mejor de lo que
ella lo conoce a él. Como feto, la conocía desde dentro. Tuvo
que acostumbrarse a su forma de reaccionar ante los acontecimientos, al ritmo cambiante y a la tensión de sus movimientos.
Oía las voces de sus padres. No es lo mismo que verlos, pero sin
duda lo prepara para conocerlos. A nosotros nos cuesta imagi-
narlo. Tendríamos que «rebobinar» la inmensa base de datos de
nuestras relaciones personales para intentar recordar qué sentimos en el vientre materno. Ver a nuestra madre es algo que, lo
mismo que respirar, empezamos a hacer desde el nacimiento, y
nos acostumbramos a ambas cosas tan rápidamente que cuesta
recordar cómo aprendimos a hacerlo.

Muchas madres recuerdan la inmediatez del contacto visual.
Sheila Kitzinger, que tiene cinco hijas, relata una secuencia en
la que una recién nacida ha tenido tiempo de relajarse después
del alumbramiento: «Luego abre los ojos y te mira directamente.
Sientes una sacudida de sorpresa y de alegría. Ya no es sólo "el

bebé". Es una persona. [...] Es el primer encuentro».[106] Frederick Leboyer, que asistió a numerosos partos y escribió *Por un nacimiento sin violencia*, describe la expresión del recién nacido: «La primera mirada es inolvidable. Inmensos, profundos, graves, intensos, esos ojos parecen preguntar "¿Dónde estoy? ¿Qué me ha pasado?" [...] Cobramos conciencia de que, sin duda alguna, hay ahí una persona».[107]

Resulta revelador observar el comportamiento de los recién nacidos a través de las fotografías. El libro de fotografías *The Social Baby* [El bebé sociable], del que es coautora Lynne Murray, documenta gestos de los recién nacidos que las madres han de haber presenciado desde hace miles de años. Hay quien afirma que a un recién nacido sólo le interesa alimentarse. Las fotos de este libro cuentan una historia bien distinta. Una serie de instantáneas muestra cómo una matrona acercaba a un recién nacido llamado Ethan «al pecho, pero a él no le interesa comer; sólo quiere mirar la cara [de su madre]. Ethan vuelve a mirar atentamente a su madre. Cuando [ella] le habla, su cara se vuelve más móvil y expresiva». Por las horas impresas en las fotografías podemos ver que Ethan había nacido hacía apenas diez minutos.[108]

Una madre puede mirar a su recién nacido cuando lo tiene en brazos, y él puede mirarla a ella.

Cuando A se despierta, parece venir de muy lejos. Parece un animalillo. Ni siquiera te mira a los ojos. Y yo pienso adónde ha ido. Luego me mira y es como si volviera. Me mira directamente a los ojos, como de alma a alma. (A, 2 meses.)

Al principio, me miraba con esa cara de pasmo. Parecía que sus ojos no tenían expresión, que no se movían. Una persona adulta, normalmente reacciona al verte. Creo que a mí me asustaba un poco. (O, 3 meses.)

M: Cuando O era más pequeño y le daba de mamar, veía que me miraba a la cara. Solamente... me miraba, sin pestañear. Hacía que me sintiera muy responsable.

Yo: ¿En qué sentido?

M: Bueno, soy la cara que mira O. (O, 4 meses.)

Puede resultar violento que alguien escudriñe nuestra cara día tras día. Desearíamos, quizá, poder retocar nuestra apariencia como la fotografía de un personaje famoso, para estar siempre impasibles y sonrientes. Pero lo cierto es que no tenemos mucha privacidad. Tenemos que mostrar nuestra verdadera cara, en los momentos buenos y en los malos. Nuestros ojos, en especial, expresan nuestras emociones en todos sus matices para que el bebé pueda verlas.[109] Se diría que los niños aprenden a interpretar las expresiones faciales observando los sutiles cambios en el semblante familiar de sus madres. Este proceso parece prepararlos para comprender los signos no verbales antes que los verbales. (Véase el capítulo 4.)

No hay, sin embargo, receta alguna para estrechar lazos de intimidad con un bebé. La mirada mutua no es esencial. Las madres ciegas, los bebés ciegos y otras madres y bebés encuentran formas distintas de entrar en comunicación.

Mi hijo nunca me miraba a los ojos. Y sigue sin hacerlo. Otras madres me decían: «Nos miramos a los ojos y es precioso». Yo pensaba: «¿Qué estoy haciendo mal?» Pensaba que tenía que conseguir que O me mirara a los ojos. Pero ahora ya no me importa. De pronto me di cuenta de que nos comunicamos un montón. (O, 3 meses.)

Dicho de otra manera: la madre y el bebé comienzan a interactuar mediante combinaciones muy distintas de gestos, a través de la mirada, el tacto y el oído, oliéndose el uno al otro y también saboreándose, si el recién nacido está lactando.

Así pues, ¿qué es una persona? ¿Cómo hace comprender un recién nacido a su madre que no es solamente un bebé, sino un individuo? Una madre intentaba explicarlo, a pesar de que su hija ya no era recién nacida:

> *M*: A es una persona de verdad.
>
> *Yo*: ¿En qué sentido?
>
> *M*: Pues... no sé. Suena raro, pero es independiente. Quiero decir que depende de mí para muchísimas cosas, pero es como..., como si saludara a las cosas. Es su idea fija. Si algo le gusta, lo saluda con la mano. A veces la veo saludar y no sé a qué está saludando. Pero está claro que es un saludo, no un gesto al azar. Demuestra que tiene su propio mundo. Ella no conoce todo mi mundo, por supuesto, y yo me doy cuenta de que tampoco conozco el suyo por completo, ni lo conoceré nunca. (A, 10 meses.)

Una persona es, por tanto, alguien con ideas propias, que toma decisiones y elige de manera autónoma. Alessandra Piontelli pensaba en estos mismos términos cuando hacía sus observaciones de bebés en el vientre materno, pioneras en el campo de la ecografía.

> Dejé de ver a los fetos como no-personas, pues cada uno de ellos parecía ser ya un individuo con personalidad propia, con sus preferencias y reacciones peculiares.[110]

Después del parto, muchas madres comentan lo pensativos que parecen sus bebés, como si estuvieran procesando una cantidad ingente de impresiones. Sus ojos se mueven bajo los párpados incluso cuando duermen, lo cual sugiere que están soñando. Aunque físicamente dependientes, se diría que tienen ideas propias.

Las madres podrían cuestionar la teoría filosófica, muy extendida, de la *tabula rasa*, la pizarra en blanco, cuya antigüedad se remonta a Aristóteles. En el siglo XVII, el pensador John Locke, heredero de esta tradición filosófica, aseveraba que los bebés vienen al mundo desprovistos por completo de ideas: «Un feto en el vientre materno no difiere mucho, en cuanto a estado, de un vegetal; pasa, empero, gran parte de su tiempo sin percepción ni pensamiento algunos, haciendo apenas nada».[111] Locke opinaba que los bebés adquieren ideas tras su nacimiento, mediante la acumulación de experiencias. Fue un rasgo de brillantez por su parte cuestionarse cuándo empezamos a tener ideas. Su nítida respuesta influyó en el pensamiento posterior durante siglos. No se le ocurrió, sin embargo, preguntar a las madres. Sin duda ellas podrían haber arrojado luz sobre esa cuestión.

Todavía hoy hay personas que hablan de los bebés no como pizarras en blanco, pero tampoco exactamente como personas. Admiran su piel suave, sus gorgoritos, su aspecto «delicioso», tan «apetitoso» que «dan ganas de comérselos». En conversaciones de este tipo tiende a pasarse por alto que un bebé podría tener ideas y sentimientos propios.[112]

Otro modo de hacer caso omiso de la persona de un bebé es relacionarse con él como si fuera posesión exclusiva de la madre. Es, sin duda, hijo de su madre, pero también es otras cosas.[113]

Esto significa que no todos tenemos las mismas experiencias de partida. A algunos se nos trata como a personas desde el principio, mientras que otros tienen vivencias más desiguales. No es posible, en cualquier caso, que una madre entable una relación verdaderamente afectuosa e íntima con su hijo si no lo reconoce como persona.

Pero, en el caso de que lo reconozca como tal, ¿hace lo mismo el bebé con ella? Es difícil contestar a esta pregunta, si bien se ha especulado sobre ello. A los adultos nos cuesta imaginar lo que experimenta un bebé. Es interesante, sin embargo, escuchar lo que dicen las madres. Puede que, pasadas sólo unas semanas, una madre diga: «A ya me conoce de verdad», o bien «Mi hijo y yo tenemos largas conversaciones». Ello pone de manifiesto que ya sienten que el entendimiento es recíproco.

El psicoanalista René Spitz observaba que las madres hacían algo fundamental para establecer comunicación con sus bebés. Pero ¿qué era? Tenía la humildad de reconocer que no lo sabía.

> Lo que ocurre dentro de la díada [*madre e hijo*] sigue siendo un misterio. ¿Cómo se explica, por ejemplo, la manera casi clarividente en que una buena madre parece intuir las necesidades de su bebé, comprender a qué obedece su llanto o qué es lo que balbucea? Hablamos de intuición maternal, de inteligencia materna, pero en el fondo sabemos muy poco de lo que sucede en su fuero interno en este sentido.[114]

¿Estamos más cerca de comprender este fenómeno? ¿Qué calificativos son los más acertados para describir la relación de una madre con su hijo? Solemos seleccionarlos entre una gradación de posibilidades: íntima/distante, abierta/cerrada, cálida/fría, tierna/dura, ligera/pesada, etcétera. Cabe suponer que una madre sensata preferirá un punto intermedio entre todos estos extremos. Que escogerá distancia y apertura medias, tibieza, dureza sólo regular, y así sucesivamente. De ese modo podrá afirmar que se relaciona con su hijo desde una posición equilibrada o incluso neutra.

Pero no es eso lo que hacen las madres. Lo normal es que una madre abrace a su hijo plenamente, en contacto con su cuerpo cálido. Que su contacto tienda a ser lo bastante firme para proteger al bebé, y sin embargo lo bastante sutil para adaptarse a los movimientos del niño. Que su voz suene tierna y suave. Que sus ojos se dilaten, llenos de ternura. El aliento de un bebé suele oler a dulce, y yo me pregunto si el aliento de una madre también le huele dulce a su bebé. Normalmente, las madres empiezan por el extremo más cálido, tierno y suave del espectro.

El origen mismo de la palabra «intimidad» se halla en dicho extremo. *Intimus* es el superlativo latino de la preposición *inter*, que significa «entre». Una relación íntima parece ser, pues, la que se da con mayor intensidad entre dos personas. «Intimidad» no es, por tanto, una palabra neutra, ni equidistante.

Puede que eso precisamente sea lo que siente un recién nacido. Si la madre lo amamanta, seguramente tiene que sostenerlo pegado a ella, al calor de su pecho. Muchas madres que dan a sus bebés leche en polvo lo hacen también instintivamente. Los bebés necesitan comer con frecuencia para sobrevivir, de día y de noche. Debido a ello, muchos bebés comienzan a vivir pegados al cuerpo de sus madres cada vez que se alimentan. De este modo, el intercambio de sensaciones entre ellos puede darse en su grado superlativo. Es indudable que estos bebés comienzan con muy buen pie el aprendizaje de la intimidad.

La relación madre-bebé no es una relación entre iguales. Un recién nacido está empezando. No siempre querrá quedarse pegado a su madre. Su relación irá cambiando con el tiempo. Esta primera fase, sin embargo, puede hacerse muy cuesta arriba para algunas madres, que quizá se sientan atrapadas por una cercanía tan estrecha. A fin de cuentas, mediante esta cercanía, sus bebés están aprendiendo a conocerlas. Y los adultos dan por sentado, en general, que las personas que los conocen también los juzgan. Puede costar algún tiempo comprender que los bebés carecen de puntos de comparación para emitir tales juicios.

Ambas partes deben ser sinceras entre sí, no obstante. El engaño y la mentira son enemigos de la intimidad. Ello no es problema en el caso del bebé, porque es demasiado pequeño para decir mentiras. Pero no así la madre, cuyo pensamiento es más sofisticado y tal vez, incluso, le resulte penoso ser sincera consigo misma. Los bebés, sin embargo, nos ven, nos oyen, nos huelen, nos saborean y nos sienten. Mediante sus sentidos, llegan a conocernos de verdad. Seguramente acaban conociendo nuestras reacciones físicas tan bien como nosotras mismas, como mínimo. En este sentido, el intercambio es siempre fiel a la verdad.

> Alguien me dijo que siempre tienes que ser sincera con tu bebé. Y funciona. Una vez, cuando O1 era pequeño y estaba llorando, yo le sonreía e intentaba calmarlo. Le decía: «No pasa nada. Te vas a poner bien». Pero no era la verdad, porque no era eso lo que yo sentía. En realidad estaba asustada porque no sabía qué hacer. Al final le dije: «Lo siento, pero no sé qué hacer». Porque era la verdad. ¿Y sabéis qué? Que inmediatamente dejó de llorar. (O1, 4 años; O2, 7 meses.)

Ser sincera ayuda a la madre a sentirse relajada con su bebé. Esto puede resultar desconcertante para la madre que cobra conciencia de ello por primera vez y que quizá nunca antes había tenido una relación tan íntima con otra persona.

La intimidad se vuelve más compleja a medida que los niños crecen y aprenden a manejar formas de comunicación más sutiles. La intimidad no resulta fácil ni siquiera para adultos con experiencia. Depende de la comprensión de las señales que se intercambian con el otro. ¿Quién de nosotros posee un entendimiento infalible? Indudablemente, hasta nuestras relaciones de mayor confianza están repletas de errores y malentendidos. ¿Quién no ha interpretado erróneamente un instante de silencio por una muestra de censura o frialdad? ¿Cuántas veces hemos intentando transmitir un mensaje sencillo, y la persona con la que estábamos hablando lo ha descifrado al revés? ¿Quién no se ha arrepentido nunca de haber dicho algo, o de no haberlo dicho?

A veces se habla de la intimidad como si fuera un valor absoluto, una especie de interruptor eléctrico que hay que pulsar a fondo para que se mantenga encendido a plena potencia. Si es así como se entiende la intimidad, no es de extrañar que algunas personas afirmen que no les gusta. No obstante, cuanto más analizamos las relaciones íntimas, más complejas y sutiles nos parecen. Se diría que dependen de nuestra capacidad para utilizar un «regulador lumínico» o un «control de volumen» con el que graduar la cantidad de luz o sonido deseada. Ambas partes descubren el arte de regular la cantidad de intimidad hasta el nivel que se perciba como adecuado para una situación dada.

En el caso de una madre, este control de volumen se traduce en la posibilidad de que a veces deje vagar sus pensamientos mientras sostiene en brazos a su bebé. Del mismo modo, puede estar físicamente muy lejos y sin embargo sentirse hondamente conectada con su hijo. Hay multitud de variaciones posibles.

¿Es únicamente la madre la que puede servirse de este control de volumen, o los bebés también pueden elegir? A primera vista, puede parecer que un recién nacido no tiene alternativa. Pero una observación más atenta demuestra que incluso un bebé recién nacido es capaz de aumentar o reducir el contacto con su madre.

En el libro *The Social Baby*, texto e imagen muestran cómo los recién nacidos son capaces de reducir el contacto si se sienten agobiados. Isabelle, por ejemplo, tiene una semana de vida: «Cuando Liz [una adulta] se acerca demasiado a ella, su expresión cambia y se hace más seria, frunce el ceño, hace muecas y se vuelve al tiempo que cierra los ojos. Si Liz sigue intentando entablar contacto con ella, Isabelle se revuelve con determinación, sin abrir los ojos».[115]

Algunas madres aprenden a ver y a tener en cuenta las señales que reciben de sus hijos. Se retiran cuando sus bebés se muestran incómodos. Si una madre aprende a hacer esto, se produce una adaptación tan sutil que tal vez ni ella ni los adultos que la rodean se percaten de su logro. Ha dado, sin embargo, un paso crucial a la hora de ayudar a su bebé a disfrutar de una relación que, de otro modo, podría resultarle abrumadora.[116]

Si madre y bebé se acostumbran a tener en cuenta las señales de cada uno, aprenden a entenderse y a adivinarse. Crean multitud de acuerdos tácitos, dando por sentado que el uno hará tal cosa mientras el otro hace otra. Esto les permite convivir en un «nosotros» sincronizado. «Nosotros lo hacemos todo juntos», dicen las madres. No quiere decirse con ello que ambos hayan subsumido su individualidad. Siguen siendo individuos pero, al igual que los corredores que se dan buena maña en una carrera a tres pies, han logrado sincronizarse lo suficiente para avanzar en armonía, unidos el uno al otro. Se han convertido en un equipo en marcha.

> Estoy convencida de que los bebés te entienden. Una vez, en los primeros días, estaba tan cansada que no sabía qué hacer. A estaba llorando y le dije: «A, estoy tan cansada que no puedo más». Y de pronto, sin saber cómo, nos despertamos las dos, porque las dos nos habíamos quedados dormidas. (A, 2 meses.)

> Me avisa cuando algo le supera y necesita mi ayuda. Se vuelve hacia mí. (O, 6 meses.)

> Ahora ya sé interpretar las señales de O, como cuando una noche se despertó agarrándose la oreja, y me di cuenta de que quería decir que le dolían los dientes y necesitaba que lo consolara. Le acaricié y se quedó tranquilo. (O, 9 meses.)

Cuando madre y bebé comienzan a entenderse, los pequeños momentos de la vida cotidiana se convierten en un placer para ambos.

Esperaba querer a mi hija. Pero no esperaba que fuera a caerme bien. He descubierto que me cae bien. Me gusta estar con ella. Me lo paso muy bien. Ya me ha hecho reír cinco o seis veces esta mañana. (A, 9 meses.)

Nos gusta salir juntas por ahí. Esta mañana tomamos el tren. A mi hija le encanta ir en tren. Luego fuimos al parque y a la zona de juegos y nos lo pasamos en grande. A y yo nos «pillamos» la una a la otra. Yo la «pillo» a ella y ella, evidentemente, también me «pilla» a mí. Cuando vamos a salir, va a buscar mis zapatos y mi bolso. Me hace reír. Y yo a ella también. (A, 19 meses.)

Hablar de relación íntima parece evocar la imagen de una pareja acaramelada que está siempre en mutua sintonía. Sin embargo, no parece que esto sea así. Puede haber momentos de armonía, afortunadamente. Pero es más frecuente que surjan malentendidos incluso entre dos personas que se conocen bien. A veces, la madre no consigue que su bebé comprenda lo que está haciendo:

Ha habido un par de veces en que tenía prisa por llegar a algún sitio y A no lo entendía. Ella quiere seguir a lo suyo. Así que cada una tira por un lado. Entonces sí que nos distanciamos. (A, 7 meses.)

A veces hace falta tiempo para que una madre deduzca de qué se queja su compañero de equipo.

Está claro que O tiene un umbral de aburrimiento. Antes, lo ponía en su sillita por las mañanas y me ponía a trajinar de acá para allá, preparándome el desayuno. Pero ahora, cada vez que me siento a desayunar, noto que está harto. Así que lo siento encima de mí mientras como. Pensándolo bien, puede que sea eso lo que quiere: ver lo que estoy haciendo. Le gusta verme comer. Le interesa mucho. (O, 3 meses.)

M: O siempre lloriquea así cuando está cansado.

Yo: ¿Sientes que te está regañando?

M: Pues sí. Siento que está lloriqueando porque piensa que soy una mierda de madre por no ayudarlo a dormirse. Siento que está enfadado conmigo. [*Estrechándolo contra su pecho para intentar calmarlo al tiempo que lo acunaba rítmicamente; el bebé, por su parte, se retorcía entre sus brazos.*] Aunque la verdad es que no creo que esté enfadado. Ahora que lo pienso, creo que eso es lo que oigo yo. Lo siento como un enfado. Pero puede que él esté sintiendo algo muy distinto. Estoy segura, de hecho.[*O se relajó y se acurrucó junto a su cuello. La madre añadió sorprendida:*] ¡Eso no lo había hecho nunca! (O, 7 meses.)

La intimidad es compleja y sutil. Para quien la observa desde fuera, puede parecer que madre e hijo están a gusto. Desde lejos, su relación parece verde y uniforme como un campo de hierba. Sólo cuando se cruza el campo se empiezan a sentir de verdad los agujeros y los baches constantes. Normalmente no hay mucho terreno llano.

Al principio, la continuidad es crucial. Madre y bebé necesitan estar juntos mucho tiempo para que pueda desarrollarse su relación. Si una madre se ve obligada a reincorporarse pronto al trabajo, este proceso puede ralentizarse y hacerse más difícil. El hecho de que las empresas ofrezcan contratos con periodos de baja cortos indica lo poco que se entiende y se valora esta relación.

Es preciso respetar el «factor equipo». Madre y bebé están aprendiendo a confiar el uno en el otro y a comunicarse entre sí. Han empezado a descubrir qué pueden esperar el uno del otro. Para los demás es fácil sugerir cosas que obvian por completo el sinfín de señales íntimas en las que ambos ya se han puesto de acuerdo. Es muy típico que una persona bienintencionada se ofrezca a dejarte «descansar del bebé», sin pararse a pensar si la madre lo desea de verdad. No todas las madres lo desean.

Ayer, mi suegra se llevó a O a dar un paseo de dos horas. O nunca ha pasado tanto tiempo separado de mí. Pero se empeñó. Dijo que con ella estaría bien y se lo llevó. Para mí fue un desgarro total. Lo notaba en todo el cuerpo. Y creo que O también. Mi suegra me dijo que se pasó media hora llorando. Le pregunté que por qué no había vuelto, y me dijo que el niño se quedó profundamente dormido a la media hora. Yo me llevé un buen disgusto. Pensé que seguramente se había dormido de desesperación. (O, 3 meses.)

A veces, las madres calculan mal:

No te das cuenta de lo unidos que están a ti hasta que pasa algo. O estaba dormido y pensé que quizá me daría tiempo a ir a comprar en un momento. Sabía que no debía, pero O nunca se despierta. Así que se lo dije a P y a A y me fui. P me llamó cuando faltaban cinco minutos para que llegara a casa. Oí a O llorar por el móvil. Nunca había llorado así, nunca. Cuando llegué a casa estaba desquiciado. Ni P ni A habían podido calmarlo. Sólo quería estar conmigo. (A, 3 años; O, 6 meses.)

Pero ¿acaso no se alegran las madres de poder pasar algún que otro rato alejadas de sus bebés? ¿No se sienten atrapadas con el cuidado constante de sus hijos? Algunas madres, desde luego, se expresan en estos términos. Pero no debemos suponer que es así en todos los casos.

Notaba que me hacía falta un descanso y decidí pedirle a P que cuidara de A el fin de semana para poder salir a correr un rato por el parque. Pero, después de imaginármelo, llegué a la conclusión

de que en realidad no quería. Sólo me gustaba tener esa posibilidad. No quería otra cosa. (A, 3 meses.)

En cierta ocasión, llevé a una reunión un artículo de *The
Observer* escrito por Geraldine Bell[117] que pensé podía animar
a las madres a expresar en voz alta sus sentimientos negativos.
Leí un pasaje en el que, entre otras cosas, se decía: «Estar constantemente con los hijos puede ser muy aburrido, agotador y
frustrante».

> *Primera madre*: Ser madre puede ser aburrido y... todas esas cosas
> que dice. Pero mucha gente piensa que eso es todo lo que es. Eso
> es lo único que ven. La verdad puede ser invisible para los demás.
> Sólo tu marido y tú lo veis. Están la alegría y la satisfacción que
> da tener a dos de los niños más preciosos del mundo. (A, 2 años;
> O, 8 meses.)
> *Segunda madre*: Sí, el impacto más fuerte que tuvo para mí la ma-
> ternidad fue descubrir cuánto quería a A. Si alguien me lo hubiera
> dicho, no lo habría creído. Me habría reído y habría pensado que
> eso eran cuentos de hadas. Soy tan feliz con A que no quiero pasar
> ni un momento sin ella. (A, 8 meses.)
> *Primera madre*: Aunque alguien se ofrezca a quedarse con tu bebé,
> le dices: «No, gracias». Yo creía que quería, pero la verdad es que
> no quiero pasar ni una sola noche lejos de mis hijos. Puede que den-
> tro de tres o cuatro años...

Hay muchas formas de amar, y esta conexión tan intensa no
conviene a todo el mundo. Pero es más común de lo que suele
pensarse. Si la relación es íntima, tanto la madre como el niño
pueden sentirse a gusto juntos y ponerse nerviosos cuando están separados.

Antes pensaba que O siente una angustia cuando estamos separados que no tendría por qué sentir. Yo siempre estoy ahí. Pero el

otro día estaba hablando con alguien en el parque y cuando miré no vi a O. No estaba por ninguna parte. Enseguida me entró el pánico [*señalándose el estómago*]. ¿Dónde podía estar? Fueron sólo unos segundos; luego, lo vi. Estaba detrás de algo, creo que de un árbol. Pero eso me hizo pensar que así es como se siente él cuando no me ve. (O, 16 meses.)

Un bebé se desquicia porque tiene una relación íntima con su madre. En cierta fase de su relación, se siente perdido sin ella. Pero ¿por qué? ¿Por qué no le sirve ninguna otra persona? ¿Qué han creado juntos madre y bebé?

Si una madre se relaciona con su hijo como persona, el hijo se siente relajado y a salvo con ella. De ahí que puedan darse momentos especiales de intimidad entre ellos. Hay ocasiones inesperadas en las que un instante parece abrirse como una flor y ensancharse. Se diría que la prisa habitual de la vida cotidiana se relaja. Para mí, estos momentos son como anchos mares de quietud, aunque puede que otra madre experimente lo mismo en medio del bullicio y el ajetreo. La intimidad no tiene por qué darse de un modo concreto.

Estos momentos inesperados se dan cuando madre e hijo están compartiendo algo sencillo. Y, sin embargo, parecen prodigiosos. Los bebés y los niños pequeños suelen ser mucho más abiertos que las personas mayores. Parece que es mucho más fácil que surjan momentos de especial intimidad con ellos que entre dos adultos. A veces, estos momentos son breves, pero intensos. Otras, la conexión es menos intensa, pero puede prolongarse algún tiempo.

Después del parto, se llevaron a O para limpiarlo; yo no quería que se lo llevaran, pero se lo llevaron de todos modos. Entonces oí llorar a un bebé. Miré a P y le dije: «Ése es nuestro hijo». Me habían hecho la cesárea y justo entonces tuve un momento de duda:

no sabía si de verdad quería tener un hijo. Volvieron a traer a O y primero se lo dieron a P. Después me lo pusieron en los brazos. O seguía llorando. La comadrona dijo que era bueno que los bebés nacidos por cesárea lloraran. Pero yo no soportaba oírle llorar. Le di un beso en la coronilla y le hablé, y lo besé muchas veces. Dejó de llorar. Fue uno de mis mejores momentos. (O, 4 meses.)

El otro día, A se rió. Yo estaba sentada en una pelota suiza azul, con ella en brazos, dando saltitos. Entonces di un salto muy grande. La oí soltar una carcajada y noté que se hinchaba su pecho. Me puse loca de contenta. Al día siguiente lo intenté otra vez, pero no funcionó. (A, 7 semanas.)

La primera vez que O sonrió, lloré. Fue hace meses, uno de los mejores días de mi vida. Primero empezó con los ojos, muy brillantes, y luego la risa se le pasó a la boca y las mejillas, y sonrió todo él. Fue una sonrisa tan bonita que di gracias por haber estado ahí. (O, 9 meses.)

Cuando volvía a casa, saludé a A con la mano porque la vi junto a la ventana y ella también me saludó. Después la vi muy pensativa. Le pregunté en qué estaba pensando y me dijo: «Te quiero, mamá». Fue increíblemente conmovedor. Pensé que era porque me había visto por la ventana, de lejos. (A, 2 años; O, 5 meses.)

A menudo, estos momentos son tan íntimos que las madres no pueden describirlos:

Pero las palabras que usas para decir lo que sientes por tus hijos suenan empalagosas. Hasta cuando hablas con otras madres. Lo que de verdad sientes no lo puedes describir. (A, 21 meses; O, 13 días.)

Quizá por ello no hay muchas descripciones impresas. El libro *El filósofo entre pañales* es una excepción. Su autora, Alison

Gopnik, intentó encapsular en él el amor maternal. Como especialista en psicología evolutiva, Gopnik dedicó la mayor parte de su libro a compendiar las investigaciones recientes acerca del desarrollo mental de los bebés. Pero la autora también es madre y de vez en cuando, movida por un arrebato, parece prescindir con impaciencia de su «voz de investigadora», porque, como madre, comprende absolutamente cuestiones que para un investigador resultan problemáticas.

De ahí que, en el apartado dedicado al amor, prorrumpa de repente: «Queremos a nuestros hijos por esas características peculiares que no podíamos prever: la intensidad de mi hijo mayor, su talento y su rígida seguridad en sí mismo; los rizos castaños de mi hijo mediano, su ingenio y su inteligencia; la sonrisa luminosa del pequeño, sus cálidos ojos azules y su sensibilidad».[118]

Luego se diría que releyó este pasaje y que se sintió descontenta con el resultado. «En realidad, esta enumeración tampoco consigue plasmarlo. Los quiero, sin más, no ya porque sean mis hijos, sino porque son Alexei, Nicholas y Andres». Se deja sentir el calor que rebosan estas palabras, dichas desde el corazón. Lo que ama la autora (lo que aman las madres) es la irreductible maravilla que es cada hijo en sí mismo.

¿Por qué son tan importantes estos momentos de amor? ¿Porque halagan nuestra vanidad? ¿Porque nos proporcionan una imagen agrandada de las virtudes de nuestros hijos y, por extensión, también de nosotras mismas? ¿O acaso porque se da y se recibe algo verdaderamente sincero? Cuando nos embelesamos con nuestros hijos, ¿estamos viendo algo auténtico en ellos como personas nuevas que son, algo que resulta fácil perder de vista en medio de los afanes de la vida cotidiana? Cuando nuestros hijos nos miran con arrobo, ¿nos están recordando, acaso, que nosotras también somos únicas y maravillosas? Cuántas veces no pensamos, al leer una nota necrológica o asistir a un funeral: «No sabía que esa persona fuera tan interesante». Nuestros hijos nos recuerdan así, oportunamente, que los vivos también son maravillosos.

Podemos pasar momentos deliciosos escuchando música, contemplando un amanecer o yendo a correr. Pero el intercambio entre dos personas, como entre un padre o una madre y un hijo, genera una energía misteriosa. Por un instante, cada uno puede ver de verdad la bondad del otro. La madre descubre que puede relajarse y dejar de vigilarse continuamente las espaldas, para ver si está a la altura de las otras madres. Tampoco está embarcada en una carrera constante por superarse a sí misma o hacer mejor a su hijo. Comprende que los dos se encuentran bien, así, tal y como están. Que no necesitan nada más.

Una madre puede ver que está ayudando a crecer a su hijo. Pero él también la está ayudando a ella. Cada niño posee el potencial necesario para despertar en ella algún atributo desconocido hasta entonces.

Antes yo era muy fiestera. El sábado pasado por la noche salí por primera vez desde que nació A. Primero le di de mamar para que se durmiera, y tardó más de lo normal. Luego me levanté, y la verdad es que me dieron ganas de tumbarme en el sofá, a recuperar un poco de sueño perdido. Pero me obligué a salir. Y me divertí. Pero fue como mirarme a mí misma desde el lado que no corresponde de un telescopio. Hablé de trabajo y bebí tres copas de vino blanco. Es muy poco, comparado con lo que bebía antes. Pero ahora estoy en una fase nueva de mi vida. Me siento distinta, no distinta del todo, pero he cambiado. Me alegré muchísimo cuando volví con A, y con mi otro yo. (A, 3 meses.)

M: Soy cantante, o lo era. Lo dejé cuando me di cuenta de que O necesitaba toda mi atención. Tardé un tiempo en acostumbrarme.

Fue raro habituarse a no tener esa afirmación al terminar un concierto, todos esos aplausos. Tienes que aprender a pasar sin eso.
Yo: ¿Cómo te las arreglaste?
M: [*sonriendo repentinamente*]: Te das cuenta de que no lo necesitas. (O, 4 años; A, 4 meses.)

La relación fluye constantemente. La intimidad con un bebé es más estrecha al principio. A fin de cuentas, el bebé comienza a vivir dentro del cuerpo de la madre. Poco a poco se van separando.

Durante los primeros tres o cuatro meses, las madres tienden instintivamente a coger a sus bebés de cara a ellas. Pasado ese tiempo, a menudo los vuelven hacia fuera para que tengan oportunidad de observar a otras personas. Más adelante, los bebés aprenden a gatear y pueden alejarse de sus madres a voluntad. Y las madres descubren que entre ellos sigue habiendo una conexión íntima, aunque sea menos física.

Antes, a A le gustaba que la cogiera en brazos y la acurrucara para dormir. Ahora le doy palmaditas en el pecho, y le encanta. Me agarra la mano con sus manitas. Espero que con el tiempo le baste con mi presencia para dormirse tranquila, y después sólo con pensar en mí. (A, 9 meses.)

Mi hijo ya es muy independiente. Me dice: «Mamá, quiero jugar con [*el vecino*]. Voy a bajar las escaleras, a cruzar su verja, a subir sus escaleras y a llamar al timbre. No quiero que vengas conmigo. No digas que vas a ir a tomar una taza de té». (O, 4 años; A, 3 meses.)

Cuando los niños están preparados para disfrutar de la compañía de otros niños, las madres observan una nueva evolución.

Primera madre: En la guardería, cuando llora otro niño, A siempre es la primera en abrazarlo y decirle: «No pasa nada. No llores. Yo estoy aquí. No va a pasarte nada». (A, 2 años; O, 2 meses.)
Segunda madre: A es igual: «No llores. Yo te ayudo. No pasa nada». (A, 4 años.)

A medida que crecen, los niños pueden hacer extensiva la intimidad que han conocido en casa a sus amigos del colegio. Y los niños que han conocido la intimidad en casa eligen con esmero a sus amigos. No estrechan lazos con todo el mundo. A menudo, esto les complica mucho la vida. Son niños que se preocupan profundamente por sus amigos, que dan la cara por ellos, que exigen equidad y justicia y se niegan a transigir. Puede ocurrir que una madre compare a su hijo furioso con otro de carácter más dócil y que piense que ha educado mal al suyo. Pero la mayoría de los niños se fortalecen si aprenden a mantenerse en sus trece y a insistir en que se los escuche. Están aprendiendo a ser amigos leales.

Físicamente, los niños crecen a trompicones. Las madres suelen hablar de rachas de crecimiento parecidas en lo referente a la independencia.

A y yo estamos muy en sintonía. Pero hace unas semanas no lo estábamos. Ella no paraba de llorar y nada de lo que yo hacía parecía mejorar las cosas. Parece que es algo cíclico, porque ahora volvemos a estar en armonía. Pero lo que quiero saber es si ahora es capaz de expresar con más claridad lo que quiere. O si es que nosotros la entendemos mejor. La respuesta es: ambas cosas. Hace falta tiempo, nada más. Tendré que tenerlo en cuenta la próxima vez. (A, 14 meses.)

Los niños de más edad parecen valorar el tiempo cuando pueden estar de nuevo apegados a sus madres. Puede que suene obvio. Pero antes me asombraba escuchar con cuánta frecuencia me decían las madres que no conseguían que sus hijos pequeños se durmieran por las noches. Así que empecé a preguntarles qué hacían sus hijos.

Primera madre: Si O no quiere dormirse, no se duerme. Sigue contándome cosas y usando todas las palabras nuevas que ha aprendido. (O, 12 meses.)

Segunda madre: A mi hija también le encanta hablar. No le gusta irse a la cama. No le gusta estar sola, así que me tumbo con ella y a veces me quedo dormida antes que ella. Una noche, oí que hablaba sin parar, y luego noté que me tapaba con una manta y me arropaba bien. (A, 4 años.)

Cuando me llevo a A a la cama, después del cuento y la canción, le encanta hablar. Últimamente me pregunta mucho por lo que significan las letras de alguna canción, y normalmente no sé qué contestar. Nunca me había parado a pensar en las letras. He estado pensando en esas conversaciones y creo que son el único momento en todo el día en que A tiene toda mi atención. Ya me había fijado en lo paciente que es durante el día. Gracias a eso me he dado cuenta de que ese momento es importante para ella. Si no, quizás habría pensado que sólo estaba remoloneando. (A, 3 años; O, 7 meses.)

Una madre se quejaba de que ya no podía darse un baño a solas porque sus hijas, ambas en edad escolar, entraban inmediatamente en el baño y se ponían a hablar con ella. Sus palabras hicieron rememorar situaciones parecidas a varias madres presentes en la reunión:

A mí me encantaba hablar con mi madre en la bañera.

Siempre entraba y me ponía a hablar con ella cuando se estaba ba-
ñando.

Es un momento íntimo. Está desnuda y parece una situación muy
especial.

Da la impresión de que, para un niño, es muy valioso tener
un momento de intimidad para hablar con su madre.

Una vez establecida la intimidad entre madre e hijo, ¿queda fi-
jada su relación para siempre? ¿O cualquiera de ellos puede en-
cenderla y apagarla a voluntad? Se trata de una cuestión compleja. Opino que la verdadera intimidad ha de durar de por vida
y no es reversible, aunque los hijos quieran, en su mayoría, crecer y marcar una distancia con la que se sientan cómodos. Puede parecer extraño, por tanto, que a una madre con un hijo ya
mayor le cueste recordar cómo era éste de bebé. Una madre se
hacía la siguiente reflexión:

Creo que olvidar cómo eran tus hijos de bebés quizá sea el modo
natural de separarse. Quiero decir que, sobre todo en el caso de los
chicos, la relación es muy íntima. No quiere una estar pensando continuamente: «Yo antes te lavaba los genitales o te limpiaba el cule-
te». Ellos necesitan separarse de todo eso. (A, 2 años; O, 6 meses.)

Esa primera intimidad, sin embargo, ha de poder renovarse
cuando madre e hijo lo necesitan. La mutua comprensión suele
ser importante para ambos, y normalmente vuelve a aflorar con
fuerza en momentos de crisis.

Puede darse el caso de que una madre traicione esta intimidad. Para hablar de ello, recurro, por su utilidad, a dos términos acuñados por Martin Buber, el filósofo existencial. Buber distinguía entre relaciones «yo-tú» y relaciones «yo-ello». Todos, afirmaba él, empleamos ambas fórmulas para relacionarnos entre nosotros. Creía, no obstante, que un recién nacido se comunica con su madre desde el principio como un «tú» íntimo.[119]

La relación «yo-ello» se da cuando una persona se relaciona con otra por aspectos prácticos, más que de igualdad entre individuos. Buber tuvo que inventar estos términos, y creo que pueden ser útiles para explicar cómo se relacionan las madres.

Una madre, por ejemplo, puede relacionarse íntimamente con su hijo pequeño. Después la llama una amiga, y adopta un tono íntimo con ella. Mientras hablan, cuenta una anécdota divertida sobre su hijo, y su amiga y ella pasan a quedar unidas en el campo de las personas sensatas, mientras que el niño se convierte en un «él» irracional que hace cosas graciosas, a la manera de un objeto. Esto puede aliviar la tensión, y quizá sea un bálsamo compartir unas risas. Pero incluso un niño muy pequeño llega a percibir los matices de tono en la voz de su madre. Si su madre varía de tono con frecuencia, puede que el cambio descoloque al pequeño.

Otro ejemplo corriente de este tipo de vaivenes se produce cuando a una madre le cuesta conciliar el amor que siente por su hijo, con la indignación, cuando éste hace algo que le parece mal. Puede que normalmente se relacione con su bebé como un tú digno de amor. Y que, cuando está enfadada, aunque se dirija a él de «tú», su tono de voz dé a entender que es un «ello», un ser ajeno por el que ha perdido la simpatía. Es posible, de nuevo, que el niño se sienta desconcertado por ese «tú» algo incoherente.

Quizás estas excepciones ayuden a la madre más de lo que perturban a su hijo. Pero los niños impresionables crecen. Si se han acostumbrado a estos vaivenes en las relaciones, con el tiempo estarán en situación de contar con ellas.

La seducción sexual de los hijos es un caso más extremo. Sin embargo, la distinción yo-ello nos brinda un modo muy útil de explicarla brevemente. La intimidad se asocia a menudo con el sexo. Pero eso sería en el caso de dos adultos que consienten en la relación. Es distinto cuando un padre o una madre invita a un hijo a mantener relaciones sexuales. Aunque el niño parezca dispuesto, la invitación es, esencialmente, para placer del progenitor. Dicho de otra manera, el niño está para disfrute del padre. Pasa a ser, por tanto, una herramienta, un «ello» en lugar de un «tú». No hay, por tanto, auténtica intimidad.

Puede que la situación se haya manipulado con intención de confundir al niño. Un adulto es capaz de engatusar a su hijo para que mantenga relaciones sexuales con él haciendo pasar el hecho por un diálogo yo-tú. Quizás el niño sienta que se le está tratando como un tú especial, pero de ningún modo puede considerarse esto una intimidad amorosa verdaderamente recíproca.

Algunas relaciones tropiezan con dificultades. Los dos ejemplos más obvios serían el de las madres que se muestran demasiado distantes con sus hijos, y el de las que se muestran demasiado agobiantes en su relación con ellos. Es muy fácil, desde luego, que todas caigamos a veces en ambos extremos. Pero los bebés suelen evidenciar su malestar cuando lo hacemos. Ello nos brinda la oportunidad de corregirnos. En cualquier caso, no parece que los errores de la madre desemboquen en desastre, si no son muchos. Ha de haber un amplio «margen de error». Las relaciones se tuercen cuando una madre desoye constantemente las señales que le hace llegar su bebé.

Una madre en extremo distante se mantiene alejada de su bebé incluso cuando están juntos, normalmente ocupándose en otras cosas. Ello puede crear en el bebé un anhelo infinito de contacto y hacer que se sienta insignificante y una carga para su madre.

> Mi madre no era nada maternal. Solía decir que ojalá no hubiera tenido hijos. (O, 6 semanas.)

> Mi madre estaba todavía en el colegio cuando llegué yo. Me tuvo como un acto de desafío. Cuando nací, me separaron de ella. No sé quién me crió los primeros seis meses. De eso nunca se hablaba. A los seis meses, me recuperó. Pero entre nosotras nunca hubo un vínculo verdadero. Y ahora pienso: ¡seis meses! Son seis meses de conversación los que se perdió, seis meses en los que pudo llegar a conocerme. Yo he aprendido tantísimo de A. Sé quién es. Mi madre no tuvo eso. (A, 4 meses.)

> Mi madre siempre estaba enfrascada en algún libro. Éramos cinco y siempre decíamos que había que ponerle una bomba debajo para que te hiciera algún caso. (A, 7 meses.)

El otro extremo lo ocupan las madres que temen parecer en exceso distantes. A menudo se imponen la tarea de estar siempre disponibles para sus hijos. Esto puede convertirse en un rígido ideal. Estas madres ignoran los signos de protesta de sus bebés cuando éstos evidencian estar hartos. Es probable que sus bebés dejen muy pronto de exteriorizar su malestar. Las madres, por su parte, se agotan, y es normal oírles decir: «Al final del día, no puedo más», «Estoy rendida» o «Necesito un descanso». Una madre que adopta esta actitud se siente abrumada por la culpa de no estar haciendo lo suficiente. En realidad, tanto su hijo como ella preferirían interactuar en menor medida, pero ella tiene la idea de que ello equivaldría a un fracaso como madre. Una madre estalló:

> *M*: Lo odio, lo odio, lo odio. Lo odio desde el momento en que me levanto por la mañana hasta el momento en que me acuesto por la noche. Antes tenía vida. Antes de tener a A, tenía muchísimos intereses. Me encanta ir al teatro. Soy una yonqui del teatro, una adicta. Antes me encantaba mirar el reloj a las cuatro de la tarde y decidir qué obra iría a ver esa noche. Llamaba, hacía la reserva e iba. Me encantaba. Hace diecinueve meses que no hago nada.
>
> *Yo*: ¿Qué es lo que odias?
>
> *M*: La maternidad. Es una blasfemia decirlo, ¿verdad? Pero no te queda espacio mental para ti misma. Tengo que entretener a A y pasarme todo el día pensando en cosas que hacer. Es aburridísimo. Miro el reloj y pienso: «Todavía quedan tres horas para que se vaya a la cama».
>
> *Yo*: Noto que dices que odias «eso», pero no que odies a A.
>
> *M*: No la odio. La quiero. Pero puede ser muy duro separar ambas cosas. (A, 19 meses.)

En el teatro podemos acomodarnos en nuestra butaca y contemplar los dramas de otras personas. Me pareció que esta madre se creía en la obligación de estar siempre cara a cara con su hija, con una intensidad excesiva, y que ansiaba poner distancia entre ellas, como un espectador en un teatro. Me impresionó su empeño en perseverar, aunque dijera que odiaba eso. Pero también me planteé si no estaría dándose a sí misma y dando a su hija una relación cuya estrechez resultaba agobiante.

Algunas madres, embarcadas en una especie de negación de la identidad autónoma de sus hijos, propician una cercanía asfixiante. Virginia Woolf daba un ejemplo muy lúcido de ello al hablar de la relación de su madre con su hermanastra, Stella: «Eran entre sí como el sol y la luna; mi madre, positiva y enérgica; Stella, reflexiva y satélite».[120] Continuaba dando detalles concretos. Nunca he leído una descripción más llena de sensibilidad de este tipo de cercanía aterradora.

Entre los miedos que con mayor frecuencia manifiestan los adultos respecto a las relaciones íntimas adultas destacan dos: el temor a que los abandonen, y el de verse avasallados. Estos miedos parecen corresponderse con las dos formas en que las madres se relacionan insensatamente con sus bebés, bien mostrándose distantes y taciturnas cuando están juntos, bien abrumándolos con una cercanía opresiva. A menudo, cuando hablan de lo mucho que temen entablar relaciones íntimas, los adultos parecen estar describiendo experiencias ya vividas.

Las personas que de pequeñas han tenido una relación infeliz con sus madres suelen ansiar encontrar el amor y entablar relaciones afectivas cuando alcanzan la edad adulta. Pero cuando alguien ha sufrido una herida tan íntima, es difícil que confíe en que no vuelvan a hacerle daño.

¿Hay, pues, alguna receta para establecer una relación sana que evite estos extremos? Puede parecer una pregunta razonable, pero no parece que exista una receta universal que ofrezca todas las respuestas. Como puede verse, no todo vale. Algunas relaciones son claramente abusivas. Es, más bien, que las buenas relaciones son, de por sí, únicas. He oído a madres que se atormentaban deseando poder «enmendarse» o afirmar entre sollozos que lo habían hecho todo mal. Pero normalmente, o ésa es mi impresión, estas madres han creado buenas relaciones que, sencillamente, han alcanzado una fase difícil.

Si una madre no ha establecido con su hijo una relación estrecha desde el principio, ¿puede hacer algo al respecto años después, si quiere corregirse? Ha de haber toda clase de posibilidades. Mis grupos de debate son para madres con hijos pequeños, de modo que no dispongo de información sobre este tema. Pero sería interesante saber qué hacen las madres en esos casos.

¿Cómo aprenden los niños a relacionarse íntimamente si sus madres mueren jóvenes? Estos niños suelen ser extremadamente consciente de lo mucho que han perdido. Una mujer que escribía en *The Guardian* contaba que había intentando averiguar quiénes eran sus padres, sin conseguir desenterrar ningún registro sobre ellos. Lo único que sabía era que su madre se la había entregado para que la criara a la comadrona, una mujer ya mayor, que la había asistido en el parto. La comadrona llevaba una vida muy retirada y la niña creció «en una casa casi en silencio, sin voces ni risas». A sus setenta y tantos años, explicaba cómo la había afectado la ausencia de una madre y cómo había «contribuido al desasosiego que me asalta a veces de pasar por este mundo sólo rozándolo».[121]

«Pasar por este mundo sólo rozándolo.» Así se sentía por haber crecido sin conocer a su madre, ni haber tenido una relación íntima con la anciana comadrona que se hizo cargo de ella. Es fácil pasar por alto lo importante que es de por sí tener una relación íntima, aunque no sea una relación óptima. Esa cercanía temprana parece crucial. Nos enseña que somos importantes, que nuestra madre se interesa por nosotros, y ello hace que nos sintamos arraigados o anclados en la vida y no como si pasáramos por ella «sólo rozándola».

Normalmente hay más adultos al alcance del niño. Aunque la madre no esté presente, el anhelo de esa intimidad especial que brindan las madres es tan fuerte que un niño buscará al menos a otra persona (a una abuela, quizás, o a una vecina o maestra) para experimentarla hasta cierto punto. Algunos padres descubren que son capaces de relacionarse con ternura maternal cuando falta la madre. Puede que los niños no siempre encuentren toda la intimidad que desean, pero ha de ser prácticamente imposible que les falte por completo.

Aun así, no todo el mundo disfruta de las relaciones de intimidad. Éstas pueden resultar demasiado estrechas. Nadie ha descrito el «problema» de la intimidad madre-bebé mejor que Aldous Huxley. Su obra *Un mundo feliz*, publicada en 1932, ha resultado ser de una clarividencia deslumbrante. El propio Huxley vivió lo suficiente para descubrir hasta qué punto se había hecho realidad su visión de ese mundo futuro, uno de cuyos eslóganes era «todo el mundo pertenece a todo el mundo». La intimidad familiar había quedado obsoleta. Los bebés se concebían en tubos de ensayo y se criaban en guarderías con otros niños similares.

Pero había un Controlador, uno de los diez Controladores Mundiales, que conocía la historia de los «malos» tiempos de antaño, cuando a los niños los criaban sus madres. Este Controlador relataba de este modo la «historia del mundo» a un grupo de alumnos:

> ¡Qué intimidad más asfixiante, qué relaciones más obscenas, peligrosas, desquiciadas, entre los miembros de un grupo familiar! La madre empollaba a sus hijos (a *sus* hijos) como una maníaca. [...] «Mi bebé, ¡ay, ay!, a mi pecho, sus manitas, su hambre, y ese placer inconfesable y atroz! Hasta que por fin mi bebé se duerme, mi bebé se duerme con una burbuja de leche en la comisura de la boca. Se duerme mi pequeñín.»
>
> —Sí —dijo [*el Controlador a sus horrorizados alumnos*]—, bien podéis estremeceros.[122]

Huxley vio con acierto que, para crear relaciones interpersonales en las que todo el mundo pertenezca a todo el mundo, habría que empezar por los bebés. Comprendió que las madres eran las encargadas de proveer la intimidad del amor, que más adelante ayudaba a los niños a trabar relaciones personales. El cuidado impersonal, en cambio, prepara a un niño para relaciones menos estrechas, menos exigentes, más orientadas hacia la producción.

Hoy en día, Huxley reconocería sin duda no sólo el incremento del cuidado de los hijos en grupo, disponible para bebés y niños de corta edad, sino también la difusión de la ideología que lleva aparejada. El cuidado profesional se considera a veces superior al cuidado materno. «En la guardería [...] tu bebé o tu hijo pequeño puede aprender valores de cooperación, independencia, autosuficiencia, e incluso amistad que no aprendería de estar en casa contigo.»[123]

¿Qué le sucede a un niño del que se ocupan varias personas, pero que no traba una relación estrecha con ninguna de ellas? Por lo que he podido ver, estos niños se convierten con frecuencia, al crecer, en adultos sociables y campechanos. Son capaces de manejarse en situaciones embarazosas sin alborotos. No se quejan con facilidad. A menudo buscan el placer en las cosas materiales, porque los placeres materiales les parecen mucho más de fiar que las personas. Son competentes y muestran facilidad para divertirse y disfrutar.

De pequeños, no parecen tener los problemas de sociabilidad propios de quien no encaja o encuentra difícil someter su individualidad, como suele ser el caso de los niños más apegados a sus madres. Son capaces de compartir y de transigir. Parecen felices y bien adaptados. Vista así, su crianza ha sido un éxito. Comparados con ellos, se diría que los niños que han recibido cuidados maternales más íntimos se hallan en desventaja, porque les cuesta más integrarse.

Pero ¿es así de verdad? ¿Qué sucede cuando un adulto que ha recibido las atenciones maternales mínimas quiere trabar una relación íntima? Sólo entonces afloran los problemas. Una persona que ha pasado su infancia aprendiendo a adaptarse a los demás y a procurar no dar problemas puede que no sepa cómo manejarse en la intimidad con otra persona. Intimidad no es sinónimo de gregarismo. Estar unidos y sin embargo ser distintos, conectar y sin embargo respetar la idiosincrasia del otro, es un arte especial que las madres enseñan mediante sus actos. Ha de ser aterrador sentirse profundamente atraído por otra persona y tener muy poca experiencia en todo este ámbito de las relaciones humanas.

Los estudios demuestran hasta qué punto está extendida esta situación. Cerca de la mitad de los hogares británicos están formados, en la actualidad, por personas que viven solas. Muchas de esas personas afirman vivir solas por convencimiento propio. Sólo al leer o escuchar lo que dicen se da uno cuenta de que, por categóricas que sean sus razones, siempre tienen un lado negativo. Con frecuencia, la persona que vive sola ha querido e intentado vivir en pareja. Después, ambas partes vieron confirmados sus miedos respecto a las relaciones de pareja. Creyeron más conveniente romper que permanecer juntos. Hablan de ello como si se hubieran liberado del desengaño que suponen las relaciones de pareja y, en ese sentido, viven solos por convicción.

El hecho de que tantas personas decidan vivir solas sugiere que hay una enorme carencia de madres que capaciten a sus hijos para relacionarse íntimamente con los demás. Muchas madres se reincorporan al trabajo tempranamente (aunque no siempre por elección), lo cual hace mucho más difícil sostener una relación íntima. Por suerte, las madres que han empezado a relacionarse estrechamente con sus hijos suelen ser capaces de continuarla, a pesar de lo agotador que resulta compaginar trabajo y crianza.

Quizá, sin embargo, la verdadera razón de que exista esa tendencia tan extendida es muy sencilla. Puede que muchas madres estén regresando al trabajo tempranamente porque no creen que su papel en casa sea importante. En rigor, no están fracasando a la hora de establecer relaciones de intimidad con sus hijos. A muchas, en realidad, nunca se les ha ocurrido pensar que esas relaciones fueran parte integral de su labor como madres.

11

Convertirse en padres

¿Qué es de la vida en pareja cuando una madre primeriza comienza a conocer íntimamente a su bebé? Hasta ese momento, la mayoría de las relaciones de pareja se basan en la intimidad entre dos. De pronto son tres. ¿Puede sobrevivir a ese cambio la intimidad de la pareja?

Muchas parejas afirman pasar por baches a medida que se acostumbran a sus hijos. Un bebé requiere muchas atenciones, y a menudo es la madre quien se encarga de proporcionarlas. Al principio, la relación íntima de la pareja puede verse eclipsada.[124] Algunas relaciones comienzan a zozobrar poco después del parto, y la pareja decide separarse. Hay madres que crían solas a sus hijos; madres que encuentran otra pareja y forman familias reconstruidas; y madres lesbianas con pareja estable.

En este capítulo, no obstante, quiero centrarme en las parejas heterosexuales que permanecen juntas. Es importante comprender cómo dos personas que forman pareja pasan a ser una familia de tres. La intimidad de la pareja, que quizás haya sido muy estrecha y afectiva cuando eran sólo dos, muda de forma tras el nacimiento de un bebé. Las madres hablan de dificultades y problemas tormentosos. Pero, por debajo de estas dificultades, el amor por sus parejas continúa desarrollándose y madurando. Algunas parejas tienen hijos de relaciones anteriores. Pero las cuestiones que plantean las familias complejas exigirían mucho más espacio.

Cuando una pareja descubre que ha concebido un hijo, se efectúa un cambio que puede vivirse, en cierto modo, como una separación. La pareja está «esperando un bebé», pero cada uno de sus integrantes lo espera de manera distinta. Las mujeres, por lo general, se han imaginado teniendo hijos desde su niñez en adelante. Las grandes transformaciones de la concepción y el crecimiento se operan dentro de su cuerpo. En esta fase, el papel del padre es periférico. Antes de su nacimiento, el bebé en gestación puede parecer en gran medida «de ella». Están, además, las decisiones cruciales con respecto al parto en sí mismo, que requieren el consentimiento legal de la madre tras consultar con su obstetra.

Durante el embarazo, la implicación del padre es voluntaria. Ni siquiera tiene que estar presente en el alumbramiento de su hijo. Cuando a las madres se las anestesiaba de manera rutinaria para la segunda fase del parto, el nacimiento se convertía en un procedimiento médico del que el padre quedaba excluido. Desde que el movimiento a favor del parto natural ha cobrado fuerza, muchas madres permanecen conscientes y activas a lo largo de todo el proceso del parto. Éste ha pasado a ser un acontecimiento en el que los padres han descubierto que pueden desempeñar un papel importante.

Si el padre está presente, el momento del parto llega a convertirse en una experiencia íntima para ambos. Aunque parte del proceso físico pueda parecerle inimaginable, el padre puede acompañar emocionalmente a su pareja. De pronto, a ambos se les hacen presentes las consecuencias trascendentales de su acto amoroso. Un acto privado suyo ha dado como resultado

una vida nueva. Cuando el bebé ha sido concebido por inseminación artificial, viven el parto como el momento en que se ma-
terializan sus esperanzas. Potencialmente, el parto es un momento especial y maravilloso para cada padre.[125]

Después del parto, al recién nacido se lo deja en brazos de
su madre. La mayoría de la gente reconoce que la madre siente
una necesidad imperiosa de abrazar a su bebé. Pero, si el parto
fuera íntimo, ¿no sentiría el padre este mismo impulso? A fin de
cuentas, es la primera oportunidad de disfrutar de un contacto
directo. A menudo, sin embargo, si el parto tiene como escena-
rio un hospital, las cuestiones prácticas suelen dificultar las primeras horas de convivencia de la nueva familia. En los hospita-
les escasea el espacio, y normalmente sólo la madre dispone de
una cama.

> Después del parto, P sostuvo al bebé mientras me aseaban. Luego
> me pusieron al bebé en brazos. En cierto momento, a P le dijeron
> que se fuera a casa [*a pasar la noche*]. Me dijo que en cuanto llegó
> a casa empezó a tener dudas y a pensar: «Madre mía, no sé si quie-
> ro bastante a O». Y que cuando volvió con nosotros a la mañana
> siguiente y pudo ver a O y cogerlo otra vez, esa sensación desapa-
> reció. (O, 4 meses.)

Da la impresión de que para un padre es importante tener
la oportunidad de entrar en contacto físico con su hijo recién nacido. En esta fase, por imperativos biológicos, el padre va un paso
por detrás de la madre en cuanto al conocimiento de su bebé.
No todos los padres sienten lo mismo, evidentemente. Pero parece que muchas parejas necesitan tiempo para estar juntas y
cuidar de su bebé, sobre todo después de la intensa intimidad
del parto.

De vuelta en casa, la vida les ha cambiado a los dos. Si la madre está dando el pecho, se pasa horas sentada amamantando a

su bebé. El padre puede vivir momentos de cálido e intenso deleite al contemplarlos.

> A P le gusta verme dando el pecho a A. Creo que le parece muy bonito. (A, 8 semanas.)

El padre puede sentirse incluido en la intimidad que empieza a despuntar entre su pareja y su bebé, y sentir un fuerte impulso de protección hacia ambos. Quizás hasta se alegre de ofrecer apoyo práctico a la madre, y que ésta lo recuerde agradecida años después:

> Cuando P volvía a casa, le decía: «Estoy muerta de hambre». Tenía la impresión de que llevaba todo el día dando de mamar a A. Él se ponía a mi lado y me sostenía un sándwich junto a la boca. (A, 22 meses.)

Ahora bien, no todos los padres tienen sentimientos tan positivos. Las madres, al margen de que den el pecho o el biberón, suelen ocuparse casi en exclusiva del cuidado del bebé. De ahí que algunos padres se sientan excluidos de la díada que forman madre y bebé. Parece haber infinitas noches en blanco que las madres pasan absortas en el cuidado de sus bebés. Al principio, sobre todo por las noches, estos padres dicen sentir que han perdido a su mujer más que ganar un hijo.

Antes de que nazca el bebé, la mayoría de los hombres recibe hasta cierto punto cuidados maternales de sus parejas. Pero, una vez que las mujeres se convierten en madres, su pareja adulta se ve privada de estos cuidados, que pasan a concentrarse en el bebé indefenso. Así pues, los hombres deben acostumbrarse a contar con muchas menos atenciones afectivas de índole maternal.

Algunos padres parecen competir con sus bebés por las atenciones de sus parejas. Escuchando a las madres, se diría que el parto puede hacer aflorar vivencias infantiles dolorosas. Algunos se vieron bruscamente desalojados de la cercanía física de su madre por el nacimiento de un hermano menor. El nacimiento de un hijo puede vivirse como una repetición de esa época dolorosa. Algunos hombres protestan como si fueran, más que padres, hermanos mayores: «Parece que nunca me toca a mí» o «El bebé está siempre enchufado a la teta», o «¿Por qué no puedo ser yo también tu chiquitín?» Otros hombres se retraen, deprimidos, al sentirse poco queridos.

La relación de pareja en su conjunto se halla en constante devenir. Una madre reciente puede estar agotada y, si aún no se ha recuperado del parto, quizá no se sienta con fuerzas para hacer el amor. Pero quizás ansíe, en cambio, que su compañero se muestre tierno con ella y la refuerce en su nuevo papel de madre. Si un padre se siente cansado, inseguro, dolido o rechazado, tal vez pase por alto lo indefensa que se siente su mujer.

> Esta mañana le pregunté a P si podía hacerme una taza de té antes de irse. Me dijo que, si me la hacía, llegaría tarde a trabajar. No pude evitarlo: me eché a llorar. (O, 2 semanas.)

> No tenía ni idea de que la crianza no pudiera compartirse. Estaba tan perdida, cuidando a A en casa. Le decía: «¿Qué quieres, A? ¿Qué quieres?» Cuando P volvió a trabajar, me dieron ganas de gritarle: «¡Llévame contigo!»

Las muchas horas que una madre pasa cuidando de su bebé pueden acrecentar esa sensación de separación entre la pareja. Si las madres ocupan las veinticuatro horas del día en el cuidado de sus hijos, tardan menos en aprender cómo son sus bebés. Disponen, por tanto, de una ventaja que pueden utilizar para hacer más difícil o más llevadero ese delicado periodo en el que la relación de pareja se abre para incluir a un tercero y formar una familia.

Una madre puede servirse de su comprensión del bebé para salvar la brecha que la separa de su pareja. («¡Mira! El bebé se vuelve para mirarte cuando te mueves por la habitación.») O utilizar su ventaja para ser la «experta» en el niño y excluir al padre. Puede transferir la relación íntima entre dos que antes tenía con él a la relación que tiene con el bebé. («Llegas muy tarde a casa. El niño está tan cansado que no puede jugar contigo. Tú ponte a cenar y deja que yo lo haga dormir.») Esto convierte al padre en alguien ajeno, venido de fuera. Adrienne Burgess, jefa de investigación del Fatherhood Institute, comenta que, si la pareja se reitera en este tipo de roles, las relaciones «tienen tendencia a volverse muy complicadas».[126]

En las familias tradicionales, los padres tienen roles claramente diferenciados según el sexo. Hoy en día, no obstante, estas distinciones están cambiando, tanto en el trabajo como en casa. Puede que las parejas hayan hablado del tipo de padres que quieren ser. Pero surgen situaciones cotidianas triviales que no habían previsto. Quizá la madre pida a su pareja que la ayude en algo sencillo, y que él no tenga ni idea de dónde están las camisetas limpias del bebé, o cualquier otra cosa que ella le pida. El padre creía que ése era «dominio de ella». Eso la pone furiosa. Suena como si él hubiera colocado al bebé y a ella en un ámbito que no tiene nada que ver con él.

> P trabaja en el extranjero entre semana. Me mandó un mensaje para decirme que miraba mucho unas fotos de A, muy bonitas, que yo le había enviado. En ese momento yo estaba limpiándole las cacas a A, y enferma. Él y yo estamos en distinta... Mantenemos los roles tradicionales de la paternidad. (A, 4 meses.)

P *picotea* un poco en la paternidad. Él no lo siente igual que yo [*el hecho de ser madre*]. (O, 6 meses.)

En esta fase, el bebé puede ofrecer a su madre algo que no puede ofrecerle su pareja. El bebé la acepta por entero. La conoce de manera íntima, literalmente por dentro y por fuera. Exige mucho de ella, pero sus deseos suelen ser evidentes y la madre está en situación de satisfacerlos. Así que cuando le da lo que necesita, como, por ejemplo, su leche, el niño acaricia su pecho y ríe entusiasmado (cuando es lo bastante mayor para ello), y la madre siente que lo está haciendo feliz. Pocas de nosotras conocen antes de ese momento un amor tan incondicional. Es una experiencia maravillosa. Una madre puede sentirse muy unida a su bebé y comparar el amor agradecido de su hijo con los rezongos de su pareja adulta.

¿Por qué refunfuñan tanto los padres primerizos? Convertirse en padre parece difícil. Si el padre es el único sostén económico de la familia, puede que trabaje mucho. Regresa a casa con expectativas de poder relajarse. Pero muchas mujeres demandan de sus parejas un apoyo práctico y afectivo que, en las sociedades tradicionales, suelen proveer la madre de la madre, alguna mujer de su familia o sus vecinas. De ninguna madre se esperaba que cuidara sola de su hijo. En la actualidad, las mujeres de la familia, las amigas y las vecinas en su mayoría trabajan y no se puede, por tanto, contar con ellas. Es posible que al padre reciente le sorprenda hasta qué punto su pareja redefine su «tiempo libre» como «tiempo de familia».

Primera madre: Lo peor son las expectativas. Yo estoy deseando que llegue el fin de semana. Y luego llega y es otra vez más trabajo. No hay descanso. P no prepara la comida, ni quita pañales. Ni siquiera lava la ropa. Al final, me llevo un desengaño. Sería preferible tener expectativas más realistas. (O, 2 años; O, 7 meses.)

Segunda madre: Pero no se puede pasar sin expectativas, ¿no? Se necesita esa «luz de faro» del fin de semana. El viernes noche... [*Murmullos de asentimiento por parte del grupo.*] (A, 7 meses.)

Mi hijo saca lo mejor de nosotros, y también lo peor. Él nos ha hecho padres, aunque nunca imaginé que discutiríamos tanto P y yo. Pero estamos llegando a la fase en que somos capaces de zanjar una discusión rápidamente. Discutimos, sobre todo, porque yo creo que P no hace lo suficiente por O. Es hijo de los dos. (O, 11 meses.)

Escuchando a las madres, extraigo la conclusión de que a menudo surgen malentendidos porque un padre que trabaja fuera de casa considera su trabajo como algo estructurado, mientras que el tiempo que pasa con su familia es para él una oportunidad de relajarse. Una madre, en cambio, tiene normalmente una visión mucho más estructurada del largo día con el bebé. Quizá pida a su marido que cambie los pañales al bebé mientras ella se da una ducha rápida. Le prepara todo lo que necesita y coge una toalla. En su opinión, le ha facilitado las cosas y, además, es divertido cambiar al bebé. Le ha ofrecido un pacto generoso. Pero el padre no lo entiende así. Es consciente de que nunca tiene tiempo suficiente para disfrutar de su bebé y se toma este momento como una valiosa oportunidad de jugar con él mientras su mujer se ducha. Sí, sabe que ella le ha pedido que le cambie los pañales, pero eso no es lo importante. De la conversación posterior a la ducha, vale más no dejar constancia escrita.

A veces lo más razonable es que la madre se reincorpore al trabajo mientras el padre se hace cargo del cuidado del bebé. Esta circunstancia se da desde hace poco tiempo. En ese caso, conviene dar la vuelta a muchas observaciones relativas a la actitud de los padres respecto al tiempo de ocio y el tiempo de trabajo.

Los hombres que desempeñan roles tradicionales, y que quizás hagan horas extras para mantener a sus familias, se quejan a menudo de que les gustaría recibir mayores muestras físicas de afecto por parte de sus parejas cuando vuelven a casa. Pero muchas madres están deseando que lleguen sus parejas para recuperarse de las exigencias que conlleva el cuidado del bebé. Un buen modo de suplir estas necesidades aparentemente en conflicto es que el padre sostenga en brazos a su hijo mientras la madre dispone de un rato para ella.

> Mi pareja trabaja mucho y dice que lo hace por A. Pero mi padre también trabajaba mucho y nunca interactuaba con nosotros. Yo quiero que A tenga un padre de verdad. Y quiero que P la tenga en brazos y que disfrute de ello. Quiero que tenga lo que estoy teniendo yo. (A, 4 meses.)

Una vez que el padre encuentra un modo de disfrutar estando con su bebé, empieza a desarrollarse la relación de familia a tres bandas.

> A ya puede dormirse en brazos de P. A él le encanta. Creo que para un hombre es de lo mejor que hay. No quiere soltarla ni dejarla en la cuna. Se queda con ella en brazos y dice: «Creo que todavía no está dormida del todo». (A, 9 meses.)

> O duerme en la cama con nosotros. A P no le gustaba al principio. Pero ahora ha desarrollado su propia relación con O y le encanta. Una noche, yo estaba acostada con las rodillas levantadas. De pronto, noté que P me hacía una caricia en las rodillas, muy suave, muy dulce, y que me susurraba: «M, creo que O está sentándose debajo de la sábana». (O, 10 meses.)

Esto no es del agrado de todos los padres. Un grupo de madres opinaba, sin embargo, que aunque los padres dijeran que querían más sexo, quizás estuvieran subestimando su propia necesidad de abrazar a sus bebés.

> *Primera madre*: P no deja de decir que quiere que pasemos más tiempo solos. Yo creo que estaría bien, pero no siento que lo necesite tanto como él. (O, 4 años; A, 10 meses.)
> *Segunda madre*: A P le gustaría pasar más tiempo conmigo. Dice que lo echa muchísimo de menos. Así que estoy intentando encontrar un hueco. (O, 13 meses.)
> *Tercera madre*: Para mí, A es lo primero, y luego O, y después P. P va el último, eso desde luego. Me pregunto por qué será. A P le gustaría que tuviéramos más sexo, pero, por lo que a mí respecta [*riendo de mala gana*], el sexo es sólo una tarea más que hacer antes de poder desplomarme en la cama. (O, 3 años; A, 11 meses.)
> *Cuarta madre*: ¿No creéis que nosotras recibimos más mimos que los hombres? Yo siempre estoy haciendo carantoñas a A. Mi necesidad de mimos está cubierta. Luego, cuando llega P, lo que quiero es alejarme y estar sola, mientras que él quiere acercarse y ponerse cariñoso. (A, 11 meses.)
> [*Las otras madres comentaron que esta observación les parecía valiosa.*]

Esto es interesante. Puede que, si algunos padres afirman que los primeros meses les parecieron tristes y solitarios, ello se deba a esa sensación de estar excluidos del dúo formado por madre y bebé, y a que quizá tengan pocas oportunidades de abrazar a uno o al otro.

Algunos hombres, no obstante, parecen sentirse culpables por desear tener en brazos a sus bebés.

> *Primera madre*: P no quiere que coja a A cuando llora. Quiere que aprenda a ser independiente. Pero yo lo he visto cogerla en brazos y acunarla cuando llora. Creo que tiene un conflicto con eso. (O, 3 años; A, 4 semanas.)

Segunda madre: P es igual. No para de decir que deberíamos dejar llorar a O para que aprenda a dormir toda la noche de un tirón. Pero el otro día O se puso a llorar y él lo cogió enseguida. Me dijo: «Soy un auténtico blandengue». (O, 9 meses.)

Sería interesante saber por boca de los padres si se sienten violentos sosteniendo en brazos y acunando a sus bebés. Quizá por eso les sea más difícil sentir que forman parte de la familia.

El trabajo en una empresa se paga y tiene, por tanto, un valor obvio. La crianza no se paga y puede parecer por ello que tiene menos valor. Es fácil que las madres y los padres cansados subestimen la aportación de sus parejas. Algunas madres cuentan que sus parejas se quejan de que la baja por maternidad dura demasiado y de que las mujeres deberían reincorporarse al trabajo mucho antes. Las madres, a su vez, se quejan de que los padres no les prestan ayuda práctica a no ser que se la exijan.

Hay estudios que demuestran lo mucho que valoran las madres recientes que sus parejas las sustituyan en las tareas de lavar y limpiar.[127] Así pues, resulta interesante escuchar que las madres no sólo desean ayuda práctica. Esto no significa que lavar la ropa no sea importante. La contribución que más valoran las madres, con todo, puede parecer insignificante. Las madres se sienten profundamente conmovidas cuando sus parejas se la ofrecen:

Cuando eres madre, pierdes por completo la perspectiva. No tienes dónde refugiarte. Cuando se torcían las cosas con O y no podía entenderle, lo único que quería era morirme. Pero P volvía a casa y me decía que sólo estaba teniendo un mal día. A mí me parecía que no se acababa nunca. (O, 3 meses.)

Mi madre se quedó conmigo dos semanas. Cuando se marchó, me derrumbé. Estaba muy deprimida. Llamé a mi marido al trabajo y le dije: «Tienes que volver a casa. No puedo más». Yo creía que volvería corriendo. Me sorprendió que dijera: «Vamos, M. Tú puedes superarlo. Sé que puedes». Me apoyó muchísimo. (O, 3 meses.)

Puede parecer que no es nada, pero lo es. Las madres afirman que es determinante saber que tu pareja confía de verdad en ti.

Ellas, a su vez, también ansían a menudo ofrecer apoyo a sus compañeros. Ésta era, casi con toda seguridad, una de las funciones que cumplían en su relación de pareja previa al nacimiento del bebé. Pero, tras el parto, el bebé acapara gran parte de las energías de la madre.

Al padre de P le había dado un infarto (o, al menos, eso creímos que era). Nos fuimos corriendo al hospital. Él parecía estar bien. Estaba sentado en la cama. Por suerte, el diagnóstico era bueno. Pero acabo de darme cuenta... [*Llevándose las manos a la cara para tapársela y estallando en sollozos.*] Lo siento. No sabía que estaba tan sensible. Me da tanta pena P. Nunca hay tiempo para hablar. P cuida de O, o lo cuido yo. Le he preguntado a P cómo se encuentra, pero no sé cómo está. Estoy segura de que está afectado. (O, 6 meses.)

Cuando P llega a casa por las tardes, me pongo de mal humor. Si os soy sincera, es porque intento escuchar lo que me dice, y al mismo tiempo A demanda toda mi atención. (A, 20 meses.)

Son todas ellas preocupaciones legítimas. Demuestran que las madres pueden querer ofrecer a sus parejas muchas más atenciones de las que les permite el cuidado de sus hijos pequeños. Por otro lado, si se paran a pensarlo un momento, comprenden que para sus parejas tampoco es fácil, aunque inviertan menos tiempo en el cuidado del bebé.

> Me da envidia cuando P se va a trabajar. Pero el trabajo no es ninguna panacea cuando estás allí. Sólo te lo parece cuando no puedes trabajar. Y P siente a menudo que se está perdiendo cosas por no ver suficientemente a los niños. [*Todas las madres presentes estuvieron de acuerdo en que sus maridos sentían que estaban desatendiendo a sus bebés y a sus hijos pequeños al marcharse a trabajar.*] (A, 4 años; O, 2 años; A, 3 meses.)

Existe la creencia popular de que las mujeres son las encargadas de nutrir la relación de pareja.[128] Por eso, muchas madres sienten como su deber organizar un tiempo especial para la pareja.

> Todo el mundo me decía que tenía que sacar tiempo para salir con mi marido. Así que lo hice. Y estuvo bien. Pero no estaba relajada. Notaba que tenía los hombros tensos y que contenía la respiración. La verdad es que no creo que valiera la pena el esfuerzo. Tenemos una pequeña terraza que da al parque. Podríamos sacar unas velas y unas copas de vino. De este modo sí que podría relajarme [*porque A estaría cerca*]. (A, 3 meses.)

> Al final del día estoy cansadísima. Pero P dice que me echa de menos y eso me pone triste. Así que a veces vemos juntos un DVD. Pero mientras lo estamos viendo, no paro de calcular para mis adentros cuánto tiempo me va a restar de dormir. (A, 4 meses.)

¿Se agotan los sentimientos románticos en las madres? Escuchándolas, se diría que un gesto pequeño y espontáneo que sirva como recordatorio del amor romántico funciona mucho mejor que los esfuerzos que sólo se hacen por sentido del deber.

El otro día estábamos todos de compras y vi a una pareja en una cafetería. Parecían tener todo el tiempo del mundo. Podían disfrutar tranquilamente de su té. Como si no tuvieran ninguna prisa. Le dije a P: «¿Los ves? ¿Te acuerdas? Nosotros antes éramos así». (O, 2 años; O, 3 meses.)

P y yo salimos juntos mientras mi hermana cuidaba de O. Fue sólo a la calle de al lado, a comprar algo de comer, pero fuimos cogidos de la mano todo el camino. Era la primera vez que salía sin O en catorce meses. Y no paramos de hablar de O. De O... y del trabajo de P. (O, 14 meses.)

Hay personas que consideran inevitable que surja el conflicto entre los padres. La situación actual es injusta, alegan. La solución pasaría por dividir el cuidado de los hijos para que los padres participen más en él. Sería de ayuda que el cuidado de los bebés se repartiera equitativamente, dividido al cincuenta por ciento entre ambos progenitores. Esta idea fue recogida por Amy y Marc Vachon, promotores de una red asociativa llamada Equally Shared Parenting [Crianza compartida en igualdad], radicada en Boston.[129] Puede que las madres de otros países no hayan oído hablar de ella, pero sin duda conocen el concepto. Puede que les guste la idea de compartir la crianza en igualdad de condiciones. Así pues, resulta muy interesante saber que, cuando las madres alaban la igualdad, suelen añadir que, pensándolo mejor, se sentirían insultadas si se las tratara como iguales a sus parejas.

Creo que ahora a los hombres se les enseña que al volver del trabajo deben ocuparse del cuidado de los hijos al cincuenta por ciento. Mi pareja quiere hacerlo, de verdad. Pero no puede llegar corriendo a casa e incorporarse así como así. Tiene que preguntarme a mí. En fin, no sé. Puede que esté siendo injusta. Pero yo paso con O todo el día y sé de verdad lo que quiere. (O, 3 meses.)

Mi marido dice que tengo que permitirle que se equivoque. Dice que quiere ser mi compañero, no mi ayudante. Pero yo no quiero que A se enfade por los errores de P, y yo ya sé lo que necesita mi hija. No quiero herir los sentimientos de P, pero la verdad es que preferiría que se limitara a ayudarme. (A, 3 meses.)

No quiero humillar a P, pero a veces me dan ganas de decirle que no coja a O como lo coge. Así que se lo digo. Y me contesta que siempre estoy diciéndole lo que tiene que hacer, y que cuando toma alguna iniciativa, no paro de criticarlo. Tiene razón. Puede que me comporte de forma poco razonable, pero me gustaría que me mostrara un poco más de respeto. A fin de cuentas, soy yo quien más se ocupa de O y la que sabe lo que le gusta. (A, 2 años; O, 3 meses.)

Estos comentarios son significativos. Es indudable que las madres se sienten al principio perdidas e indefensas. Pero paso a paso, aunque sigan diciendo que es muy duro, comienzan a hacer descubrimientos sobre sus bebés. Esto debe de ser muy desconcertante para los padres. Puede que ellos esperen una división más equitativa del cuidado del bebé. Si una madre no deja claro que, a pesar de que delegue parte de sus responsabilidades, ya no se siente como una perfecta novata, quizá su pareja no se dé cuenta de lo mucho que ha aprendido. Puede que los padres no sepan ver lo capaces que, discreta y calladamente, se han ido volviendo sus parejas.

Primera madre: Mi pareja está siempre diciendo que yo me agobio por cualquier cosa. Me da muchísima rabia. Me saca de quicio. Como cuando cuida de A y dice que es todo normal y sencillísimo. (A, 4 meses.)
Segunda madre: Mi pareja dice lo mismo. No para de decir que cuidar de A es muy fácil cuando la cuida él. Pero lo que no parece

entender es que eso es porque yo lo tengo todo muy bien organizado. Hay un montón de trabajo que yo he hecho previamente y que para él no son más que «agobios».(A, 6 meses.)

Lo tengo todo organizado a mi alrededor de tal forma que esté todo en su sitio. Hay una toalla doblada junto al cambiador y un juguetito colocado justo donde tiene que estar. Es mi sistema. No sé cómo explicarlo. Pero cuando P se ha quedado unas horas cuidando de O, lo deja todo de cualquier manera, y pienso: «No es que lo haga mal a propósito. Es que no se da cuenta». Pero si se lo explicara a él, le parecería una ridiculez. (O, 6 meses.)

Pero ¿lo es? Una madre utilizaba una imagen muy esclarecedora para explicarlo:

M: Mi marido cuidó de los mayores cuando nació O3.
Yo: ¿Te gustó que lo hiciera?
M: Bueno... También fue un poco molesto.
Yo: ¿No hacía las cosas como tú?
M: No sabía cómo tenía organizadas las cosas. Es como un sustituto temporal, que te revuelve toda la mesa. (O1, 6 años; O2, 4 años; O3, 6 semanas.)

La mesa de la oficina, como imagen, infunde respeto en la mentalidad popular. Si un trabajador temporal ocupa la mesa de otra persona en una oficina, se espera de él que lo ordene todo y deje la mesa como la encontró. El orden de la mesa merece, pues, respeto. ¿Por qué ha de ser de otro modo tratándose de la organización de una madre?

Parece estar surgiendo un fenómeno nuevo. He notado que las madres ya no se disculpan con tanta frecuencia por ser «sólo madres», como cuando puse en marcha Mothers Talking a principios de la década de 1990. Ahora parece que las mujeres confían en desempeñar su trabajo de forma competente. Ello les brinda un punto de referencia cuando se convierten en madres. Se enorgullecen de aprender a ser también buenas madres.

> Si pido ayuda y empiezo a disculparme, P me dice: «Perdona, pero no tengo tiempo». Así que ahora le digo: «Voy a darme una ducha. Aquí está O. Que te diviertas». Y no pasa nada. (A, 2 años; O, 6 meses.)

> Poco a poco he conseguido integrar a P en la familia. Por ejemplo, ya no le doy las gracias cuando hace algo por A. Y si me dice que ha hecho algo como si fuera un favor, le digo: «Bueno, eres su padre». Por suerte tenemos el mismo sentido del humor. Así que ahora hacemos las cosas juntos, en equipo. Pero mi trabajo me ha costado. (A, 8 meses.)

Pero puede que no todo haya cambiado.

> *Primera madre*: En cuanto P llega a casa, empiezo a disculparme: «Ay, lo siento, no me ha dado tiempo a hacer esto o aquello». Y él me dice: «¡Deja de poner palabras en mi boca! Eres tú. Yo no he dicho nada». (A, 3 años; O, 3 meses.)
> *Segunda madre*: Yo digo lo mismo. «Cuánto lo siento...» (A, 6 meses.)
> *Tercera madre*: Yo soy exactamente igual: «Ay, perdona...» (O, 22 meses; A, 4 meses.)

A pesar de lo mucho que se habla de la crianza compartida en igualdad, las madres pueden haber creado relaciones muy intuitivas con sus hijos. Eso es un gran logro. Una madre puede sentirse dolida fácilmente si su pareja pasa por alto todo el trabajo que ella ha hecho. Al mismo tiempo, se ha operado también un cambio en el papel de los padres. Los padres tradicionales solían dejar a sus hijos pequeños al cuidado de las madres o las niñeras. Los niños aprendían sus primeras enseñanzas «con la leche de su madre» y sentados «en su regazo». Los padres sólo tomaban parte en la crianza cuando sus hijos se hacían mayores. Hoy en día, en cambio, los padres están empezando a compartir el cuidado del bebé. Evidentemente, ello puede engendrar confusión respecto hasta qué punto deben implicarse los padres.

A menudo surgen problemas cuando los miembros de la pareja creen saber lo que desea de verdad el otro. Es muy común que la madre crea que, al ocuparse generosamente de todos los cuidados del bebé, le está ahorrando sinsabores a su pareja. De manera recíproca, el padre siente que está siendo generoso al permanecer en segundo plano y dejar que sea ella la que decida respecto a la crianza. Ninguno de los dos ha pedido consentimiento al otro para asignarle este rol. Así pues, en lugar de sentirse agradecidos por que el otro sea tan considerado, se enfadan porque no entienden la lógica de los actos de la otra parte.

> Puede ser muy duro. P y yo nos sentimos desconectados, y es fácil pensar que P hace las cosas sólo por fastidiarme. Lo que ayuda es que hablemos. Tenemos una regla: si uno de los dos dice «No me gusta que hagas...» y añade lo que sea que le molesta, el otro tiene prohibido decir: «Pues a mí a veces también me molesta lo que haces tú». Puede que también sea importante. Pero es otra cuestión. Antes hay que dedicar tiempo a lo que le preocupa al que ha hablado primero. (A, 9 meses.)

Cuando los dos padres se sienten cansados e inseguros, en lugar de apoyarse mutuamente a veces intentan sentirse mejor desmoralizando al otro, en una especie de competición por ser el mejor. Tener un bebé puede sentirse como una responsabilidad tan abrumadora que, en cuanto algo sale mal (y es inevitable que así sea), los dos padres se sienten culpables. Pero, en lugar de admitirlo, intentan encontrar un modo de culpar al otro.

Primera madre: Si A se cae y se hace daño cuando estoy cuidando de ella, me llevo un disgusto por que le haya pasado estando conmigo. P y yo competimos un poco como padres. Él me dice: «¿Por qué no has estado más atenta?» (A, 8 meses.)
Segunda madre: En ese caso, espera a que tu hija se caiga cuando estéis los dos. P y yo habíamos ido a visitar a una amiga y A estaba en el umbral del jardín. Estábamos bromeando con que a lo mejor se caía, y de pronto se cayó. Yo fui más rápida y conseguí que no se golpeara la cabeza contra el suelo. Entonces P y yo nos miramos, y de pronto nos dimos cuenta de que no podíamos echarnos la culpa el uno al otro. (A, 13 meses.)

Una prolongación desagradable de este tipo de reproches se da cuando uno de los padres decide partir a la familia en dos «equipos» rivales. Los conflictos de esta índole pueden prolongarse durante generaciones.

Primera madre: Mi marido siempre está compitiendo conmigo. ¡Quiere ser el mejor padre! (A, 5 meses.)
Segunda madre: En eso me recuerda un poco a mi padre. Tenía ese tipo de relación con mi madre. Todavía la tiene, aunque ahora es mayor y está enfermo. Me encantaría que no fuera así. Ojalá pudiera parar. (O, 5 meses.)
Yo: ¿Ha funcionado? ¿Ha conseguido que lo quieras más que a tu madre?
Segunda madre: No, rotundamente no.

Yo era la favorita de mi padre. Y no me gustaba serlo. Me sentía mal. Era una carga muy pesada para mí. Pesadísima. (A, 3 años; O, 5 meses.)

Da la impresión de que competir por ser el progenitor favorito es un modo muy injusto de involucrar a un hijo. Los bebés, sobre todo, parecen muy generosos a la hora de entregar su afecto a ambos progenitores.

En el mundo laboral, los roles concretos de hombres y mujeres se han vuelto intercambiables. ¿Por qué no ha de ser igual en la crianza de los hijos? Una respuesta general es que la mayoría de las madres llevan a sus hijos en su vientre, y algunas les dan el pecho. Esto parece brindar a las madres la posibilidad de entablar con sus bebés una relación más táctil y delicada; los padres, en cambio, suelen crear un estilo más enérgico.

Veo que A se remueve en la silla y noto que empieza a estar harta de estar ahí sentada. Preferiría que la levantaran y que la cogieran en brazos. Pero P cree que la tengo demasiado mimada. Para que él le haga caso, A tiene que ponerse muy alterada. (A, 3 meses.)

El otro día, A estaba en su trona y P le estaba dando la sopa mientras hablaba con su cuñado. Justo cuando A tenía la boca abierta para que le diera más sopa, él se volvió para mirarlo y me di cuenta de que la conversación empezaba a interesarle. Y yo pensé: «¿No puedes esperar diez minutos y hablar con él después? ¡Por favor, dale la sopa!» Creo que piensa que la niña puede esperar tanto como él. (A, 21 meses; O, 13 días.)

Es fácil, no obstante, juzgar a los padres conforme a criterios maternales. Muchos padres fueron criados por sus madres, a las que sus padres ofrecían muy poco apoyo práctico. Puede costar algún tiempo que los dos progenitores reconozcan que los padres son capaces de descubrir formas propias de relacionarse *paternalmente* con sus hijos.

Cuando A era bebé, sentía que tenía que ocuparme de ella yo sola.
Trataba a P como si fuera un padre de segunda. Nunca dije nada,
pero él sabía lo que yo sentía, claro. Luego me topé con el muro de
mis limitaciones y no pude más. P me dijo: «Déjamela a mí. Seguro que está bien conmigo». Es director de cine, y un día me dijo:
«Quiero que veas que A puede estar muy contenta cuando yo
cuido de ella». Así que la grabó gateando de habitación en habitación, contentísima, sonriendo a la cámara. La había llevado a una
exposición de pintura y vi que estaba encantada con él. Me alegré
mucho de que hiciera esa película. (A, 3 años; O, 3 meses.)

Cuando O se despierta por las noches, intento no darle de mamar
si sé que no tiene hambre. Pero no sirve de nada. Se abalanza sobre
mis pechos. La semana pasada tuve fiebre y una noche P me dijo:
«Deja que lo coja yo». Así que le pasé a O, y P se lo llevó arriba.
Cerró la puerta y yo lo oía llorar. Estaba molesta, así que le mandé
un mensaje a P preguntándole si lo bajaba. Me contestó que no. Al
cabo de media hora, O se quedó dormido. La noche siguiente, P se
lo llevó y yo me quedé dormida en un minuto. Ahora P y O están
muy unidos, y es precioso. (O, 7 meses.)

Los hombres mismos parecen sorprenderse al descubrir lo
mucho que disfrutan implicándose en el cuidado de sus hijos. Puede que estén cansados, pero no parecen querer que sus
parejas les protejan como si fueran niños pequeños. Lo que
más parecen valorar es que se vea como esencial su papel como
padres.

Estaba tan cansada que le dije a P que si podía coger a A. Así que
la cogió y yo me fui derecha a la cama y dormí todo lo que me
hacía falta. P estaba nervioso al principio, pero disfrutó. Después
me dijo: «Ahora ya se pueden hacer cosas de verdad con A. Todo
le interesa». (A, 7 meses.)

Lo estaba pasando fatal con P. O se despertaba cada dos horas por las noches y P quería que lo adiestrara para que aprendiera a dormirse. Entonces leyó un libro escrito por un padre que hacía una lista de veintitrés cosas que un padre podía hacer por su hijo. P no suele leer libros, pero leer un listado le parecía más viril, lo atraía más. Fue como si pensara: «¿Sólo hago dos de estas veintitrés cosas? Tengo que subir mi nota». Así que ahora se levanta por las noches cuando llora O y lo acuna para que se duerma. Ahora él también está muy cansado, pero dice que se siente mucho mejor. Que siente que de verdad está contribuyendo como padre. Para mí ha sido un cambio enorme. No sólo por el sueño, aunque eso es fantástico, sino también por la responsabilidad. Antes era yo la que fallaba si O seguía despertándose. Ahora nos encargamos los dos, así que la responsabilidad es compartida. (O, 9 meses.)

Yo me ocupo de lo de dentro y él de lo de fuera. Yo, de la comida y de la lactancia. Y él, de los pañales. (O, 3 años; A, 3 meses.)

Un rasgo propio de los padres parece ser relacionarse con sus hijos bromeando, sin que les importe hacer cosas que puedan resultar absurdas:

A me hace reír. Nos hace reír a los dos. Se empeña en que P se ponga una especie de fuente de aluminio en la cabeza. (A, 14 meses.)

Aun así, puede que los padres que hacen muchas cosas por sus hijos no se den cuenta de lo importantes que ellos son para sus hijos.

Me fui a pasar unos días a casa de mi madre con mi hija. A estaba un poco rara y pensamos que era por la dentición. Luego, el fin de semana, P se reunió con nosotras y fui con A a buscarlo a la estación. A sonrió en cuanto lo vio. Y no paró de sonreír durante las horas siguientes. Estaba claro que lo echaba de menos. (A, 6 meses.)

«Muy pocos padres —comentaba Adrienne Burgess, jefa de investigación del Fatherhood Institute— tienen una idea clara de lo importantes que son para sus hijos.»[130] Para los padres suele ser valioso constatar que importan de verdad. Ello puede resultar especialmente enternecedor cuando es un niño quien lo pone de manifiesto.

Oí que P decía: «Papá quiere mucho a O. ¿O quiere a papá?» Y pensé: «¡Qué pregunta más tonta! No debería presionarlo así». Pero entonces oí una vocecilla que contestaba: «Sí». Fue muy emocionante. (O, 21 meses.)

Una madre le explicaba a su marido que su contribución no tenía que ser ocasional, sino frecuente:

Le dije a P que en esta familia somos tres. Necesitamos que pase más tiempo en casa. Le dije que era como la calefacción central. Por mucho calor que haga cuando está encendida, empiezas a notar frío en cuanto se apaga. Eso es lo que pasa cuando estamos O y yo solos todo el tiempo, y él no está. (O, 21 meses.)

A medida que los padres descubren formas propias de relacionarse con sus hijos, las madres comienzan a confiar en su manera peculiar de desempeñarse como padres.

P es conferenciante profesional. Por las mañanas le oigo hablar con A. Hablan cinco minutos. Es precioso. (A, 8 semanas.)

Por la mañana, P se lleva a A y oigo que se pone hecho una furia en la cocina. Antes le decía que no hablara así delante de A. Pero yo sé que también me enfado. Y a él se le pasa enseguida, y enseguida le oigo cantando otra vez. He aprendido a dejar que se enfade. (A, 2 años; O, 2 meses.)

Los libros de texto y la sabiduría popular aconsejan a menudo a los padres que acuerden cómo quieren ejercer la paternidad, para que el hijo reciba las mismas respuestas y reciba una lección de «coherencia» por ambas partes. Así que algunas madres tratan de asegurarse de que ambos padres son coherentes.

Yo no dejo que A me muerda. Tuve que pararla. Es lo único en lo que me pongo firme. Tiene los dientes muy afilados. He visto a algunos niños pegar a sus madres. No permito a A que me haga daño. A P no le importa tanto, y tuve que hablar con él al respecto para que fuéramos coherentes. (A, 9 meses.)

Sin embargo, los padres y las madres *son* distintos. Hay quienes afirman que los niños necesitan coherencia porque las diferencias de opinión los confunden. No todas las madres refrendan esta opinión. Algunas perciben que sus bebés observan minuciosamente a ambos padres y aprenden a distinguir entre ellos.

A se ríe de forma distinta cuando está con P que cuando está conmigo. Él alborota más que yo cuando juegan, y para él es... [*ríe con la boca bien abierta.*]. Y para mí... [*ríe con la boca medio cerrada.*] (A, 4 meses.)

A tiene prohibido quitarme las gafas. En eso soy muy tajante. Es muy molesto, sobre todo cuando estoy dándole el pecho. A P no le importa, así que a él sí le quita las suyas. Pero normalmente se acuerda de que a mí no debe quitármelas. (A, 13 meses.)

P es griego y habla en griego a O, pero yo le hablo en inglés, O parece ser bilingüe al responder a nuestras formas distintas de cuidar de él. (O, 22 meses.)

La ventaja de que un padre tenga su propio estilo es que puede hacerse cargo de la situación cuando la madre está cansada y molesta.

Llevaba una hora y media intentando que A se durmiera, en una habitación en la que hacía calor y con la ventana cerrada por culpa del ruido de la calle. Y ella no paraba de llorar y no se dormía. Así que llamé por teléfono a P, que acababa de irse a jugar a hockey, y le dije: «Tienes que volver». Así que volvió. Volvió y cogió a A, y un cuarto de hora después estaba dormida y él se marchó a jugar. Después hablamos de ello y P me dijo: «¿Sabes qué? Que yo no estaba en contra de ella». Eso era. Yo me había puesto en plan: «Tengo que ganar». Y supongo que A lo notaba. (O, 3 años; A, 9 meses.)

Cuando A no hace lo que le pido, le digo a P: «Arréglalo tú». Y lo hace. Es muy bromista y se toma el tiempo necesario para convertirlo en un juego para A. Así que A hace lo que le pide. Pero conmigo no lo hace. (A, 20 meses.)

Lamentablemente, si un padre tarda en asumir un papel activo en la crianza de su hijo, o si lo hace de mala gana, la madre tiene que buscar apoyo en otra parte.

Mi madre y yo nos compaginamos muy bien cuidando de O. O la quiere mucho y ella es maravillosa con él. Voy todos los días a su casa. No me gusta volver a la mía. P trabaja mucho y yo lo apoyo. Pero cuando coge a O es como si me estuviera haciendo un favor, no porque quiera cogerlo. Nunca se ofrece. La otra noche, estaba tan cansada... [*llorando*] ¡Allá voy! Le pregunté a P si podía apañárselas para llevarse a O una hora los sábados por la mañana para que yo pudiera dormir un rato más. Y me dijo: «No puedo comprometerme a eso». (O, 6 meses.)

No todos los hombres se convierten en padres voluntariamente. Puede que esto suene sorprendente. Antes eran las mujeres quienes se quejaban de estar abocadas a la maternidad porque sus maridos exigían tener hijos. Hoy, en cambio, puede darse la situación contraria. Parece que hay cierta proporción de hombres que se sienten atrapados por la paternidad. No querían tener hijos, pero accedieron porque sus mujeres insistían en ello.

A veces, después del parto, la madre se encuentra mal o está demasiado alterada para atender al bebé. El cuidado de éste recae entonces en el padre. Muchos padres reaccionan espléndidamente en momentos de crisis. Pero ¿qué sucede cuando es el padre el que se deprime?

Mi pareja querría que siguiéramos estando los dos solos. Está deprimido. Dice que ya no siente lo mismo por mí. No me desea. (O, 5 semanas.)

Primera madre: Mi marido está sin trabajo ahora mismo. Se tumba en la cama y llora. Es como una depresión posparto, sólo que la tiene él. Dice: «¡Ay, con lo feliz que debería ser teniendo un bebé precioso...!» (O, 5 meses.)

Segunda madre: P trabaja desde casa y es estupendo tenerlo allí, pero creo que muchas veces se deprime. (O, 13 meses.)

Tercera madre: P también. Estoy segura. Y él también trabaja desde casa. (O, 3 años; A, 11 meses.)

Los padres que se tumban a llorar en la cama en pleno día no parecen despertar mucha compasión en sus parejas. Puede que a una madre que se esfuerza constantemente y a la que le vendría bien un poco de ayuda, esta actitud le parezca un capricho. «Es como tener dos bebés», suelen comentar con sorna.

Cuando el padre y la madre se distancian, ello puede verse como un problema personal entre los dos. Pero lo cierto es que ahora son una familia. Hasta los bebés más pequeños parecen sensibles a las tensiones entre sus padres.

> Cuando P y yo discutimos, A deja de jugar, se queda callada y no sonríe. Nos mira a los dos y es como si estuviera pensando: «Qué lío». Así que después la siento en mi regazo y le explicó lo que pasa. Le digo: «La cosa ha empezado porque papá ha dicho esto y luego mamá ha dicho lo otro». Y consigo recuperarla. Sé que no entiende lo que le digo, pero aun así funciona porque vuelve a sonreír, y al final se pone a jugar otra vez. (A, 4 meses.)

> Antes me peleaba con P delante de A. Mi hija se ponía pálida, se retraía y se ponía a jugar en silencio en un rincón de la habitación. Nos lo hizo ver un consejero matrimonial. Nos quedamos los dos pasmados. Desde entonces acordamos dejar nuestras discusiones para más tarde. (A, 20 meses.)

> Todos mis amigos me aconsejan que deje a P. Pero es muy duro. Sería muy fácil para mí darles todo mi cariño a los niños y dejar fuera a P. Se está comportando como un bruto. Pero A nota la tensión entre nosotros y le dice: «Papá, dale un beso a mamá». (A, 3 años; O, 2 meses.)

La tensión aumenta cuando los miembros de la pareja no hablan entre sí. A veces, por falta de tiempo. A veces porque a uno de ellos no le gusta hablar. Ambos se sienten utilizados y comienzan a acumular resentimientos. Se distancian. Su intimidad previa parece en peligro. Las parejas descubren con frecuencia que hace falta valor para tender puentes con los que salvar esa tierra de nadie que es el orgullo herido.

No me gustaba la cantidad de alcohol que estaba entrando en nuestra casa. Porque yo también he sido muy juerguista, pero P se bebía una botella de vino cada noche. No me parecía bien. Después no podía ocuparse de A. Así que le escribí una carta. Le decía que lo había visto ser un padre maravilloso con A. Que quería que volviera a ser así. Que quería recuperarlo. Que lo echaba de menos. «Cuando estás bebido —le decía—, no eres tú.» Así que ahora, cuando A se duerme por las noches, pasamos un rato juntos. Estamos mucho mejor. Pero sé que no es una solución definitiva. (A, 3 meses.)

Nos hemos prohibido discutir sobre cuál de los dos está más cansado. Somos padres. Los dos estamos cansados. (A, 5 meses.)

Me enfadaba con P porque acababa de hacer dormir a O y él estaba viendo la televisión y no me hacía caso. Así que tuvimos una de esas discusiones tontas. Y quedamos en que, cada vez que quisiera que me hiciera caso, le daría un abrazo. Y nos está funcionando. (O, 6 meses.)

Algunas parejas retoman las relaciones sexuales poco después del parto. Pero muchas madres necesitan tiempo para recuperarse del parto, tanto física como anímicamente. Por suerte, hoy en día las parejas hablan de sexo con mucha más franqueza que en generaciones anteriores.

Tiene que haber relaciones después de que nazca un hijo. A es la prueba viviente de ello. Pero no mucho, ni siquiera ahora. Este verano, en vacaciones, P bebía un montón de vino tinto, y yo comía un montón de dulces y de chocolate. Se lo hice notar a P y me dijo: «Me alegra que hayas sacado el tema, porque yo iba a decirte lo mismo». Los dos echábamos de menos tener relaciones, pero aunque a P le gustaría tener un poco, yo estoy demasiado cansada. (O, 4 años; A, 12 meses.)

Cuando empezamos [*a hacer el amor*], me sentía hinchada. P me preguntó qué me pasaba. Le dije que no sabía, que me sentía hinchada. Nadie te dice que puede pasar eso. La cosa fue mejor cuando nos dimos cuenta. (A, 15 meses.)

Las madres maduran sexualmente como resultado de haber tenido un bebé. A pesar de estar cansadas, y a pesar de que digan estar hechas un desastre, se las ve resplandecientes, tiernas y femeninas. Sostienen a sus hijos cada vez con más aplomo, tímidas, pero airosas. Cuando un padre descubre que su joven pareja se ha convertido en una bella madre, ello puede añadir un elemento nuevo a la relación de pareja. Lamentablemente, la actual idealización de la belleza prematernal induce a creer a las madres que deben recuperar su aspecto anterior. Hoy en día existen costosas operaciones de cirugía estética destinadas a reducir la «tripita de la mamá» y a recuperar la silueta previa al embarazo. Pero ¿no se dan cuenta las madres de lo guapas que están? El psicoanalista Daniel Stern y su esposa, Nadia Bruschweiler-Stern, se esfuerzan por expresar con palabras esa transformación: «[Su] rostro es más bien íntimo, sereno y reconcentrado en un punto central e inmóvil, lleno de amor sin manifestación exterior alguna. Este rostro posee una belleza sobrenatural».[131]

Esta descripción es sólo una forma de expresarlo. Si los padres percibieran ese nuevo atractivo erótico en sus parejas, quizá pudieran retratarlo mediante la palabra o la imagen fotográfica, de manera que los demás fuéramos también más conscientes de lo que vemos. Mi marido organizó en cierta ocasión un seminario[132] al que asistieron 30 personas adultas, de las cuales 16 eran madres con sus bebés. Conmovido por las madres, comentaría después: «Jamás olvidaré la bella estampa de esas dieciséis madres acunando suavemente a sus bebés, cantándoles o hablando con ellos. Habría hecho falta un gran pintor para hacerle justicia».

La belleza de una madre no cuesta nada, cualquier madre puede alcanzarla. Quizá por eso no se valora.

No se vende ropa específica para madres recientes, de ahí que a menudo digan que no saben qué ponerse. Se dice de alguien con desdén que tiene «pinta de señora». Me sorprende que nadie haya diseñado prendas que diferencien a las madres de otras mujeres, creando un estilo distintivo que realce la belleza maternal. En la actualidad, la belleza se equipara con la primavera del desarrollo sexual de una mujer. Pero cuando una mujer se convierte en madre, alcanza el verano de su feminidad.

Del aspecto físico de los padres primerizos se habla muy poco, en cambio. Convertirse en padre no parece constituir un cambio tan decisivo en la identidad social y sexual del hombre como en las mujeres. Pero ellos también cambian, indudablemente. Un padre conoce ya el resultado de hacer el amor. Quizá se sienta profundamente turbado por la existencia de su bebé. Su alegría y su orgullo se dejan oír en su voz cuando dice: «Éste es mi hijo» o «Soy su padre». Se le ve cambiado. Sus ojos se iluminan visiblemente, su rostro se sonroja y sus hombros adquieren un porte más digno y responsable.

Me acuerdo de que, cuando tenía unos tres años, les dije a mis padres: «Sé que sois mi papi y mi mami, pero ¿cómo os llamáis de verdad?» Me lo dijeron, y después ya no pude volver a llamar «papi» a mi padre. A él le molestaba mucho. «La gente no va a saber que soy tu padre», me decía. (O, 8 meses.)

¿Cómo cambia la intimidad de la pareja a medida que cada uno de sus miembros ve cómo el otro se convierte en una madre o un padre únicos?

He estado dándole muchas vueltas a las cosas estas últimas semanas. Creo que ahora que me he convertido en madre me gusto más. A me gusta, y eso hace que yo también me guste más. Pero ha tenido el mismo efecto sobre P. Este último año su autoestima no ha parado de crecer. Es precioso de ver. (A, 13 meses.)

O estaba llorando y P dijo: «Creo que llora porque le duele el pecho, no el estómago». Y mi reacción fue: «¡Ay, ése es mi hombre! Ya tiene mentalidad de padre. ¡Lo ha conseguido!» (O, 23 meses.)

La intimidad de la pareja ya no es exclusiva. Se ha vuelto más elástica. Hay más espacio entre sus miembros del que había antes. Puede que al principio ambos teman ese espacio que desconocen. Lo que teme la gente es que se repitan relaciones dolorosas ya vividas. Si una persona sufrió en su niñez, cuando era vulnerable, es muy fácil que, cuando tenga hijos y esté cansada y al límite de sus fuerzas, espere que su pareja le haga reproches, o la menosprecie, o la ignore, o haga cualquiera de esas cosas que de niño le hicieron daño. Por ser tan íntima, la relación de pareja puede reabrir fácilmente viejas heridas. Casi todo el mundo parece tener resquemores de infancia. Puede que, en un intento de impedir que vuelvan a hacerle daño, uno ataque al otro. Cuando una pareja se hace daño mutuamente de manera tan profunda que arrastra la amargura durante todo el día, es evidente que ese sentimiento no obedece únicamente al acontecimiento que lo ha causado en apariencia, sino a algo cuya raíz es más honda. Es muy fácil enturbiar la relación presente con las sombras del pasado.

A menudo, el distanciamiento de las parejas se debe a un cúmulo de malentendidos. Pero los malentendidos pueden deshacerse si la pareja encuentra calma suficiente para hablar. La persona A, por ejemplo, oyó la petición concreta que le había hecho la persona B. Pero le pareció esencial «mostrar cierta iniciativa» o «demostrar que no se dejaba mangonear». Ello, sin embargo, hizo que B sintiera que su petición quedaba desatendida. A medida que se va aclarando la secuencia de las reacciones de uno y otro, uno no sabe si reír o llorar.

La intimidad de la pareja se desarrolla, en principio, cuando dos personas cobran conciencia de que su atracción mutua se basa, al menos en parte, en el hecho de que comparten ciertos valores. Puede que además, influidos por las nociones actuales de justicia e igualdad, procuren crear una relación armoniosa basada en la comunicación. Pero tener hijos también pone de relieve sus diferencias. La pareja se ve de pronto separada en padre y madre. Pero el hecho de que sean distintos no significa que sus diferencias amenacen o socaven necesariamente al otro. Las parejas aprenden primero a tolerar estas diferencias, después a no desconfiar de ellas y, paulatinamente, a apoyarse en ellas. De ese modo pueden recuperar el sentido del «nosotros», es decir, una pareja con una identidad muy clara de ser un padre y una madre.[133]

Una relación amorosa tiene mucho que ofrecer. Es una lástima ver hundirse una sola de ellas a causa de malentendidos surgidos tempranamente. Ni siquiera la relación de una pareja madura es perfecta, ni está nunca acabada. Para quienes la contemplan desde fuera, seguramente parece mucho más estable de lo que se ve desde dentro. Pero esa sensación de inseguridad se debe a que la relación está viva y sigue creciendo. Como espectadores ajenos, podemos imaginar que quienes la integran se sintieron siempre en calma y a gusto juntos. Pero casi seguro que ambos tuvieron que esforzarse por conseguir la madurez que han alcanzado.

Que una relación de pareja sobreviva y se haga más sólida y más madura es, sin duda, uno de los logros creativos más maravillosos de la existencia. Su intimidad parece generar y esparcir una paz y un afecto enormes, que nos alcanzan a todos.

12

Intimidad a dos bandas

Cuando una madre tiene más de un hijo, surgen nuevos interrogantes.

> *Yo:* ¿Cómo es tener dos hijos?
> *M:* ¿Te refieres a ser madre por segunda vez? ¿O a tener a dos hijos que criar? Para mí, son cuestiones distintas. (A, 3 años; O, 4 semanas.)

Ésta me parece una distinción acertada, de modo que empezaré por la primera pregunta (¿cómo es ser madre por segunda vez?) para pasar luego a la segunda, la crianza de dos hijos.

Quizá parezca innecesario recordar que sólo podemos tener un primogénito, o primogénitos, si el parto es múltiple. Nunca más seremos novatas. Además, cuando nace un segundo hijo, el mayor puede parecerle a la madre una especie de joven compañero. Puede que, de ese modo, se sienta menos sola con su nuevo bebé.

> Con dos hijos es más fácil. Cuando O llora, le digo a A: «No pasa nada. O llora porque quiere...». Y luego le digo «comer» o «dor-

mir», o lo que sea. Decirle a A en voz alta cuál es el problema me tranquiliza. Estoy segura de que si estuviera sola con un solo bebé que no parara de llorar me pondría histérica. (A, 2 años; O, 8 semanas.)

Al parecer, antes de su segundo parto, muchas madres creen que el nacimiento de un nuevo hijo será una experiencia tan abrumadora como lo fue la primera vez. Algunas, aunque no todas, descubren con sorpresa que se lo toman con mucha más calma.

Esta vez estoy mucho más tranquila. Casi no me angustio por O. (A, 3 años; O, 4 semanas.)

Con el segundo es distinto. No es que no dedique muchísima atención a O. Pero no es todo tan... confuso como fue con A. Cuando la tuve a ella, casi no daba abasto para ocuparme de otra cosa. Si iba al Soho con A, era como si hubiera ido a Marte. Todo me parecía totalmente extraño y chocante, mientras que ahora he estado en Piccadilly y me he dado cuenta de que todo me parecía exactamente igual que antes. (A, 2 años; O, 8 semanas.)

Con el primer bebé, la madre suele tener mucho más tiempo que cuando tiene un bebé y un hijo mayor de los que ocuparse.

Va todo tan deprisa... A es la tercera [*abrazándola*]. Puede que sea la última. Me encanta como bebé, y la primera etapa ya casi ha pasado. (O1, 7 años; O2, 5 años; A, 3 meses.)

A veces, puede que la madre considere «fácil» al segundo hijo comparado con el primero, si ha tenido problemas con éste.

O no durmió toda la noche de un tirón hasta que tuvo tres años. Luego, de pronto, empezó a hacerlo, casi el día de su cumpleaños.

Durante un año y medio, las noches se le hacían muy difíciles. Para él eran demasiado calladas y oscuras, y no le gustaba la idea de dormir diez horas seguidas. Para mí era muy duro. Sabía que tenía que quedarme allí, con él. La gente me decía que debía dejarlo llorar hasta que se cansara. Pero yo no podía. Me parecía un palo por partida doble: no poder dormir, y encima que tu mamá te abandone. A es completamente distinta. No se despierta tanto como él, ni mucho menos. (O, 4 años; A, 3 meses.)

De ello se deduce que un primogénito tiene, posiblemente, una vivencia de su madre distinta a la de sus hermanos menores. Esta diferencia se prolonga indudablemente toda la vida, de manera dinámica. Se puede preguntar, por ejemplo, a un par de hermanos octogenarios cuál de ellos es el mayor, y seguro que si ambos conservan el uso normal de su memoria ninguno de ellos contestará: «Caramba, no tengo ni idea. Espera un momento, vamos a buscar nuestras partidas de nacimiento para mirarlo». No, se trata de una diferencia significativa. Ser mayor o menor dota a cada uno de una historia familiar distinta, y puede sugerir ciertos rasgos de carácter atribuibles a uno u otro hermano. «Yo siempre he sido el responsable», por ejemplo; o bien: «Siguen tratándome como al benjamín de la familia». Incluso en una familia de muchos hermanos, se diría que el orden de nacimiento está siempre cargado de implicaciones para cada uno de ellos.[134]

En su libro titulado *Segundo hijo, madre de dos: todo lo que necesita saber cuando va a tener el segundo*, Rebecca Abrams hace hincapié en la diferencia que supone para una familia el nacimiento de un segundo hijo, y en lo mucho que se suele subestimar su importancia: «El segundo cambia las cosas desde el momento mismo de la concepción, pero no en el mismo sentido que el primero. [...] El modelo de crianza dominante es el de crianza de un solo hijo. Desde el momento en que concebimos al segundo, este modelo pierde su validez, pero continúa conformando nuestras expectativas respecto a cómo será criar a dos hijos, o a cómo debería ser».[135] Señala Abrams que nuestras expectativas se convierten en un estorbo que nos hace más difícil reconocer y afrontar las dificultades que nos plantea esta situación novedosa.

Puede que, durante el segundo embarazo, el nuevo hijo siga pareciendo «irreal». A la madre le preocupa más el hijo que tiene ante sus ojos. Es frecuente que a las madres que han establecido una relación íntima con sus primogénitos empiece a preocuparles cómo ella y su marido se relacionarán con ellos cuando tengan un recién nacido del que ocuparse.

> Ahora que sé que voy a tener otro bebé, me doy cuenta de que mi tiempo para estar sola con O está limitado. Me parece tan valioso... Lo quiero más que nunca. Ya habla. Y pasamos juntos unos ratos maravillosos. (O, 2 años; embarazada de cuatro meses.)

Actualmente, los padres son conscientes de que deben preparar a su hijo para la llegada del nuevo bebé, y hay numerosos libros infantiles dedicados al nacimiento de un hermanito. Estos libros pueden sacar a relucir problemas que quizás al hermano mayor no se le hayan ocurrido aún.

> Corrijo lo que le leo a A. Hay un montón de cuentos sobre hermanos mayores que se portan fatal cuando nace un hermanito y que pasado un tiempo empiezan a portarse mejor. Pero ése no ha sido nuestro caso. ¿Por qué tengo que leerle a A un cuento sobre una niña que es infeliz después de que nazca su hermanito, cuando su experiencia ha sido tan distinta? (A, 3 años; O, 2 meses.)

La psicóloga evolutiva Judy Dunn, autora de un amplio estudio sobre las relaciones entre hermanos, extrajo esta interesante conclusión: «En las familias en las que la madre hablaba del cuidado del bebé como de una responsabilidad compartida y se refería a él como a una persona desde sus primeros días de vida, los hermanos se llevaban especialmente bien durante el año siguiente».[136] Hablar del bebé como una persona, ése es el quid de la cuestión. Puede parecer más sencillo hablar de él en abstracto. Pero preparar al hijo mayor para conocer a otro individuo, a alguien que es tan persona como él, parece un modo realista de que tanto madre como hijo vayan haciéndose a la idea.

Hay madres que se quedan embarazadas pocos meses después de dar a luz. Esto significa que algunos primogénitos no pueden prepararse para el nacimiento de un hermano mayor, por ser demasiado pequeños. Es la madre, en cambio, quien ha de prepararse para criar a dos niños que se llevan tan poco tiempo. La novelista Rachel Cusk descubrió que estaba de nuevo embarazada cuando su primera hija tenía seis meses. Describía así su reacción ante la noticia: «Para mí la maternidad era una suerte de recinto separado del resto del mundo por una valla. Siempre estaba urdiendo planes para escapar de él, y al descubrir que estaba otra vez embarazada cuando Albertine tenía seis meses, regresé a mi antigua celda con la lúgubre resignación de un presidiario huido al que han vuelto a prender».[137] Aunque esta forma de pensar pueda parecerles negativa a muchas madres, debió de ser abrumador (sobre todo teniendo en cuenta que estaba «urdiendo planes» para escapar de la maternidad) afrontar la perspectiva de criar a dos hijos que se llevarían apenas quince meses.

Cuando está a punto de nacer el segundo hijo, surge otro problema. ¿Quién se hará cargo del primero mientras la madre, a menudo acompañada por su pareja, está dando a luz? Muchas madres no pueden relajarse a no ser que sepan que el mayor se queda al cuidado de alguien de quien pueden fiarse.

Primera madre: La semana pasada me quedé con el hijo mayor de mi hermana mientras ella daba a luz a su segundo hijo. Quería, además, proteger a mi hermana. Soy la mayor, y tenía esa necesidad. Me di cuenta de que para ella era un gran alivio poder confiar en la persona que se quedaba cuidando de su hijo. (A, 7 meses.)

Segunda madre: Eso es importantísimo para el parto. Yo tenía una amiga íntima a la que A quiere mucho. En cuanto supe que podía quedarse con A, pude relajarme y estuve lista para dar a luz. (A, 2 años; O, 2 meses.)

Tercera madre: Yo recuerdo que me cuidó mi tía cuando nació mi hermano pequeño. [*Todas las presentes escuchaban atentamente. La tercera madre explicó que había sido una buena experiencia. Tenía unos 8 años y su tía la apoyó especialmente.*]

Cuarta madre: Mi amiga tuvo cuatro hijos muy seguidos. Nosotros cuidamos de los tres mayores cuando nació el cuarto. Dijo que se sintió muchísimo mejor durante el parto sabiendo que los tres mayores estarían bien cuidados. Me comentó que había tenido experiencias anteriores más conflictivas. (A, 9 años; A, 7 años.)

Sería de indudable ayuda que todos fuéramos conscientes de lo mucho que se preocupa una madre por su hijo mayor durante el alumbramiento del segundo. Es la única ocasión en la que no puede ocuparse de él como es debido. Su familia y sus amigos quizás asumirían encantados el cuidado del mayor si cobraran conciencia de lo importante que es para ella.

¿Cómo afecta el nacimiento de un segundo hijo a la relación íntima de la madre con el primero? Durante el embarazo, muchas madres se preguntan preocupadas si serán lo bastante maternales como para querer a dos niños. Suelen decir que les preocupa haber dado tanto cariño a su primogénito que tal vez no les queden «reservas» para dárselo al segundo. (Hemos visto algunos ejemplos de ello en la página 36.)

El nacimiento del segundo hijo trae consigo, casi siempre, un descubrimiento sorprendente. Las madres descubren que su amor no es finito. No hay por qué reservarlo, dividirlo o restárselo al mayor.

> Me preocupaba que cambiaran mis sentimientos por A1. Pero no cambiaron. Simplemente, tienes más amor. Es una cosa maravillosa. (A1, 2 años; A2, 2 meses.)

> Quería tanto a A que no veía cómo iba a poder querer igual a otro bebé. Pero cuando nació O, el amor pareció surgir de la nada. Creo que tenemos la capacidad de querer a un número infinito de hijos. (A, 3 años; O, 6 meses.)

Rebecca Abrams puntualiza que no todas las madres quieren a su segundo hijo con facilidad, ni inmediatamente. Ella, por ejemplo, no experimentó ese rebrote instantáneo del amor maternal. Está de acuerdo en que el cariño por un segundo hijo acaba por llegar, pero no siempre en el momento del parto. «No siempre es fácil querer de sopetón a más de un hijo. El verdadero problema —añade— son nuestras expectativas de que así sea.»[138]

> A2 es muy distinta de A1. A1 me parecía la niña a la que yo quería, y A2 me parecía una extraña. Parecen pequeños desconocidos cuando acaban de nacer. Por A2 no sentí ningún arrebato de amor. Me sentía muy culpable por no ser capaz de vincularme con ella. Pero entonces no la conocía. Tiene una personalidad muy distinta a la de A1. (A1, 2 años; A2, 2 semanas.)

Si la madre se enamora de su segundo bebé, sea inmediatamente, sea poco a poco, ¿qué pasa con los sentimientos que tiene por su hijo mayor, al que amaba previamente? ¿Está ahora completamente enamorada del segundo o profesa dos clases distintas de amor, del mismo modo que una madre canguro puede producir dos tipos distintos de leche?

Suele ocurrir que se quiera al mayor sin reservas hasta que nace el siguiente. En cuanto la madre ve lo pequeño y desvalido que es el recién nacido, comienza a ver a su anterior «bebé» como enorme y maduro, y espera que se las arregle casi tan bien como ella.

> Yo era la mayor. Antes de que naciera A2, me preocupaba mucho no tener cariño suficiente para las dos. Sólo pensaba en el bienestar de A1 y en cómo se las arreglaría con otro bebé. Pero en cuanto nació A2, me di cuenta de que había cambiado. Me sorprendió que me preocupara más la pequeña que la mayor. Sentía que A2 me necesitaba de verdad, mientras que A1 podía arreglárselas sola. Aunque sólo tiene dos años y medio. (A1, 2 años; A2, 5 semanas.)

> A1 es tan mayor... Me enfado con ella por no ser más madura. (A1, 6 años; A2, 2 meses.)

Las investigaciones de Jane Patricia Barrett, autora de una tesis doctoral acerca de las tríadas madre-hermanas, confirman esta pauta general y sugieren que puede prolongarse durante algún tiempo.[139]

Yo misma recuerdo que me sorprendió perder ese afán de protección hacia el hijo mayor porque el recién nacido me necesitaba más. La relación íntima cambia de contenido debido a ello. El afán de protección no es lo mismo que el amor, pero puede que al hijo mayor se lo parezca.

Así pues ¿cómo reacciona el mayor a este súbito vuelco en la relación íntima con su madre?

Los primeros días fueron horribles. O1 no quería acercarse a mí. Me daba la espalda. Se comportaba como si le hubiera sido infiel, como un marido que hubiera traído a casa a otra mujer. Y así me sentía yo también. (O1, 2 años; O2, 6 semanas.)

¿Es voluble el amor materno? ¿Desplazan todo su amor las madres hacia el recién nacido? Parece que no. Muchas madres siguen ocupándose intensamente de sus hijos mayores, a pesar de que su atención inmediata se centre en el recién nacido que depende de ella.

Pienso muchísimo en A. No quiero que se sienta excluida. Y se está portando maravillosamente. Estoy muy orgullosa de ella. Me está ayudando mucho, aunque suela ser en cosas en las que podría pasar sin su ayuda. Me trae algo de beber y de comer cuando estoy dando el pecho. Sabe que dar de mamar da sed. Después fregamos juntas la leche derramada que haya en el suelo. [*La madre explicó que su hija creía que una mujer tenía que beber leche para producirla. Ella intentó explicárselo, pero la niña seguía preguntándole cómo era posible que la comida que tomaba una madre se convirtiera en leche de teta.*] Y le gusta ayudarme a cambiar los pañales a O. A él le gusta que lo cambien rápidamente, y ella tarda el doble que yo, pero quiero que se sienta integrada, y es bueno para su relación con O. (A, 3 años; O, 4 semanas.)

O me deja verdaderamente admirada. Ahora sabe de verdad cuándo estoy intentando dormir a A. Una vez me preguntó si podía cogerla y si tenía que cantarle una canción. Le cantó todo tipo de canciones infantiles. Y, al final, A se durmió. Otra vez trajo dos vasos de agua, uno para él y otro para mí. Se le ocurrió a él y lo hizo todo él solito. De verdad que me deja pasmada. (O, 3 años; A, 5 meses.)

Sin embargo, al principio no es fácil. A casi todas las madres les resulta difícil intentar compaginar el cuidado de un recién nacido con las atenciones tan distintas que demandan sus hijos mayores. Lo más duro es al principio, cuando la situación es nueva, todo el mundo está cansado y los hermanos no han forjado aún una relación propia.

> Lo peor es adaptarse a sus ritmos. O es un bebé y, cuando aflojo la marcha por él, es fantástico hacer las cosas a su ritmo. Pero para A todo tiene que ir muy rápido, porque tiene tres años, y cuesta hacer las cosas a la velocidad que le gusta. (A, 3 años; O, 3 meses.)

Una buena solución puede ser que cada progenitor se haga cargo de un niño. A muchos padres les entusiasma poder estrechar lazos con sus hijos.

> A nos dice a su padre y a mí: «Vosotros sois *mis* padres. Quiero que O se vaya con los *suyos*». A mí se me hace muy difícil. Luego, el otro día, me dijo: «No pasa nada. Puedes ser la mamá de O. Ya no me importa. Yo voy a quedarme con papá». (A, 3 años; O, 5 meses.)

Pero para una madre que ha creado una relación íntima con su hijo mayor, esto puede vivirse como una pérdida dolorosa.

> Tengo la impresión de que sólo cuido del bebé. Ahora, A demanda siempre a su padre. La echo muchísimo de menos. Pero ahora mismo P está de viaje y estamos con mi madre. Mi madre se ocupa de la pequeña para que yo pueda llevar a A al parque o a tomar un chocolate caliente. Las cosas que solíamos hacer antes. (A, 3 años; A, 10 semanas.)

Una madre hablaba de lo feliz que se había sentido cuando, en lugar de pedir a su marido que se ocupara de su hija mayor, le había pedido que cuidara del bebé.

Hace poco, P se llevó a O a dar un paseo para que A y yo pudiéramos pasar un rato juntas. Fue precioso. A estaba contentísima. Estuvimos haciendo dulces. (A, 3 años; O, 6 semanas.)

Así que, aunque muchas madres cuenten que se enfadan con el mayor, su relación previa con él sigue siendo fuerte.

M: O me parece pesadísimo. Suena fatal, pero es la verdad. Todo el rato quiere que le hable de monos. Es su tema preferido. Todo el día.
Yo: ¿Y cómo conservas la calma? Si es que la conservas.
M: Uy, sí, claro que la conservo. Es lo que espera de mí. Él me ve como su mami, que siempre está de buen humor. No quiero desilusionarlo. (O, 3 años; A, 4 meses.)

Antes de escribir este capítulo, no había tomado conciencia de lo mucho que se preocupan las madres por mantener la relación íntima con sus hijos mayores. A menudo hablan de sus primogénitos con especial animación:

Me preguntaba si quería más a A que a O. Y en cierto modo así es. Tu amor va creciendo a medida que crece tu hijo. Al principio, sus necesidades son muy sencillas y tú te limitas a dar gracias por que estén bien. Ahora A ya es mayor y hay muchas más cosas en ella que me encantan. Pero estoy segura de que querré igual a O a medida que vaya creciendo. (A, 3 años; O, 5 meses.)
[*Esto suscitó mi curiosidad. Con el paso de los meses, noté que, en efecto, a la madre iba «creciéndole» un amor más individualizado hacia su hijo, exactamente como ella había predicho.*]

¿Qué ocurre, pues, con el nuevo bebé? ¿Qué clase de amor recibe? Muchas madres cuentan que se comportan de manera mucho más relajada con sus otros bebés que con el primero.

> *Primera madre*: No creo que pueda dejar llorar a O. (O, 9 meses.)
> *Segunda madre*: A mí me pasaba lo mismo con A. No podía dejarla llorar. Pero esta mañana estaba cambiándole el pañal y O empezó a llorar. Y me di cuenta de que no le pasaba nada. Sabía que tenía tiempo de cambiar a A. Lo noté por la forma en que lloraba. Es tan distinto con el primero que con el segundo... (A, 21 meses; O, 13 días.)

> *M*: Yo dejo llorar a O si no puedo ir enseguida a atenderlo. Con A no hacía lo mismo.
> *Yo*: ¿Y no será porque notas que sólo es...?
> *M*: Sí, una rabieta.
> *Yo*: ¿Tu reacción sería distinta si de pronto soltara un grito agudo?
> *M*: Sí, por supuesto. (A, 3 años; O, 6 meses.)

Puede parecer que los segundos reciben un amor mucho más despreocupado. Pero es improbable que así sea. Las madres que ya tienen un hijo han acumulado experiencia y son más capaces de valorar con acierto cuándo un llanto es urgente y cuándo no lo es. Los segundos reciben, pues, una respuesta más segura y ponderada.

Cuando una madre tiene un segundo hijo, el primero se convierte en el mayor. La madre tiene que aprender a poner en la balanza las necesidades de dos hijos, no sólo las de uno, y las suyas propias. Al mismo tiempo, tiene que ayudar al mayor a acostumbrarse a serlo.

Puede haber otras cuestiones que le preocupen. ¿Dispone de mucho menos tiempo para el pequeño? ¿O le permite su experiencia acrecentar su amor y sus atenciones y repartirlos entre sus dos hijos, de modo que pueda dar al pequeño lo mejor de sí misma? ¿Una madre que también fue la segunda en nacer siente una afinidad especial por su segundogénito? ¿Se relacionan las madres más fácilmente con las hijas porque les resultan menos ajenas? Son preguntas interesantes, pero que escapan al alcance de este libro.

Así pues, un segundo hijo puede dar mucho que pensar a su madre. No es simplemente que se adhiera a la familia. Es que la cambia. Todos los miembros de una familia son sensibles a las reacciones de los demás. Judy Dunn trató de poner de relieve la complejidad de estas relaciones: «La forma en que se comporta una madre hacia un hijo concreto está íntimamente ligada al modo en que los otros hijos se comportan con ella y entre sí. Y cuanto más minuciosamente se examinan las conexiones entre relaciones familiares, más complejas parecen ser sus pautas».[140]

Puede que la madre vea de pronto a su hijo mayor bajo una nueva luz:

O2 puso el brazo sobre la espalda de O1 por casualidad. O1 dijo: «¡Mira, mamá! Me está cuidando». Fue muy emocionante para mí. (O1, 2 años; O2, 3 meses.)

Tener otro hijo es una experiencia muy enriquecedora. He visto cambiar a A; de ser sólo mi hija ha pasado a ser la hermana mayor de O. Para ella está siendo todo un descubrimiento. Aunque no siempre se porta bien con él. (A, 3 años; O, 5 meses.)

Una familia de cuatro o más miembros es mucho más ruidosa y ajetreada que una familia formada por dos adultos y un bebé. El segundo hijo llega al mundo en medio del bullicio de las relaciones familiares. Lo normal es que siempre esté pasando algo interesante.

> Me pongo furiosa con A por lo menos una vez al día. Arma tanto jaleo que muchas veces me gustaría que no estuviera. Pero una tarde se la llevó P y de pronto me di cuenta de que es una parte importantísima de la familia. Sin ella todo estaba tan silencioso que O se aburría y tuve que entretenerlo yo. Tenía pensado hacer varias cosas y no pude hacer ninguna. Normalmente, O está todo el tiempo entretenido observando a su hermana. (A, 2 años; O, 5 meses.)

Si se tiene un solo hijo, la tarea de entretenerlo recae principalmente sobre la madre. Con dos o más hijos, la madre de pronto se da cuenta de lo mucho que se divierten juntos. El mayor empieza a relacionarse con el bebé mucho antes de lo que podría pensarse.

> A O le encanta bañarse con A. Y el otro día le trajo un montón de juguetes que no eran muy apropiados para ella. Fue la primera vez que oí a A reírse a carcajadas. Se partía de risa con O. (O, 3 años; A, 4 meses.)

> Es fantástico oírlos reír. Al pequeño, el mayor le parece la persona más divertida del mundo, y el mayor se siente muy halagado. Así que siempre está haciendo cosas para hacerle reír, como ponerse a dar brincos y a hacer aspavientos. (O1, 22 meses; O2, 5 meses.)

Las relaciones entre hermanos no siempre se dan en el marco del juego. Los mayores manifiestan a menudo sentimientos negativos hacia los pequeños. Pero, pese a ello, suelen mostrar un fuerte impulso de protegerlos.

Me da miedo dejar a A sola con O, por si le hace daño. Pero si A cree que su hermano me necesita, me dice: «Mami, O tiene frío, necesita sus calcetines. Mami, ven enseguida, O te necesita». (A, 3 años; O, 5 meses.)

Primera madre: O me dice: «Suéltala, mami. Vamos, tírala al suelo». [*Un rato después, en la misma reunión:*] Hoy A ha estado a punto de caerse de la cama. Ha sido O quien la ha visto y la ha salvado. Luego me ha dicho: «Mami, creo que A es demasiado mayor para estar en la cama. Debería estar en una cuna. Debería estar en mi cuna de bebé». (O, 3 años; A, 8 meses.)

Segunda madre: Así que primero quiere que la sueltes y luego la salva. (O1, 6 años; O2, 4 años; O3, 5 meses.)

¿Se trata de ejemplos de la rivalidad innata entre hermanos, que mucha gente considera inevitable? Sigmund Freud, que nació en el seno de una familia numerosa, reflexionó acerca de esta rivalidad, que él consideraba parte esencial de la vida familiar. Fue un pionero empeñado en dilucidar su propia niñez y en dotar de sentido las anécdotas que le contaban sus pacientes y amigos. «Así pues —escribía en *La interpretación de los sueños*—, mucha gente que quiere a sus hermanos y hermanas y a la que su muerte sumiría en el desconsuelo, alberga al mismo tiempo deseos perversos contra ellos en su inconsciente, deseos que se remontan a las primeras etapas de la vida. [...] El deseo de muerte de un niño dirigido contra sus hermanos y hermanas obedece a su egoísmo infantil, que le hace verlos como rivales».[141] Otros psicoterapeutas han suscrito esta teoría, convertida hoy en día en un lugar común.

Hay varias cuestiones que tener en cuenta: en primer lugar, si el conflicto entre hermanos tiene un componente de rivalidad; y, en caso de que así sea, si esta rivalidad es innata o si caben otras explicaciones.

Dar por sentado que existe rivalidad entre hermanos puede explicar que los niños se peleen entre sí. Pero, en su teoría sobre la rivalidad fraternal, Freud atribuye el origen de los deseos furiosos del niño a su «egoísmo infantil». Esto presupone que el origen de dichos deseos radica en la inmadurez propia del niño. Si aceptamos esta teoría, se hace innecesario seguir indagando para comprender los sentimientos de rivalidad. Pero supongamos que no aceptamos automáticamente la teoría freudiana y que vamos un poco más allá. ¿Es posible que los sentimientos de rivalidad del niño tengan su origen, por ejemplo, en las circunstancias familiares? ¿No deberíamos, antes de aceptar que esta rivalidad es innata e inevitable, preguntarnos si los niños compiten por un motivo concreto?

La teoría de Freud no tiene en cuenta la actitud de los padres. Los padres y las madres pueden influir de muy diversos modos en la relación que sus hijos tienen entre sí. Pueden dar a entender, por ejemplo, que sus hijos han de competir por sus afectos. Para ellos es muy fácil, quizás incluso tentador, sobre todo si están distraídos en otras cosas y les cuesta entregar su tiempo y sus energías, ofrecer a sus hijos una cantidad limitada de cariño para que la compartan. Cuando el afecto se restringe de este modo, o cuando está condicionado, los hermanos compiten enconadamente entre sí por las migajas que les ofrecen sus padres. Son rivales, pero no de manera innata. Sus padres han propiciado una situación en la que se ven abocados a enfrentarse entre sí.

«Pero ¿es justo sugerir —se pregunta un estudio— que los padres son los principales responsables de los celos y las alteraciones que sufre el primogénito? Indudablemente, no.»[142] Esta opinión es frecuente. Hay numerosos libros en los que se afirma que los padres no son responsables de los sentimientos de sus hijos. Los responsables, aseguran sus autores, son los propios niños.

Es cierto que los niños crean sus propios sentimientos. Pero sus celos pueden ser inducidos. Una madre puede, por ejemplo, alentar la rivalidad entre sus hijos mediante la competición constante («A ver cuál de los dos me lo pide más amablemente») o de la comparación continua entre ellos («A ver si lo haces igual de bien que tu hermano»). Es fácil herir los sentimientos de un niño si sólo se lo valora a través de la comparación con otro. Y es fácil, por tanto, que el niño que queda rezagado en la competición o que sale perdiendo en la comparación se sienta herido y acumule resentimiento.

Es poco frecuente, al parecer, que los adultos se abstengan de comparar a los hermanos. Una madre de gemelos de dos meses explicaba que ella procuraba no compararlos entre sí. Pero, contaba, los demás no cesaban de hacerlo. Cualquiera que iba a verlos definía primero el carácter de uno para compararlo acto seguido con el presunto carácter del otro. La madre decía no saber cómo poner coto a esto.

La «rivalidad entre hermanos» puede explicar numerosas relaciones fraternales. Pero, lejos de ser innata, dicha rivalidad puede ser consecuencia de la actitud de los padres. Hay indicios que demuestran que, cuando los padres evitan caer en conductas que estimulan la competición entre hermanos, la rivalidad se atenúa invariablemente, y a menudo acaba por desaparecer. Las estadounidenses Faber y Mazlish, especialistas en crianza, dan comienzo a su libro *¡Jo, siempre él!: soluciones a los celos infantiles* reconociendo el poder de los padres: «De todas esas sesiones y del trabajo realizado en años precedentes surge este libro, como afirmación de nuestro convencimiento de que nosotros, como padres, podemos ejercer un papel decisivo. Podemos intensificar la competición o atenuarla. Soterrar los sentimientos hostiles o permitir que afloren de forma segura. Precipitar las peleas o hacer que la cooperación sea posible».[143]

Muchos libros para padres incluyen un apartado especial dedicado a las relaciones entre hermanos. Los autores ofrecen consejo a los padres acerca de cómo conseguir que sus hijos se porten bien los unos con los otros. Se recomienda a menudo manipular a los hijos para que se porten mejor recurriendo a castigos y recompensas. Esto, sin embargo, no explica por qué los niños no se llevan bien. Puede que, si se detiene a reflexionar sobre ello, la madre descubra que podría relacionarse de manera más equitativa con sus dos hijos. No es necesario manipular a los niños.

La competición y la rivalidad pueden ser muy emocionantes y divertidas para un niño. La prueba evidente son los deportes de competición, por ejemplo. Pero ¿es bueno que un niño tenga que competir por el afecto de su madre? Indudablemente, el amor de una madre puede ser muy abundante, y cada hijo merece una ración generosa.

La cuestión de la rivalidad entre hermanos parece hallarse imbricada con un problema relacionado con ella, pero distinto. Hay veces en que los hermanos se pelean enconadamente, pero no por rivalidad, sino porque intentan resolver cuestiones de justicia. A fin de cuentas, dos adultos que comparten piso pueden reñir por los mismos motivos. Los protagonistas de la pelea no compiten, por tanto, por el cariño de sus padres. Se trata de otra cosa. Están intentando dilucidar qué es justo y qué no lo es. Los asuntos concretos por los que discuten pueden parecer baladíes, y exasperantes, quizá, para sus padres. Pero los principios básicos que están en juego no carecen de importancia. Son, por el contrario, muy serios.

Quizá los niños necesiten la ayuda de su madre para expresar adecuadamente sus puntos de vista y para refrenarse a fin de no recurrir a la violencia física. Es ésta una labor esencial cuando se está educando a más de un hijo. Tras largos periodos en los que los hermanos parecen no hacer otra cosa que discutir, se resuelven de pronto entre ellos gran cantidad de conflictos. En ese momento han aprendido a convivir reconociendo y respetando sus diferencias. Esto les brinda una experiencia muy valiosa a la hora de solventar los conflictos que puedan surgir más adelante con sus camaradas.

No es fácil cuidar de un hijo y protegerlo del peligro. Con dos, es aún más difícil.

Me encantaría ser una de esas madres que dejan que sus hijos hagan todo lo que quieran. Pero no soy así. El otro día, me los llevé a los dos al parque. O2 se puso a jugar con un poco de barro, y estaba encantado. Entonces vi que O1 corría a subirse a un árbol, en la otra dirección. Tenía que ir a buscarlo, porque me parecía peligroso. Y no podía estar con los dos al mismo tiempo. Momentos como ése son los que me sacan de quicio. (O1, 3 años; O2, 16 meses.)

Las madres con un solo hijo se preguntan con frecuencia si el trabajo físico de criar a dos niños no les producirá un cansancio aplastante. Las madres con dos hijos, en cambio, parecen aceptar como inevitable ese cansancio. Así que no se quejan de agotamiento, o al menos no tan a menudo.

No es para tanto. Piensas que con dos hijos estarás aún más cansada. Pero por lo visto las cosas no funcionan así. Con A, estaba agotada todo el tiempo. Con O, no opongo resistencia. Estoy así, simplemente. Y no va durar para siempre. (A, 2 años; O, 2 meses.)

Primera madre: Estoy... cansadísima. No sé cómo... explicarlo. Como ya lo habréis notado. (A, 11 meses.)

Segunda madre: Yo estoy cansada, pero me he acostumbrado. No es lo que más me preocupa. (A, 3 años; O, 10 meses.)

Me acuesto temprano. Tengo que hacerlo. Lo peor es el miedo a estar demasiado cansada para encarar el día siguiente. (O, 4 años; A, 12 meses.)

Al igual que con un solo hijo, el trabajo físico puede ser fatigoso. Pero hay que tener en cuenta, además, la planificación mental, estar pendiente de las necesidades de todos.

Lo más cansado de todo es la planificación. Tienes que anticiparte a todo lo que va a pasar en el día. Tengo que ir a recoger a O a su grupo de juego, y luego habrá que comer, así que tengo que llevar comida para A, para O y para mí en el coche. Y además tengo que llevar el cochecito de A, por si tengo que ir a otra parte. ¡Es agotador! (O, 4 años; A, 12 meses.)

¿Qué sucede con la vida personal de la madre?

Me siento como si fuera una máquina de «hacer». Me paso todo el día haciendo cosas, unas tras otra. Nunca tengo tiempo para mí, o para hacer nada como es debido. Si lo pienso, es bastante triste. (A, 4 años; O, 3 meses.)

Primera madre: A2 quiere que la tenga todo el tiempo en brazos. Y es muy frustrante, porque estoy deseando acabar de escribir un librito. Con que trabaje media hora en él, la semana se me hace mucho más llevadera.
Yo: ¿Cómo lo afrontas, cuando no tienes tiempo de escribir?
Primera madre: No lo afronto de ninguna manera. Sólo tiro para adelante. (A1, 4 años; O, 2 años; A2, 2 meses.)
Segunda madre: Igual que yo. No lo afronto, simplemente sigo. (O, 4 años; O y A, gemelos, 7 meses.)

M: Cuido de A, cuido de O, ayudo a mi marido, me ocupo del piso, intento mantenerme al día en mi trabajo. Y todo a costa de una cosa. De mi tiempo.

Yo: ¿Cuál es tu tiempo?

M: El de la tranquilidad, tan difícil de conseguir en este momento. Y el de comer chocolate. ¡Eso es fantástico! Puedes seguir comiendo después de que te interrumpan. Puede ser en cualquier momento, en cualquier parte. El único problema es que te distraigas y no te dé tiempo a saborearlo. (O, 4 años; A, 12 meses.)

Me sorprendió comprobar, al repasar mis notas, que es muy frecuente que las madres de dos o más hijos se desesperen y que se calmen de nuevo a los pocos segundos. Las madres con solo un hijo no suelen mencionar esos vaivenes tan bruscos.

Primera madre: No me explico cómo es posible que todo sea maravilloso y yo tenga dos hijos preciosos, y que un minuto después O esté llorando y a A le esté dando una rabieta. (A, 3 años; O, 3 meses.)

Segunda madre: Sí, o al revés. Puede ser todo horroroso y no saber una cómo lo aguanta, y de repente, se acabó. (O, 22 meses; A, 4 meses.)

[*Llorando.*] Desde que hemos vuelto de vacaciones, ha sido durísimo. Es por O2. Está siempre muy agresivo, muy bruto. Y empieza a centrar su agresividad en O3. No entiendo cómo es posible que estemos pasándolo de maravilla, como si estuviéramos en la cresta de la ola, y un momento después, de repente, lo estemos pasando fatal y nos vayamos a pique. (O1, 6 años; O2, 4 años; O3, 5 meses.)

M: Estábamos en la cafetería del parque y había cola. A se puso a chillar porque quería ya su magdalena de chocolate, y O también, porque estaba cansado. Yo sabía que si sacaba a O del cochecito y lo ponía en el portabebés, se quedaría dormido, y esto intentaba hacer. Pero justo entonces A empezó a quejarse de que quería hacer pis. Pensé: «Ay, no».

Yo: ¿Y qué hiciste?

M [*con una enigmática sonrisa maternal*]: Puse a O en el portabebés y se quedó dormido. Luego le compré a A su magdalena y se puso contentísima. Así que al final se arregló todo. (A, 2 años; O, 9 meses.)

A veces, sin embargo, dos niños llorando al mismo tiempo son demasiado.

Una noche que se pusieron los dos a llorar les grité: «¡Dejad de llorar los dos, porque mamá no puede más!» (O, 4 años; A, 12 meses.)

Casi todas las madres cuentan que su hijo mayor se muestra muy sensible, emotivo y predispuesto a enfurecerse con ella, sobre todo si ha tenido que prestar mucha atención al pequeño.

A veces cedo ante O, aunque sé que no debería. Cuando A tenía tres días, decidimos salir a dar un paseo por el parque. O quería llevar un juguete que había hecho con piezas de Lego. Yo sabía que se rompería y que perderíamos las piezas, así que le dije que no. Se tiró en el suelo de la cocina y creo que todos los vecinos debieron de oír sus gritos. Le dio una pataleta, y no suele tenerlas. Así que le dije que podía llevarse el juguete. Corrió a guardarlo en mi bolso. A veces hay que apoyar sus sentimientos y escucharlos con respeto. (O, 3 años; A, 4 semanas.)

Dos madres notaron una conducta parecida cuando sus hijos mayores estaban con niños de su misma edad:

Primera madre: Cuando estoy yo, A se acerca corriendo a sus amigos y les grita a la cara: «¡No!» A mí me da mucha vergüenza, porque conozco a sus madres. (A, 3 años; O, 7 meses.)

Segunda madre: Eso es interesante. O1 siempre empuja a una niña pequeña a la que conoce. A mí me avergüenza, porque su madre es amiga mía. Creo que O1 se está portando mal. [*La primera madre y ella estuvieron un rato comparando las conductas de sus hijos.*] Se me acaba de ocurrir una cosa. ¿No será que O1 agrede a esa niña porque ella no tiene que compartir con un hermano pequeño? Tendrá que hacerlo pronto, pero eso ella y O1 no lo saben todavía. Así que la niña recibe toda la atención de su madre. Lo digo porque hay otra niña que tiene un hermano que todavía es un bebé y O1 y ella se llevan muy bien. Hay verdadera comprensión entre ellos. (O1, 2 años; O2, 3 meses.)

Me pregunto si otras madres habrán notado que sus hijos mayores se resienten con sus amigos si éstos no tienen hermanos pequeños.

Hay momentos en que al hijo mayor todo lo que hace su madre le parece mal.

Ahora, a mi hija le encanta su grupo de juego. Le digo: «Hoy vamos a pasarlo fenomenal en casa, O, tú y yo solitos». Y ella contesta: «Pero no voy a tener ningún amiguito con el que jugar». Así que le digo: «De acuerdo, iremos al parque. A lo mejor allí haces algún amigo con el que puedas jugar». Y ella responde: «Pero eso no es un amigo de verdad. Yo quiero jugar con uno de mis amigos de verdad». (A, 3 años; O, 3 meses.)

Cuando O1 está malito, si haces una sola cosa mal, todo se chafa. Le puse su programa de televisión favorito. Le había llevado una bandeja con zumo y patatas fritas. Pero se me olvidó poner la tapa del zumo como a él le gusta. Y se puso furioso conmigo. (O1, 2 años; O2, 6 meses.)

Puede parecer, al considerar interacciones de este tipo, que el hijo mayor se está comportando de manera despótica y que la madre se está dejando pisotear por él. Pero todo hay que entenderlo en su contexto. Estas situaciones son características de una relación íntima. No suelen darse si hay más distancia entre madre e hijo. La familia está interrelacionada, y los detalles, por minúsculos que parezcan, son importantes para ambos.

Antes me sentía culpable por enfadarme por cosas tan pequeñas. Pero ahora comprendo que mis hijos y yo formamos un pequeño ecosistema propio. Si uno de nosotros es infeliz, su malestar nos afecta a todos. (O, 4 años; O, 2 años.)

Esto parece suceder especialmente durante los largos periodos de transición, cuando el hijo mayor, que antes era dócil y tenía buen carácter, se altera y se disgusta de pronto con suma facilidad.

Creo que cantar ayuda. Cuando canto, no los oigo tanto, y eso me ayuda a cambiar de humor. Un día, A estaba llorando y O empezó a chillar para que le hiciera caso. Me puse a cantar una canción a grito pelado. No me acordaba de la letra, así que hacía la-la-la. En cuanto acabé, oí decir a O: «Otra vez». (O, 23 meses; A, 5 meses.)

Las madres, sin embargo, no son unas santas. No resulta fácil ver que un niño irritable echa por tierra todos nuestros esfuerzos. Dos madres, ambas hermanas pequeñas y con hijos de la misma edad, tuvieron la siguiente conversación:

Primera madre: Estoy tan cansada que no siempre tengo energía para ser amable. Y, además, aunque me dé vergüenza admitirlo, creo que tengo una vena cruel y malvada, porque a veces me dan ganas de aplastar a O. Como si fuera una mosca que me estuviera fastidiando. De verdad que me entran ganas de aplastarlo. (O, 3 años; A, 5 meses.)

Segunda madre: Me identifico absolutamente con eso que dices. Yo no habría tenido el valor de reconocerlo. Yo también tengo una vena cruel y malvada. Me dan ganas de aplastar a O, aunque lo quiero muchísimo. Lo que más me molesta es que haga daño a A. Entonces es como si mi amor se esfumara. ¿Y sabes qué? Puede que esos sentimientos no sean malos. Puede que sean normales. (O, 3 años; A, 5 meses.)

Poder compartir estos momentos con otra madre resulta de inmensa ayuda. Es un ejercicio de sinceridad, y ser sincera con una misma parece el modo más idóneo de empezar a resolver nuestros problemas. Estando solas, quizá nos cueste más confesar nuestros verdaderos sentimientos. Es más sencillo, y por lo tanto tentador, culpar a nuestros hijos por hacer que nos sintamos de determinada manera.

Con el tiempo, las madres descubren una cosa que a menudo hay que «descubrir» muchas veces, por ser una sorpresa mayúscula. Y es que la madre no tiene que resolverlo todo por sí sola. No puede hacerlo, porque con frecuencia se incorpora tarde a una disputa y no está, por tanto, en situación de emitir un juicio justo. Puede ayudar a sus hijos ofreciéndoles pautas acerca de cómo decidir qué es justo y qué no lo es. Pero, pasado un tiempo, sus hijos comienzan a resolver sus problemas por sí solos.

A le deja a O todas sus cosas. Él coge esto y aquello, y a ella no parece importarle lo más mínimo. Pero luego se le agota la paciencia. No es una segundona tranquilita y que se deje avasallar. Tiene una voluntad de hierro. Se agarra con uñas y dientes al juguete que no quiere dejarle. (O, 4 años; A, 11 meses.)

Las madres descubren que tener que mediar en una disputa no equivale a tratar a los dos hijos por igual. Hacerlo no suele funcionar porque, aunque dos hermanos tengan exactamente el mismo objeto (dos juguetes de fabricación industrial idénticos, por ejemplo), normalmente encuentran un modo infinitesimal de distinguirlos y de proclamar que el suyo es «mejor».

Las madres aprenden, por el contrario, lo distintos que son sus hijos a medida que éstos crecen. Entonces su amor puede abrirse a cada uno de ellos como individuo único y estimulante por sí mismo.

> Es mucho más bonito tener dos hijos que tener uno. Y yo quería muchísimo a A. Siento un amor distinto por cada uno. (A, 23 meses; O, 7 semanas.)

> Al principio, estaba siempre comparándolos. Pero eso no me servía de nada. A es tan distinta de O. Así que poco a poco aprendí a mirarla a ella, y a dejar de hacer comparaciones para mis adentros. (O, 2 años; A, 7 meses.)

> Son los cuatro tan distintos entre sí. Son unos chicos maravillosos. (15 años; 14 años; 13 años; 11 años.)

> Tenemos tres hijos, en la universidad y fuera de ella. Tengo tres cajas en mi armario. Voy guardando en ellas cosas para regalárselas a mis hijos. Pero no por consumismo. Es mi forma de conectar con cada uno de ellos. (Tres hijos adultos.)

Estas cajas parecen un modo concreto de hacer lo que muchas madres sólo hacen metafóricamente: reconocer a cada uno de sus hijos como distinto de sus hermanos y guardar en su cabeza una caja para cada cual. Esto las libra de esperar que se asemejen y de compararlos constantemente entre sí. Tan pronto como una madre reconoce que es capaz de querer a cada uno de sus hijos por separado, es fácil que su amor fluya hacia ellos. De ese modo, cada hijo tiene una vivencia propia, única y asegurada del amor de su madre. No es preciso que los hermanos rivalicen por él. Puede haber amor de sobra para todos.

Parece un trabajo ímprobo crear una relación íntima con más de un hijo, tratar a cada hermano como un individuo y ayudarles a relacionarse bien entre sí. ¿Acaso las madres no tienen preocupaciones propias de las que ocuparse? Criar a dos o más hijos es, sin embargo, una responsabilidad social tremenda. Si las madres hacen bien su trabajo, están ayudando a sus hijos a relacionarse con sus iguales, incluso con los que menos se parecen a ellos, a resolver conflictos y a crear amistades duraderas. Es ésta una contribución maravillosa a nuestra sociedad.

Puede que el lector tenga dudas si se topa con varios hermanos peleándose en una juguetería, acompañados por su madre furiosa. Pero para quien lo ve desde fuera no es fácil formarse una idea de lo que ocurre. Lo que ve el espectador no es el resultado final, sino la obra de la madre en constante evolución.

13

Relaciones familiares

Cuando una madre espera su primer bebé y mira a su alrededor, es muy probable que, al observar a la familia extensa en la que va a integrarse su hijo, vea numerosas relaciones familiares tensas o distantes. Hasta ese momento apenas tenían importancia. Ahora, en cambio, la madre desearía que su hijo formara parte de una familia cariñosa y bien avenida.

Muchos abuelos, deseosos de apoyar a los nuevos padres, ponen de su parte para restañar la relación con ellos, si ésta es difícil. Este capítulo trata, sin embargo, de las relaciones familiares desde la perspectiva de las nuevas madres.

En las reuniones, las madres tienden a centrarse en los problemas familiares.

> No quieres cargar a tu hijo con todos los desengaños que te has llevado con tu familia. Pero tampoco quieres aislarlo de la familia. (A, 7 meses.)

Los comentarios de este tipo quizá produzcan una impresión negativa acerca de lo problemáticas que pueden ser las relaciones familiares. Las madres, normalmente, aprovechan las reuniones para intentar arrojar luz sobre sus problemas, pero es importante tener en cuenta que muchas relaciones familiares son tan fluidas que no se habla de ellas.

Aprendemos muchas cosas de nuestra familia. Es en el seno de una familia donde empezamos a entender la inmensa complejidad de las relaciones humanas. Puede que, de pequeños, oigamos a nuestros padres recordar acontecimientos de su infancia, y que luego descubramos que la versión de nuestros abuelos arroja nueva luz sobre el relato de nuestros padres.

El filósofo Max Scheler creía que los niños cobran primero conciencia de sí mismos como miembros de una familia, y que sólo posteriormente descubren que también son individuos.

> Muy poco a poco [el niño] va levantando la cabeza de su mente, como si dijéramos, por encima de la corriente que fluye sobre ella, y se descubre como ser que también, en ocasiones, tiene sentimientos, ideas e inclinaciones propias.[144]

Se trata de una interesante teoría sobre el desarrollo de los niños. Es más frecuente que los psicoanalistas den por sentado que un niño desarrolla primero la conciencia de sus propios sentimientos para descubrir después el enfoque familiar. Me pregunto si alguna madre, al observar la evolución de sus hijos, ha reparado en qué fue primero y qué después. Tal vez los niños con muchos hermanos cobren conciencia de su familia antes que los hijos únicos.

Hoy en día, muchas familias son un crisol de matrimonios, divorcios, segundas nupcias y mezclas diversas. No hay términos precisos para definir cada una de estas relaciones. Es frecuente que sólo en los funerales se haga evidente cuánta gente se considera parte de la familia.

Puede que una pareja anuncie con timidez a sus más allegados que está esperando un hijo. Quizá la pareja lo considere una confesión íntima que sólo les concierne a ellos. Pero el nuevo bebé transformará la «geografía» familiar por ambas partes. El benjamín de la familia se verá pronto privado de su lugar de privilegio, pero los miembros de más edad de la familia también se verán afectados por el nuevo nacimiento. «Te das cuenta de que te estás haciendo vieja cuando tus nietos empiezan a tener bebés», comentaba una octogenaria.

Si se trata de su primer bebé, la pareja asciende de pronto al rango de padres. Puede que ello modifique su forma de ver a sus propios padres. Las madres revisan a menudo el ejemplo de sus madres con admiración.

> Nosotros éramos seis. Desde que yo también soy madre, valoro mucho más a mi madre. No sé cómo lo hizo. Nunca había dinero de sobras, como lo hay ahora. Y aun así siempre hacía que nos sintiéramos seguros [*abrazando con fuerza a A y acunándola para demostrarlo*] y a salvo. (O, 3 años; A, 3 semanas.)

> Cuando era joven, no me sentía orgullosa de mi madre. Era muy cariñosa y siempre estaba pendiente de los cuatro, así que supongo que lo daba por descontado. En el colegio, los otros niños siempre estaban diciendo: «Mi madre es esto» y «mi madre es aquello». Y yo pensaba: «¿Por qué no puede ser también algo mi madre? ¿Por qué no tiene un trabajo, como las mamás de los otros niños?» Pero ahora que soy madre, no dejo de pensar que fue fabulosa. (A, 4 meses.)

Si se trata del primer nieto, la nueva abuela es una novata, igual que su hija. Tiene mucho que aprender.

> Yo creía que mi madre sabría qué hacer con A. La considero muy experimentada y competente. Pero me di cuenta de que cuando estaba con A se la veía muy insegura. Fue una sorpresa para mí. (A, 16 meses.)

«*Aprendemos* a ser abuelas, igual que aprendemos a ser madres», comentaba Sheila Kitzinger.[145] ¿Qué es lo que hay que aprender para ser abuela? Sin duda cualquier mujer que ha sido madre sabe de bebés. Puede que el término «abuela» evoque la imagen de una mujer serena y acogedora. Pero puede que al principio no se sienta ninguna de esas dos cosas. Para que una abuela primeriza asuma su nuevo papel, ha de darse primero una transición. De pronto se halla ligada a un bebé cuyo referente primordial no es ella, sino su hija o su nuera.

Algunas abuelas primerizas están muy unidas a sus hijas, y sus estilos son similares:

> Mi madre le dice a O exactamente las mismas cosas que yo. Le oí decirle mientras le estaba quitando los pañales: «Bueno, sé que esto no va a gustarte». Es exactamente lo que le digo yo, pero mi madre no podía saberlo. Y hay otras cosas parecidas que también le dice. (O, 2 meses.)

Otras madres encuentran formas sencillas y prácticas de echar una mano:

> Me fui a casa de mi madre. Cogió a O y me dijo: «Tú te vas a ir a la cama». Yo le dije que no puedo dormir de día. Y me dijo: «¡A la cama! Y quítate los vaqueros». Así que me fui a la cama, y cuando me desperté habían pasado dos horas. (O, 5 meses.)

> Salimos de viaje en Navidad, y mi madre se pasó por casa y me planchó toda la ropa. Me dijo: «Bueno, sabía que no querrías volver y encontrarte con una montaña de ropa que planchar». Sólo a una madre se le ocurre una cosa así. (A, 5 meses.)

Los abuelos que viven cerca quizá puedan ofrecer el apoyo de una familia extensa tradicional. Si se van a vivir más lejos, la madre pierde todo el bienestar y la ayuda que le brindaban.

Mis padres se fueron de nuestro barrio y se mudaron al norte. Nos ayudaban mucho con los niños. Lo sentí un poco como una especie de duelo. (O1, 8 años; O2, 6 años; A, 6 semanas.)

Al mismo tiempo, la madre primeriza, antes sólo hija, descubre que también necesita independizarse de su madre. Esto puede resultar extraño e inquietante.

No tengo queja de mi madre. Creo que fue muy buena madre conmigo. Pero ir a su casa socavó por completo mi confianza en mí misma. Supongo que me «sometí» a su parecer. Siempre lo hago. La escucho y acepto sus consejos. Pero someterme a su criterio respecto a A pareció minar todo lo que había aprendido. (A, 2 meses.)

Tuve una conversación imaginaria con mi madre, como si estuviera hablando por teléfono con ella ahora mismo. Le dije: «Mamá, tú sabes mucho de crianza y tienes un montón de experiencia. Pero hay cosas de A que yo sé mejor que tú». (A, 6 meses.)

Para la nueva madre es de gran ayuda, qué duda cabe, que su madre se sienta orgullosa de ella. Una madre trajo a su madre a una reunión de Mothers Talking. La flamante abuela se echó a llorar al recordar:

Mi marido y yo corrimos al hospital cuando nació O, y lo vimos cuando sólo hacía una hora que había nacido. Y mi marido... [*haciendo esfuerzos por no llorar, y luego sollozando*]. Mi marido lloró. Yo lloré. No me imaginaba que ahora también iba a llorar. Y lo que pensé entonces fue: «¡Qué madrecita tan maravillosa! [*es decir, su*

hija] ¡Qué madre tan maravillosa!» Era tan buena con O... Desde
el principio. [Abuela primeriza con tres hijos adultos.]

Me conmovió su testimonio, y noté que todas las madres del
círculo parecían emocionadas. El hecho de que su historia nos
conmoviera a todas indica, creo, que las abuelas no siempre expresan su enorme admiración y su alegría al ver a sus hijas con-
vertidas en madres.

A veces, la nueva madre quiere cuidar de su hijo de un modo
que difiere del estilo de su madre. La abuela puede sentirse criticada y dolida porque su forma de cuidar a sus hijos, que ya no
puede cambiar, se considere errónea. Pero algunas abuelas primerizas son capaces de revisar sus propias prácticas maternales
y de decantarse por la opinión de sus hijas.

> Cuando estaba intentando dar el pecho, mi madre me decía: «El
> biberón no tiene nada de malo, ¿sabes, M?». Mi madre es bióloga
> y yo le decía: «Mamá, tú deberías saberlo. Sabes lo que hacen los
> animales». Y me decía: «Qué tozuda eres siempre, M». Me contaba
> que, cuando yo nací, todo el mundo decía que dar el pecho era muy
> difícil. No todas las mujeres podían, y la leche de fórmula estaba
> avalada por la ciencia. Pero ahora que he aprendido a dar el pecho,
> creo que mi madre ha cambiado de opinión. Creo que acabará
> siendo la mayor fan de la lactancia materna. (O, 2 meses.)

> Mi madre no para de decir: «¿A que sería estupendo que O viniera
> a pasar la noche con nosotros?» Antes se oponía rotundamente a
> que el bebé durmiera con los padres. Pero ahora, cuando le digo que
> O siempre duerme con nosotros, dice: «No te preocupes, que no
> dormirá solo». (O, 15 meses.)

La madre que lloraba al recordar a su hija convertida en madre (en la página 293), recordó después a su propia madre, de
manera que retrató a tres generaciones de mujeres:

Mi madre nos crió al estilo Truby King.[146] Nunca nos cogía en brazos. Solía decir: «Tesoro, cuando erais pequeños, dormíais toda la noche de un tirón desde el principio». Esta semana cumple noventa y dos años. Ya no debería importar lo que hizo entonces. Pero, cuando eres tú, no puedes evitar pensarlo.

La nueva abuela, sin embargo, descubrió al ser madre que sus hijos no dormían toda la noche de un tirón, sino que se despertaban y lloraban. Y se sintió un fracaso como madre:

A los dieciocho meses, mi hijo pequeño seguía sin dormir de un tirón. Recuerdo que me sentaba de noche en el váter, oyéndole llorar. Me echaba a llorar y pensaba: «No debería haber sido madre. No debería haber sido madre». Y también: «¡Por favor, que duerma toda la noche de un tirón! ¡Aunque sólo sea una vez!»

Su nietecito, de unos 8 meses, tampoco dormía toda la noche. Su madre nos había contado que acudía a consolarlo cuando se despertaba y lloraba. Creo que escuchar sus antecedentes maternales debió de ayudarla a comprender las dudas que la asaltaban a veces respecto a si estaba haciendo lo correcto.

Algunas madres comentan que las abuelas se comportan como si, gracias a sus nietos, tuvieran una segunda oportunidad de ser madres. Entran en una especie de competición con sus hijas, a ver quién sabe más. Esto genera dificultades. Las abuelas no son las madres de sus nietos.

Mi madre estaba siempre criticándome. Se quedó con nosotros durante las vacaciones. Todo lo que hacía le parecía mal, y se quejaba si yo no hacía lo que me decía. Al final, le dijo a mi hermano que yo no lo estaba haciendo bien con mi hija. Y me harté. Le dije lo que pensaba. Se enfadó muchísimo, lloró y se marchó. Yo me sentí un poco mal. Porque a fin de cuentas es mi madre. (A, 6 meses.)

Algunas abuelas no dirigen los comentarios negativos directamente a sus hijas, sino al bebé, lo cual es un modo especialmente tortuoso de criticar a la nueva madre. Se trata de un error por partida doble: en primer lugar, porque implica a un bebé inocente, y en segundo lugar, porque ningunea a la madre.

Mi madre le hace pequeños comentarios a A. Creo que no se da cuenta de lo que hace. Le dice: «Ay, vaya, a tu mamá se le ha olvidado ponerte calcetines». Hace que me sienta una inútil como madre. (A, 4 meses.)

Cuando O se pone a llorar, mi madre no lo coge, como hago yo. Le dice: «No seas tonto. Deja de hacer ese ruido absurdo». Dice que si lo cojo lo voy a malcriar y que eso impedirá que sea independiente. (O, 5 meses.)

La madre y la hermana de P me preguntaron si todavía le daba el pecho a O y si ya dormía toda la noche de un tirón. Me sentí criticada y acabé poniéndome a la defensiva, aunque no me di cuenta hasta después, cuando hablé de ello con P. Me decían: «Pareces cansada». Y yo: «No, no, estoy bien. No me pasa nada». Cuando no estaba en la habitación, oí que le decían a O: «Vas a hacer que tu madre se ponga malita». (O, 7 meses.)

Hay abuelas que se reafirman poniendo constantemente en entredicho la capacidad de sus hijas para valerse solas. Dicen hablar «por su bien». Puede que, vistas desde fuera, parezcan preocupadas. Pero para una madre primeriza estos comentarios ponen de manifiesto la falta de confianza que su madre tiene en ella.

A se despierta mucho por las noches, pero de momento lo llevo bien. Mientras pueda despertarme por las mañanas y decir «Sí, hoy puedo afrontar el día», todo va bien. Pero cuando fui a ver a mi madre, me dijo: «Tienes que mirar por ti». (A, 7 meses.)

Llamo por teléfono a mi madre una vez por semana y le cuento cosas, pero ella siempre intenta resolverlo todo, mientras que yo sólo quiero que me escuche. Muchas veces, cuando cuelgo, estoy llorando. Parece que le doy la impresión de ser muy frágil. Me dice: «¿Es que no puedes ponerte las pilas?» o «¿No te estás poniendo un poco tontorrona, cariño?» (A, 8 meses.)

De lo que con mayor pesar se quejan las madres primerizas es de que sus madres no se interesen especialmente por sus nietos. En lugar de escuchar a sus hijas, se muestran totalmente absortas en sus propias preocupaciones. Algunos comentarios típicos son:

Le diga lo que le diga, siempre acabamos hablando de ella.

Mi madre nunca me escucha. No sabe escuchar. Desdeña inmediatamente lo que le digo.

Mi madre siempre me dice: «¿Por qué te pones tan intratable?»

Cada vez que me quejo, dice que la culpa es mía.

Mi madre contradice todo lo que le digo. Si le digo que a los ocho años era muy infeliz, me dice: «Qué tontería, te lo pasabas de maravilla. No digas esas cosas».

Entre las madres primerizas, el tema de sus propias madres es siempre muy emotivo. Si la abuela ha muerto antes de que la hija se convirtiera en madre, ello casi siempre es motivo de lágrimas. Las nuevas abuelas no parecen darse cuenta de la importancia que cobran de repente. Las hijas suelen año-rarlas, por dolorosa que haya sido su relación anterior. Una mujer adulta quizá sea capaz de ver a su madre en perspectiva. Pero, cuando tiene un bebé, resulta extraordinario comprobar con cuánta vehemencia anhela, por lo general, que su madre ejerza como tal.

> Mi abuela materna murió cuando mi madre era muy pequeña. Sé, de manera racional, que mi madre debe de tener un montón de problemas afectivos. Lo veo cuando no la necesito. Pero, cuando la necesito, pierdo ese enfoque. No consigo aferrarme a él. Sólo quiero que mi madre haga de madre. (O, 5 semanas.)

> Mi madre me estaba diciendo que ella nunca intentó alcanzar la perfección. Sólo quería ser una madre lo bastante buena. Yo le decía «ya, ya», compadeciéndome de ella. Luego, de pronto, me di cuenta de que su hija era yo y pensé: «¡Eh, no! ¿Qué hiciste por mí que fuera sólo lo bastante bueno y no perfecto? Yo quiero lo mejor que puedas darme». (O, 17 meses.)

Algunos conflictos se remontan a la infancia de la nueva madre. Puede que la madre no haya alentado en la hija la seguridad necesaria para convertirse en madre.

> La verdad es que siempre me ha dado pánico ser madre. No sólo por el parto, sino por lo de después. Pánico a no poder dar lo suficiente. Mi madre siempre me decía: «Hagas lo que hagas, ¡no tengas hijos! No tienes carácter para eso». Así que me daba pánico. Y ahora lo he hecho. Ha sido duro, y seguro que las dificultades no se han acabado. Pero soy capaz de dar mucho más de lo que pensaba. Y cuando no puedo, me retraigo y luego *puedo* otra vez. (O, 4 meses.)

Incluso las mujeres que se han vuelto muy independientes suelen ansiar una relación más estrecha con sus madres una vez que tienen hijos.

Una madre apareció tan cambiada en una reunión que todo el mundo lo comentó. Siempre estaba muy guapa, pero esa tarde parecía resplandecer con una especie de luz interior. Dijo:

Creo que ahora entiendo a mi madre. En lugar de fijarme en todas las cosas que no hacía por mí, como ofrecerme su ayuda cuando la llamé diciendo que estaba desesperada y que la necesitaba, de pronto me he dado cuenta de cuál era su origen. Mi madre es una mujer muy fuerte, y yo no entendía por qué no había sido mejor madre para mí. Así que le pregunté, y estuvimos charlando un buen rato. Luego me fijé en cómo era con O, en lo buena que era con él y en lo mucho que lo quería. Y pensé que no podía haber cambiado. A mí también tenía que haberme querido, tenía que haber sido cariñosa y haber jugado mucho conmigo. Y sentí que por fin estaba viendo a mi madre de verdad, y me avergonzó haber tardado tanto tiempo en hacerlo. (O, 20 meses.)

Ése fue, al parecer, un momento decisivo para ella. Reflexiones como la de esta madre no restañan una relación problemática así como así. Pero ayudan. A pesar de que desde entonces han tenido diversos encuentros tormentosos, creo que, básicamente, madre e hija se han reconciliado.

Es muy conmovedor escuchar a una hija reivindicar a su madre:

Primera madre: Una noche, A tenía la nariz taponada de mocos, así que me senté en una silla y me pasé toda la noche con ella en brazos, sosteniéndola erguida, para que pudiera dormir. (A, 14 meses.)
Yo: ¿No son heroicas, las madres? Y sin embargo todos esos detalles parecen olvidarse.

Segunda madre: He estado pensando en eso y es algo que me entristece mucho. Porque he estado pensando en todas las cosas que mi madre hizo mal. Pero también tuvo que haber un montón de cosas que hiciera bien. Y no las recuerdo. (A, 6 meses.)

Las madres también piensan en sus padres. Los pormenores de lo que hacían cuando ellas eran pequeñas se convierten en preciados recuerdos.

Mi padre es un pedagogo nato. Se le da genial responder a la pregunta de un niño con otra pregunta. Hace sumas con A sólo por jugar. Conmigo hacía lo mismo. A mi hija le encanta. (A, 3 años; O, 2 meses.)

Mi padre solía leerme libros cuando era pequeña, y ahora puedo oír su voz a través de la mía cuando le leo en voz alta a A. Creo que era muy inquieta y que mi madre me dejaba en manos de mi padre en cuanto él llegaba a casa, y él iba de acá para allá conmigo. (A, 14 meses.)

Los abuelos, en particular, ejercen en ocasiones una autoridad de viejo cuño que los padres y las madres rara vez adoptan hoy en día.

Mi padre es maravilloso con mis hijos, y ellos lo adoran. Pero, si A está haciendo algo que no debe, le dice con voz grave: «¡A!» Y ella se asusta muchísimo, porque de nosotros no oye esa clase de tono. (A, 3 años; O, 10 meses.)

Otras madres, en cambio, recuerdan a sus padres con enorme pesar. Las dos madres citadas a continuación comentaron que sus padres se quedarían atónitos si supieran lo que de verdad sentían sus hijas por ellos:

Primera madre: Mis padres vinieron a visitarnos el fin de semana, por el cumpleaños de O2. A mi padre, de pequeño, le pegaban con la correa del perro. Con nosotros nunca hizo nada parecido. Pero también hay una forma de matonismo psicológico. Estoy convencida de que es igual de malo. He intentando decírselo, pero noto que no lo entiende. Hace comentarios sobre mí, pero nunca ve las cosas que hago de verdad. Eso me duele muchísimo. Me llega al alma. (O1, 2 años; O2, 12 meses.)

Segunda madre: Nunca he visto a mi padre interesarse por mí. Fui la segunda, otra niña, y no el niño que quería él. Al menos así es como yo lo veo. Nunca me maltrató, pero no se interesaba por nada de lo que hacía... Le dije a mi hija que siempre iba a estar ahí para ella. Y se lo dije llorando. (O, 22 meses; A, 5 meses.)

Ambas madres estaban decididas a ser mejores progenitoras para sus hijos, pero saltaba a la vista que las dos querían a sus padres y que se sentían profundamente dolidas por que su afecto no fuera correspondido.

Puede que los nuevos abuelos consideren llegado el momento de decirles «la verdad» a sus hijas. Una hija puede haber desafiado a sus padres siendo una adolescente y haber herido cruelmente sus sentimientos antes de irse de casa. Ahora se encuentra en una posición vulnerable: va a convertirse en madre. Es un momento propicio para resarcirse. Así que puede que los reproches estén a la orden del día:

Mi padre llegó temprano a mi casa y se quedó allí sentado, poniendo mala cara, hecho una furia. A no quería acercarse a él. Sólo quería estar conmigo, y es natural. Pero mi padre no paraba de decir: «Es que nunca vienes a vernos y A no nos conoce». Pero pasé el verano con ellos, y todos los días mi padre le decía a A que le tenía pena porque mi vida era un caos. A no tiene por qué oír esas cosas. (9 meses.)

Pese a todo, ser madre puede dar a una mujer una nueva oportunidad de reafirmarse ante sus padres. A fin de cuentas, la mayoría de los abuelos quieren relacionarse con sus nietos, de modo que la nueva madre se encuentra de pronto en posición de ser ella quien establezca los términos de la relación.

Mi madre ha tenido cinco hijos y quiere ayudar. Pero a mí me mina mucho el ánimo. Mi familia tiene unas ideas muy dogmáticas. Se empeñan en decir que O quiere manipularme [*sonriendo a su hijo*]. Pero ¿cómo va a manipularme? Así que le propuse que limpiara toda la casa mientras yo daba el pecho a O. A ella le gusta limpiar, y se había ofrecido. (A, 4 semanas.)

Mi madre hace pequeños comentarios sobre lo que estoy haciendo. Así que esta vez, antes de ir a verla, me hice una lista mental de todas las cosas que me reprochaba. Me cuestioné cada cosa que hago y me reafirmé en todo lo que estoy haciendo como madre. Me dije: «La madre de A soy yo». Así que, cuando llegamos allí, lo que decía mi madre no me molestó lo más mínimo. Como cuando le dijo a A: «Tendrás que venir a pasar la noche conmigo». Pero A no puede quedarse con ella, porque mama. Yo no dije nada y la visita fue mucho más tranquila que de costumbre. Luego, cuando mi madre se estaba despidiendo de A en la estación de tren, vi en su cara lo mucho que la quiere. (A, 5 meses.)

En la actualidad, son muchos los abuelos y abuelas que no se limitan a visitar de vez en cuando a sus nietos. Cuando las nuevas madres se ven obligadas a reincorporarse al trabajo y miran a su alrededor en busca de alguien que cuide de sus bebés, sus respectivas parejas suelen ser la primera opción, y sus padres la segunda, a corta distancia. No todos los abuelos viven cerca. Aun así, hoy en día más de la mitad de los abuelos británicos cuida asiduamente de sus nietos. De ellos, un 15 por ciento dedica a esta labor más de 40 horas semanales.[147] El incremento repentino de la ayuda de los abuelos es un fenómeno reciente. Las madres se descubren con frecuencia restaurando como pueden la relación con sus padres para que desempeñen esta tarea. Puesto que dependen de ellos, no pueden permitirse criticarlos en exceso.

Para algunas familias, éste puede ser un arreglo excelente. Pero, tratándose de un fenómeno tan difundido a escala nacional, conviene considerarlo con más detenimiento. ¿Hay alguna razón válida para que tantas madres opten por pedir a sus padres y suegros que cuiden de sus hijos? ¿O se trata de una solución de conveniencia, porque quedarse en casa o pagar a una niñera son opciones inviables económicamente? Si es así, quizás estemos asistiendo a una injusticia por partida triple. Muchos niños se ven privados del cuidado de sus madres durante el día. Muchas madres tienen que renunciar a la experiencia de criar a sus hijos. Y gran número de abuelos están educando a dos generaciones.

A menudo, la madre tiene que volver al trabajo justo cuando su hijo está empezando a explorar terrenos desconocidos para él. Ahora tiene, además, que acostumbrarse a una nueva relación de intimidad. Ir a visitar a su abuela es muy distinto de depender de ella todo el día, en ausencia de su madre. Las madres son conscientes de ello y con frecuencia se reincorporan al trabajo con profundo desasosiego. Sería interesante saber por ellas si consiguen mantener la relación íntima que tenían previamente con sus hijos pequeños.

También sería interesante saber qué opinan los abuelos que se hacen cargo de sus nietos. Ser abuelo es distinto de ser padre, porque el abuelo o la abuela se hayan legalmente *in loco parentis* (en lugar de los padres). Un abuelo no tiene carta blanca. Puede, por otra parte, que la abuela sienta que ya le tocó su turno de ser madre. Quizás aspire a dedicarse a otra cosa.

Problemas parecidos surgen cuando son los abuelos paternos quienes se ocupan de cuidar a los niños. He agrupado las cuestiones relativas a los suegros en esta parte del capítulo. Desde el punto de vista de la madre, la relación con sus suegros difiere de la que tiene con sus padres. Suele ser muy suspicaz respecto a los comentarios de su familia política y ansía demostrar ante ellos que da la talla como madre.

> Mi suegra tiene ocho hijos. Cuando vino, me sentí un poco intimidada. Vino de Estados Unidos, y creo que quería asegurarse de que estábamos todos bien. Yo no paraba de preguntarme qué pensaría de mí. Pasado un día y medio, me dijo: «¿Sabes?, creo que lo estás haciendo muy bien». Me emocioné y estuve a punto de llorar. (A, 2 meses.)

> Normalmente soy una persona muy segura de sí misma. Pero toda esa seguridad desapareció de un plumazo cuando me convertí en madre. En el hospital, cuando nació O, tuve que cambiarle los pañales. Los padres de P estaban allí y su padre me dijo: «¿Se lo has puesto bien?» Normalmente, eso no me habría afectado en absoluto. Estoy segura de que no quería criticarme. Pero para mí era todo nuevo y recuerdo que me sentí juzgada. (O, 2 meses.)

La relación con los suegros suele ser menos íntima. Es frecuente que la madre no los conozca del todo bien. De ahí que puedan surgir dificultades, porque la relación no es aún lo bastante estrecha como para que pueda arriesgarse a hablar con franqueza de sus diferencias.

> Mi suegro fuma. Nunca ha fumado en la misma habitación que A, pero cada vez que viene me pide cogerla, y cuando me la devuelve,

la niña huele a tabaco. No sé qué hacer, ni qué decir. Puede que esté exagerando. (A, 4 semanas.)

Mi suegra está pasando con nosotros toda la semana. O llora mucho porque sólo puede dormir cuando está en su portabebés, erguido, y sólo cuando él consiente en dormir. Así que llora y yo intento calmarlo, y ella me dice: «Necesita llorar. Es bueno que llore». No sé qué contestar a eso. (O, 4 meses.)

Cuesta saber dónde está la línea entre ayuda y entrometimiento. Mis suegros vienen a casa a «echar una mano». Así es como ven ellos lo que nos ofrecen a P y a mí. Mi suegro dijo que iba a segar el césped del jardín. A mí me gusta el jardín tal y como está. Es difícil aceptar la «ayuda» sin sentirla como una intromisión. (O, 6 meses.)

Los suegros de la madre son también los padres de su marido. Éste es, pues, el nexo entre las dos familias. Las cosas pueden resultar más sencillas si el marido apoya a su compañera por encima de cualquier diferencia y no deja que se defienda ella sola. Pero puede que no sepa con qué carta quedarse cuando sus padres vienen de visita.

Mis suegros dicen que soy demasiado blanda con O1. Mi hijo mayor es muy sensible y se disgusta fácilmente. Mis suegros opinan que debería decirle que no con firmeza y en serio. Cuando se marcharon, P me dijo [*imitando una voz dura y severa*]: «O1 tiene que aprender a hacer lo que se le dice». Lo dijo, y ya está. No hubo discusión. (O1, 4 años; O2, 1 año.)

Las suegras constituyen un problema singular. Se diría que algunas de estas nuevas abuelas se sienten distanciadas del bebé porque éste es hijo de la pareja de su hijo, y no de su hija. De ahí que, como pauta común, parezcan reaccionar con un exceso de autoritarismo, o incluso con una sorprendente falta de consideración hacia la madre.

Mi suegra es especialista en hacer comentarios hirientes. Antes de que viera a A, le mandamos una foto, y me llamó y me dijo: «A es el vivo retrato de P. Es idéntica a él de pequeño. Imagino que no esperabas otra cosa». O sea, que confiaba en que yo no esperara que A se pareciera a mí. (A, 2 semanas.)

Tengo problemas con mi suegra. Se presenta en casa y me dice: «Ahora me quedo yo con O. Mejor que tú salgas». Pero yo no quiero irme. No me queda más remedio que reírme, porque hace un montón de fotos y luego las edita con un programa de ordenador. Corta todas las partes en las que salimos P y yo, así que ya tiene un montón de fotos en las que sólo se ve a O. (O, 4 meses.)

Estas suegras no parecen darse cuenta de lo importante que es el papel que desempeñan en la nueva familia. No es necesario, indudablemente, que reafirmen su presencia. Su apoyo y su experiencia pueden ser de enorme ayuda para sus nueras. Pero ambas cosas deben ofrecerse respetando los deseos y la propia existencia de la madre.

Algunas nueras consiguen mejorar la relación por sí solas.

Llevé a O a casa de mis suegros, y está claro que a mi suegra O le recuerda muchísimo a P. Oí que le decía: «¿Te llevo a ver a tu papaíto? Uy, digo, al abuelo». Pensé: «¿Debería pensar que esto es un poco retorcido? No. Estoy demasiado cansada. Déjala que diga lo que quiera». (O, 2 meses.)

M: Mi suegra es muy exagerada. La primera vez que vino a vernos, quería tener a O en brazos todo el rato. Pasada una hora, yo necesitaba de verdad estar con O. Era una sensación física. Pero me molestaba tener que pedirle que me lo devolviera. Luego, cuando se marchó, sentí todo lo que se asocia con la depresión: estaba agotada, sin energía, tenía ganas de llorar constantemente y me enfadaba con O.

Yo: ¿Cuánto tiempo estuviste así?

M: Varios días. Luego decidí llamar a mi suegra. Le dije: «Sé que te encanta coger a O, pero cuando tú lo tenías en brazos, yo necesitaba de verdad estar con él». Y me dijo: «Bueno, pues la próxima vez pídemelo». Después de eso, recobré mi energía. (O, 8 meses.)

A solía ponerse a llorar cuando la cogía mi suegra. Creo que era una respuesta a mis sentimientos, porque mi suegra acaba de jubilarse, y ahora es ella quien cuida de A mientras yo trabajo, y en cuanto decidí pedirle que cuidara de A y cambié de actitud hacia ella, A también cambió. (A, 13 meses.)

A veces, la nueva madre se integra por matrimonio en una familia cuyos valores difieren absolutamente de los suyos. Estas cuestiones son complejas. Con tiempo y buena voluntad por ambas partes puede establecerse una relación cordial y respetuosa con las opciones de todos. Pero a menudo, cuando nace el primer nieto, estas diferencias apenas se han puesto de manifiesto.

Mis suegros son más religiosos de lo que yo creía. Mi madre me dijo hace poco que mi suegra está muy disgustada por que no nos hayamos casado por la Iglesia. Yo no creo en esas cosas. Evidentemente, mi suegra hizo bien no diciéndomelo. Pero ahora que lo sé, me hace gracia. (O, 3 meses.)

Mi marido procede de una familia en la que nunca se habla de los sentimientos. Yo sabía que a su madre no le gustaba cómo estaba criando a mi hijo. Y un día que estábamos comiendo en su casa, estalló de pronto. Estaba toda la familia sentada a la mesa. O no estaba haciendo mucho ruido, pero de pronto mi suegra se levantó y empezó a gritar: «¡Es él y siempre él, él, él y él!» Luego dijo que no debería haberse puesto así. Pero entonces debió de pensárselo mejor. Unas semanas después le dijo a P que creía que yo era mucho mejor madre de lo que lo había sido ella. (O, 7 meses.)

A veces el padre procede de una cultura distinta y puede que a su pareja no le resulte fácil relacionarse con su madre.

No conocía a mi suegra antes de que naciera A. Solía decir que no quería conocer al bebé y a la madre de mi marido al mismo tiempo. Pero literalmente tres horas después de que llegáramos del hospital [*después del nacimiento de A*], se presentó en nuestra casa y se quedó con nosotros un mes. No es mala mujer, nada de eso. Es simplemente que no la conocía. Nació en una aldea africana minúscula. No cocinaba para mí. Creo que pensaba que no iba a gustarme su comida. De eso hace seis meses. Es curioso cuánto me afecta todavía pensar en esa época. (A, 7 meses.)

Con menor frecuencia, una madre lesbiana desea entablar relación con los padres del padre biológico de su hijo.

Mi pareja es una mujer. He tenido a mi hija por inseminación artificial, y P, el padre, viene a vernos con frecuencia. Pero quien cuida de A es mi pareja. Mis padres ya no viven, pero los de P sí. Mi pareja y yo hemos ido varias veces a verlos porque son los únicos abuelos que tiene A. Nunca hablan con nosotras. No quieren saber nada de nuestra vida. Pero son los abuelos de A. Es todo muy extraño. (A, 11 meses.)

Un prerrequisito muy útil para establecer una buena relación con los abuelos por ambas partes es haber tenido abuelos y haber visto a los propios padres relacionarse con ellos.

Nuestro hijo fue el primer nieto por ambas partes de la familia. Así que O1 recibió muchas atenciones. No sé si fue del todo bueno para él. No sé muy bien si es lo normal, porque no conocí a ninguno de mis abuelos. Dos de ellos murieron antes de que yo naciera, y los otros dos vivían en el extranjero y no los veía casi nunca. Así que relacionarme con los abuelos de mi hijo es terreno desconocido para mí. No tengo referentes. Nunca vi a mi madre con su madre. (O1, 6 años; A, 4 años; O2, 8 meses.)

Los abuelos son sólo una parte de la familia. Están también los hermanos y las hermanas que se convierten de pronto en tíos y tías. Las nuevas madres suelen comentar que se entienden mejor con las hermanas que ya tienen hijos.

Vi a mi hermana mayor convertirse en madre. Al principio, no entendía por qué tenía que ser así. Pero ahora veo que estoy haciendo exactamente las mismas cosas que hacía ella. Y comprendo por qué se ha vuelto mucho más segura de sí misma siendo madre. (O, 20 meses; A, 4 meses.)

Tener hijos les brinda, además, nuevas formas de relacionarse entre sí.

Siempre hago caso a O cuando llora. Fui a visitar a mi hermana, que ya tiene dos hijos, y suspiró cuando vio que me levantaba de un salto. Oí que decía algo de «estas madres primerizas». Y me sentó muy mal. Es mi hermana pequeña. (O, 5 meses.)

Tuve mi primer hijo cuando mi hermana mayor se estaba divorciando. Recuerdo que me sentía bastante culpable, como si le hubiera usurpado su papel [*por ser la primera en alcanzar una nueva fase*]. (O, 6 años; A, 4 años; O, 8 meses.)

El hermano de la madre puede convertirse, por su parte, en un tío juguetón.

A mi hermano no le interesan los bebés. [*Era cinco años menor que su hermana.*] Cuando llegué con O a casa de mis padres, mi hermano estaba también, pero no se molestó en bajar a saludarnos. Luego, cuando bajó, dijo: «O es muy guapo, ¿verdad? Es una monada». Y se puso a jugar con él en el suelo, y disfrutó de lo lindo estando con él. Cuando nos marchamos al día siguiente, se levantó muy temprano para decirnos adiós. (O, 8 semanas.)

En algunas familias, los hermanos crían a sus hijos de manera opuesta. Normalmente consiguen resolver sus diferencias, a menos que sus padres favorezcan el estilo de una y critiquen el de otra. «Puede que una abuela no se dé cuenta —escribía Sheila Kitzinger— de que está alentando la rivalidad entre hermanos, e incluso explotándola en provecho propio, cuando habla de sus hijos, de las parejas de éstos y de sus nietos, y compara o contrasta su apariencia personal, su conducta, sus bienes materiales, sus estilos de crianza o sus logros. Aunque no lo haga premeditadamente, los hermanos que sean de por sí competitivos pueden tomarse como una crítica cualquier comentario intrascendente.»[148]

Puede que haya ocasiones en que se reúna toda la familia. Quizá se considere buena idea que todos sus miembros acudan «a ver al nuevo bebé». Es posible que para la mayor parte de la familia éste sea un momento de celebración. Pero la nueva madre es una principiante, y la presencia de tantos familiares puede resultarle agobiante.

El fin de semana pasado fui a ver a toda mi familia. Estaba tan nerviosa que se me aceleraba el corazón. Sudaba y me sentía desfallecida. Cuando acabas de tener un bebé, te sientes como bajo un microscopio. Hasta cuando estaba sacándolo del coche, tuve la impresión de que todo el mundo me estaba observando y tenía su opinión sobre cómo debía hacerlo. (O, 2 meses.)

Mi madre nos invita a su casa todos los fines de semana. Pero creo que esta vez no voy a ir. Para mí es muy estresante. Mi abuela está allí, y cada vez que O llora, dice que se porta mal y que está muy mimado. Que tengo que enseñarle a esperar. Yo le digo: «¿Cómo? ¿Enseñar a esperar a un bebé que sólo tiene dos meses?» (A, 2 meses.)

Una tarde vinieron mi madre y mi hermano, y luego mi abuela. Después llegaron también mi suegra y su familia. Estaba toda la habitación llena de gente. Y todos querían coger en brazos a O. Se lo pasaban de unos a otros, y O se estaba poniendo muy nervioso. Me daban ganas de gritar: «¡Basta! ¡Salid todos, por favor!» Fue muy difícil para mí. (O, 2 meses.)

¿Exageraba esta madre? ¿O debería haber intervenido y haber recuperado a su hijo? Han sido varias las reuniones en las que las madres han recordado que, de niñas, debían hacer la ronda completa, saludando a todos los adultos de la familia. Ninguna de ellas tenía buenos recuerdos al respecto. Un comentario típico era:

Depende de la cultura. Yo tenía que besar a todos mis parientes. ¡Uf! Todas esas barbas que pinchaban y esos alientos malolientes. Recuerdo esas caras pintarrajeadas apretándose contra mí. Esos perfumes y esas barbas pinchudas.

Se deduce de ello que las normas de cortesía, con arreglo a las cuales los niños, al margen de sus sentimientos, han de tener contacto íntimo con sus familiares desde la cuna, pueden exponerlos a vivencias que les desagradan y que años después son recordadas con repugnancia.

¿Merece la familia semejante esfuerzo? Las madres se hacen a menudo esta pregunta. No podemos vivir aislados, sin embargo aún no se ha inventado una alternativa viable. Los experimentos para crear entornos en los que educar comunitariamente a los hijos, tales como el sistema del kibutz israelí, no han prevalecido sobre el fuerte deseo de muchos padres de convivir en estrecho contacto con sus hijos.

Las familias son redes inmensamente complejas y robustas. Ofrecen a todos sus miembros muestras de dinámicas de grupo intestinas en constante evolución. Mucho antes de que se formularan teorías académicas acerca de los sistemas familiares y de que se escribieran estudios sobre conducta grupal, los miembros de cualquier familia habían tenido que adquirir por sí solos, tácitamente, un conocimiento rudimentario de cómo interactuaban entre sí.

El psicoanalista existencial R. D. Laing observaba:

> Cuanto más detenidamente se estudian las familias, más evidente se hace que las mismas pautas se extienden a varias generaciones. Somos actores de una obra que nunca hemos leído ni visto, cuyo argumento desconocemos, cuya existencia alcanzamos a vislumbrar, pero cuyo principio y cuyo desenlace escapan a nuestra imaginación y a nuestra comprensión actuales.[149]

Pese a expresar tan bellamente esta idea, Laing creía en el libre albedrío y en que, aunque seamos «actores» de una obra teatral, quizá podamos tomar decisiones más autónomas si llegamos a entender y a dar sentido a su «argumento». A menudo, reflexionar sobre la historia familiar permite a una madre revisar toda la «obra», y esto la ayuda a decidir cómo educar a un nuevo «actor».

Muchas madres se sorprenden al comprobar cuánto se modifican sus puntos de vista al tener hijos. Ahora entienden íntimamente cosas que se les escapaban cuando oían contar estas historias siendo niñas. De ahí que su interacción con su familia pueda hacerse más lúcida y más sensible.

Estas experiencias deberían considerarse una ventaja potencial cuando las madres se reincorporan al trabajo. Los grupos de personas que trabajan juntas reproducen con frecuencia, de manera espontánea, estructuras de tipo familiar. Algunas empresas aspiran a ser «como una gran familia feliz». La escritora Doris Lessing describe en *El último verano de la señora Brown*, cómo Kate Brown, madre de hijos ya mayores, es mucho más valorada en una gran organización internacional debido a las cualidades maternales que ha adquirido. Cuando busqué una cita breve con la que ilustrar esta idea, comprobé que no había ninguna. Las cualidades maternales son muy sutiles, y Lessing dedicaba varias páginas a construir la impresión que quería comunicar a sus lectores.[150]

Los empresarios, sin embargo, parecen ajenos a esta idea. Una página web dirigida expresamente a madres que quisieran reincorporarse a la vida laboral, enumeraba las cualidades que podían aportar:

> Las empresas visionarias recurren cada vez en mayor número a mujeres profesionales con hijos para suplir necesidades específicas dentro de sus planes estratégicos de empleo. Las madres trabajadoras, un colectivo históricamente infrautilizado, aportan a la comunidad empresarial cualidades clave muy valoradas en el mun-

do corporativo: cualidades como la lealtad, la experiencia, la estabilidad y el compromiso.[151]

Estas cualidades podrían atribuirse absolutamente a cualquiera. Las madres que se reincorporan a la vida laboral llevan
consigo, indudablemente, una experiencia de incalculable valor.
Han aprendido a relacionarse eficazmente con un grupo familiar diverso cuyos miembros se hallan fuertemente imbricados
entre sí. En el trabajo pueden servirse de esta experiencia a otro
nivel para mitigar las tensiones que surgen entre personas a las
que, de otro modo, les resultaría mucho más difícil trabajar juntas. Sus capacidades van mucho más allá de la «lealtad, la experiencia, la estabilidad y el compromiso». Los empresarios, pese
a todo, no parecen tenerlo en cuenta.

14

¿«Ateniense» o «espartana»?

¿Cómo es posible que haya tantas ideas nuevas en torno a algo tan antiguo como la crianza? Constantemente se publican nuevos libros acerca de cómo criar a los hijos. La mayoría, sin embargo, sólo son variaciones sobre dos formas básicas de abordar la cuestión.

Se trata de dos filosofías muy antiguas. Pericles, el estadista ateniense, las identificó ya en el siglo v a.C. La diferencia entre ellas debió de parecerle muy evidente. Durante las guerras entre Atenas y Esparta, Pericles hizo un discurso en defensa de sus compatriotas atenienses. En él afirmaba que eran soldados valientes a pesar de no ser educados en el valor desde la cuna, como los espartanos. Y recordaba a los atenienses que lo escuchaban que:

> Los espartanos son sometidos desde su primera infancia a un afanoso entrenamiento en el valor; nosotros [*los atenienses*] pasamos nuestras vidas sin esos rigores, y sin embargo estamos dispuestos a afrontar los mismos peligros que ellos.[152]

Se habla a veces de condiciones «espartanas», pero ¿cómo eran los antiguos espartanos? Al parecer, se los adiestraba desde pequeños para que no tuvieran miedo a la oscuridad, al frío o a la soledad, y se les enseñaba a no poner reparos a la comida y a no llorar. Los niños mayores eran entrenados para soportar el hambre, y recibían latigazos a modo de castigo disuasorio.[153]

La meta de la sociedad espartana era crear un colectivo eficaz en el que todos estuvieran adiestrados para cooperar en aras del bien común. Los deseos individuales amenazaban este empeño, para el cual se endurecía a los niños desde su nacimiento, haciendo de ellos soldados hábiles, capaces de defender su ciudad natal.

Ésta es todavía hoy una de las dos formas más evidentes de abordar la crianza de los hijos, aunque por lo general se haya suavizado en el terreno de lo físico. Ciertamente, no todas las madres intentan convertir a sus hijos en soldados desde que nacen. De ahí que aquí se emplee el término «espartano» entre comillas. El planteamiento, no obstante, es básicamente el mismo. Con arreglo a esta mentalidad, se insta a las madres a doblegar los deseos de sus bebés en interés del bien colectivo. Aunque los bebés son demasiado pequeños para entenderlo y ello pueda causarles sufrimiento, se da por sentado que se habituarán rápidamente a este régimen de vida.

Truby King, el experto en cuidados infantiles, es un buen ejemplo de ello. A su modo de ver, las madres debían reglamentar los apetitos de sus bebés. Un bebé sano tenía que ser amamantado conforme a un horario cotidiano, creía él, a intervalos de cuatro horas. Pero ¿y si el bebé estaba profundamente dormido en el momento en que el reloj daba la hora de amamantarlo? Truby King cuestionaba a las madres que, diciéndose «No puedo ser tan cruel» (la expresión es suya), se sentían incapaces de molestar a sus bebés despertándolos de su sueño. Según él, había que despertarlos para las tomas regulares.[154]

Más recientemente, han aparecido libros que abogan por esta misma actitud respecto a la disciplina y los hábitos de descanso, o que animan a la madre a mantener una vida autónoma y separada de la de su bebé y la instan, por tanto, a adiestrarlo para que se acostumbre a estar al cuidado de otras personas. Los autores modernos no sugieren, sin embargo, que haya que hacer pasar hambre a los niños o emplear con ellos el látigo como castigo. La madre, no obstante, ha de «manejar» al bebé mediante formas más sutiles de control psicológico. Tracy Hogg, una enfermera de origen británico, ejemplifica este planteamiento:

> [...] Tú no sigues al bebé; lo guías. Lo observas atentamente, aprendes a distinguir sus claves, pero *tú* tomas las riendas y lo animas con delicadeza a seguir el camino que sabes que lo llevará a buen puerto: comiendo, haciendo ejercicio en el grado adecuado, y durmiendo bien después. Tú eres la guía de tu bebé. Tú eres quien marca el ritmo.[155]

La expresión que distingue a la madre «espartana» de su hermana, la madre «ateniense», es ésta: «Tú no sigues al bebé; lo guías». La madre «espartana» está convencida de saber cuándo su bebé necesita comer, dormir o jugar. Su labor consiste, por tanto, en observar lo que hace y en persuadirle con tacto para que se adapte a la rutina que ella considera más oportuna.

El pensamiento «espartano» suele ser claro y directo en su exposición. De ahí que se preste a la letra impresa. Continuamente se publican nuevos libros que hacen hincapié en la importancia de seguir directrices prescritas, y advierten a las madres del peligro de convertir a sus hijos en niños malcriados y antisociales en caso de que no sigan sus pautas de conducta. Estos libros son muy útiles para las madres que buscan un estilo de crianza sencillo.

Otro modo de encarar la crianza es el «ateniense». No hay mucha información sobre cómo se criaba a los niños en Atenas, lo cual significa, posiblemente, que no había un método único y preciso. A falta de un modelo preceptivo, los padres y las niñeras suelen tomar en brazos al bebé cuando llora, darle de comer cuando tiene hambre, y relacionarse con él, en términos generales, de manera cariñosa. Aristóteles, que vivió y enseñó en Atenas durante muchos años, pensaba que las madres amaban a sus hijos del mismo modo que un amigo podía amar a otro. Un buen amigo, escribía, es «el que llora y se regocija con su amigo; y esto se da asimismo, en grado sumo, en las madres».[156]

La mentalidad «ateniense» sigue todavía entre nosotros. Retoma la idea aristotélica de que padres y madres han de entablar relaciones de amistad con sus hijos. Su opuesto, la concepción «espartana» de la crianza, advierte a los progenitores del peligro que entraña esta opción. El pensamiento ateniense era, en cambio, profundamente democrático, y es indudable que su enfoque ha influido en la creación de un estilo de crianza más igualitario. El objetivo de los atenienses no era la obediencia castrense ni la eficacia militar, sino el reconocimiento de que las normas las hacían las personas y podían, por tanto, cuestionarse. A más cabezas pensantes, más alternativas; ésa es la noción básica. De ahí que, conforme al modelo democrático, haya que tener fe en el proceso, más lento, del debate abierto y la escucha de las opiniones minoritarias. El estilo «ateniense» equivale, pues, a tomar en consideración las inclinaciones del niño. No significa, como se alega a veces en tono paródico, que haya que hacer todo lo que se le antoje.

Evidentemente, no hay madres del todo «espartanas» ni del todo «atenienses». Empleo estos términos para clarificar la cuestión. Todas somos en parte «espartanas» porque, como madres, dependemos de la estructura social en la que vivimos insertas. Y todas somos en parte «atenienses» porque no siempre podemos hacer oídos sordos a los deseos de nuestros hijos.

Siempre he profesado simpatía por el modelo «ateniense». La filosofía «espartana» me preocupa desde hace mucho tiempo. Poco a poco, he ido comprendiendo que el modelo «ateniense», tan importante para mí, no es del agrado de todo el mundo. Por suerte, hoy en día, en la mayoría de las sociedades, las madres disfrutan de libertad suficiente para escoger entre uno y otro. Sin duda estas dos antiguas filosofías seguirán floreciendo en siglos venideros como lo han hecho hasta ahora.

Conviene dejar claro que el modelo ateniense constituye una filosofía, porque a menudo las madres «atenienses» temen carecer por completo de argumentos. Desde un punto de vista «espartano», puede parecer que la madre «ateniense» se deja dominar por el temor a controlar a su hijo. Puede que, al igual que Truby King, la madre «espartana» piense que si esta madre asustadiza empleara hasta cierto punto la firmeza y la disciplina, conseguiría mejores resultados. Una madre «ateniense» no es, sin embargo, una madre «espartana» malograda. Quizá le resulte difícil explicar a su hermana «espartana» cuáles son sus motivos para obrar así, pero hay una lógica que sustenta sus actos.

En la actualidad, son muchas las madres que se reincorporan tempranamente al trabajo. Esto ha contribuido a poner de nuevo en boga los métodos, más estructurados y sistemáticos, de la crianza «espartana». Dichos métodos ofrecen la esperanza de resolver gran parte de los problemas que afrontan las madres «atenienses», con cuyos valores, sin embargo, entran en contradicción. Las madres «atenienses» adoptan métodos «espartanos» porque éstos son eficaces, pero al mismo tiempo se sienten desorientadas, como si al hacerlo se hubieran adentrado en territorio enemigo. Confío en que, resumiendo su filosofía como «ateniense» y poniendo de manifiesto la lógica en la que se apoya, este capítulo ayude a aclarar este modelo de maternidad.

Muchas madres se inician en el estilo de crianza ateniense dando de mamar a sus hijos. La lactancia materna es democrática. Funciona bien cuando madre e hijo colaboran. Las decisiones tomadas de común acuerdo son de índole pragmática y no requieren normas; ni siquiera la ayuda de un reloj. Los bebés evidencian con toda claridad con qué frecuencia tienen hambre, si sus madres les están sosteniendo en la posición adecuada para darles de mamar y si ya han comido lo suficiente. Es fácil que la lactancia fracase, en cambio, si la madre ha sido adoctrinada a ser ella quien lleve la voz cantante y a controlar los intervalos entre tomas y la duración de éstas. Un bebé de poco tiempo, acuciado por el hambre aguda, está a menudo tan alterado que no se relaja lo suficiente para mamar cuando por fin su madre se lo permite. La leche materna se genera a demanda, lo que significa que la succión del bebé decide cuánta leche produce la madre. Si actúan en consonancia, madre y bebé forman un buen equipo capaz de instituir la lactancia natural y de prolongarla en el tiempo.

Las madres que fundaron La Liga de la Leche, la asociación internacional para la lactancia materna, comenzaron por recabar información sobre los hábitos de lactancia. Descubrieron que las tomas cada cuatro horas, instituidas por Truby King a fin de promover la lactancia natural, habían ocasionado, por el contrario, problemas generalizados a la hora de mantener el suministro de leche materna. De ahí que en *El arte femenino de amamantar*, el manual publicado por La Liga de la Leche Internacional, se anime a las madres a dejarse guiar por sus bebés: «No temas "ceder" ante tu recién nacido. "Ceder" ante él es una buena práctica. Dale de mamar conforme al horario que él marque. Reconfórtalo cuando esté alterado».[157]

Sheila Kitzinger se quejaba de que algunas personas recomienden a las madres «enseñar al bebé quién lleva la voz cantante» o «que vea que eres tú quien manda». Y acto seguido añadía: «Es tremendo referirse en estos términos a la más tierna y sutil de las relaciones humanas».[158]

Janet Balaskas, especialista en preparación al parto y fundadora del Active Birth Centre, escribía: «Siempre es preferible reaccionar al llanto lo antes posible, antes de que tu bebé se ponga nervioso y se altere de verdad. Su llanto tiene por objeto llamar tu atención y asegurar su supervivencia. Los bebés no son capaces de manipulación alguna, ni vas a "malcriar" a tu hija por acudir inmediatamente y cogerla en brazos».[159]

Es interesante que estas madres más «atenienses» tengan tan presente lo que dirían los defensores del estilo «espartano». Siento curiosidad por saber si también es cierto lo contrario. Me pregunto si escuchar a sus hermanas «atenienses» suscita algún desasosiego en sus hermanas «espartanas».

Una madre «ateniense» comienza su andadura de manera distinta a una «espartana». No tiene un plan práctico y preciso para adiestrar a su bebé en la obediencia, sino que quiere hacerse amiga suya.

> Mis padres eran muy estrictos y chapados a la antigua. Mi madre siempre decía que yo era mala. Decía que de pequeña era una pesadilla, que me subía a todas partes, que salía corriendo, igual que él [*señalando a O*] y que le daba vergüenza llevarme a cualquier parte. Así que ahora tengo mucho cuidado de no enfadarme cuando O hace esas mismas cosas. Él no sabe que eso está mal. No quiero que se sienta malo. Sólo tiene curiosidad, y no quiero que pase por lo que pasé yo. (O, 15 meses.)

La madre «espartana» hace, por lo general, todo lo que está en su mano desde el principio para controlar y reglamentar el comportamiento de su bebé. Los recién nacidos tienden a adaptarse a su entorno, de modo que la madre obtiene pronto el resultado deseado. Su hermana «ateniense» no impone orden del mismo modo. Intenta comprender a su bebé y hacerse amiga suya. Durante las primeras semanas, se siente a menudo perdida, con un bebé al que no comprende y con el que aún no ha entablado una relación de amistad. Es frecuente, por tanto, que al verse interrogada por una madre más segura de sí misma la madre «ateniense» se muestre indecisa y compungida.

> Mi madre y mi hermana siempre están dándome la lata por dar de mamar a O tan a menudo. Cuando me llaman, siempre preguntan: «¿Has solucionado ya lo de las tomas?» Yo les digo: «¿Solucionarlo? ¿En qué sentido?» Me limito a dar de mamar a O cuando llora, y normalmente funciona. Pero dicen que es por el horario, que le doy de mamar demasiado a menudo. Sólo intentan ayudarme, pero en esos momentos yo empiezo a cuestionarme como madre. (O, 3 meses.)

> Esta semana he estado muy desanimada, me he sentido muy insegura. Todo empezó cuando una amiga me contó que dejaba llorar a su bebé hasta que se dormía. Dice que ahora no le da problemas. Pero O sigue despertándose y yo no dejo de preguntarme si no debería enseñarle a dormir y si no le estaré perjudicando. (O, 6 meses.)

Las madres «espartanas» aplican la dureza en sus métodos porque piensan sólo en el resultado. El fin justifica los medios. Puede que el bebé tenga que sufrir una alteración pasajera en pro de un resultado duradero. Su hermana «ateniense» no tiene un plan de acción tan nítido ni con fines tan obvios. Algunas madres se reafirman en sus convicciones cuando recuerdan cómo las criaron a ellas.

Me crié en un país en el que a los niños se los lleva siempre encima. Mi madre me llevó a cuestas durante años. Dormía con ella.
En Gran Bretaña, [en cambio], todo eso está regulado. Cuando
veo a un niño en una cuna, tengo la impresión de que está muy
solo. (O, 7 semanas.)

Mi madre vino a vernos [*desde Extremo Oriente*] y empezó a preguntarme por mi rutina. «¿Qué rutina es ésta? —decía—. ¿Por qué
lo haces? No puede ser. Tienes que dar de comer al bebé cuando lo
necesite. No está bien esta "rutina".» (O, 5 meses.)

M: Mi madre siempre me dejaba levantada hasta que yo quería.
Nunca me llevaba a la cama. Ella lo consideraba una ventaja. Solía decirme: «Eras demasiado inteligente para irte a la cama temprano. Te gustaba quedarte levantada con nosotros, y yo no veía
razón para prohibírtelo».
Yo: Entonces, ¿eras tú quien decidía cuándo irse a la cama cuando
te cansabas?
M: Sí. (O, 6 meses.)

En cambio, las madres que fueron educadas conforme a un
régimen «espartano» y que, pese a ello, optaron por un estilo de
crianza más «ateniense», luchan por superar dudas dolorosas.

Desde pequeña me enseñaron que no debía tener todo lo que
quería. Así que ahora estoy muy confusa con O. Le gusta quedarse
dormido mamando. Pero, evidentemente, yo quiero que se duerma
solo. Así que ¿le enseño a dormir solo? Luego pienso que le gusta
muchísimo quedarse dormido mamando. Así que ¿le dejo? En fin,
que no sé qué hacer. (O, 6 meses.)

No puedo dejar llorar a O. No puedo. Lo tomo en brazos, lo dejo
en la cuna, se acomoda y enseguida se despierta. Lo cojo en brazos
y vuelta a empezar. Es duro. Me paso así unos veinte minutos. Y le

hablo y le canto. Le digo que la noche es para dormir y soñar. Le digo lo que vamos a hacer al día siguiente, y que primero tiene que dormir bien para que pueda disfrutarlo. Y me alegro muchísimo de no tener que usar los métodos de tortura que recomiendan ciertos libros para conseguir que tu hijo se duerma. (O, 10 meses.)

Esta madre había crecido en un país centroeuropeo en el que los niños eran sometidos a una rígida disciplina para que aprendieran a dormir toda la noche de un tirón. Le costaba mantener su postura, de ahí que padeciera crisis cíclicas en las que dudaba de sí misma, seguidas por periodos de reafirmación que acababan cuando otro incidente disparaba de nuevo sus dudas.

Las demandas de un recién nacido son muy sencillas. Muchas madres «atenienses» hablan del alivio que sienten cuando, pasadas las primeras semanas, se dan cuenta de que este estilo de crianza amable puede funcionar.

No sigo ninguna norma, ni leí ningún libro. Cuando nació O, me puse a ello, sin más. Fui la primera que parió de mi grupo. Llevábamos seis semanas de adelanto. Todas las demás seguían las normas a pies juntillas. Me extrañaba que estuvieran siempre mirando el reloj y que estuvieran tan ocupadas organizándolo todo que no pudieran disfrutar de sus bebés. A mí me encanta estar con O. Pero imagino que ellas no se sentirían a gusto criando como yo a sus hijos. Les gusta tenerlo todo organizado y controlado. (O, 3 meses.)

Cuando tienes un bebé, es como si todo el mundo fuera pediatra. De pronto, todos saben lo que tienes que hacer. Antes, O se despertaba cada hora y media por la noche. La gente me decía que tenía que enseñarle a dormir. Pero ni a su padre ni a mí nos gusta hacer las cosas así. Y luego, hará un mes y medio, de pronto durmió toda la noche de un tirón. Y yo no había hecho nada. (O, 4 meses.)

Me llevé una sorpresa cuando, al repasar mis notas, pude comprobar con cuánta frecuencia comparaban estas madres su forma de abordar la maternidad con los métodos más estructurados y sistemáticos de las «espartanas».

Con el tiempo, los bebés evolucionan y ganan independencia. Las madres «atenienses» se topan entonces con un nuevo obstáculo. Han escuchado a sus bebés y se han tomado en serio sus deseos. Sus hijos se están convirtiendo en niños pequeños, pero tenaces y seguros de sí mismos. A menudo hay una fase en la que todo parece ir sobre ruedas. Pero sus hijos carecen de experiencia. Ahora que son algo mayores, pueden expresar inequívocamente lo que desean, pero también pueden ver y alcanzar cosas que, por su seguridad, no deben manipular. Tienen mucho que aprender respecto a su bienestar físico y respecto a las sutilezas de las relaciones sociales. Pero ¿cómo le transmite esto a su hijo una madre «ateniense» que no le ha inculcado la noción de obediencia propia de su hermana «espartana»? ¿Empieza a decirle de pronto que no a gritos?

O tiene clarísimo qué cosas no puede tocar. Pero no son tantas. Luego hay un montón de cosas intermedias. Cosas que yo preferiría que no tocara. Con ésas no sé qué hacer. (O, 16 meses.)

Una madre «espartana» lo tiene más fácil. A su modo de ver, la conducta de los niños debe regirse por una serie de normas precisas. Su método no consiste en explicar cada norma, sino en enunciarlas y hacerlas cumplir, a menudo mediante el castigo y la recompensa. Ambas madres tienen que inculcar en sus hijos el respeto por su seguridad física y el conocimiento de las normas morales de conducta social. Del niño «espartano» se espera que aprenda una serie de reglas. Una vez aprendidas, siempre sabe qué hacer. El niño «ateniense», en cambio, se encuentra en la difícil posición de tener que asumir que no hay muchas normas. Su madre va formulando sus ideas a medida que surgen los problemas, de modo que el niño suele descubrir qué es lo que no debe hacer sólo después de haberlo hecho. Puede que de pronto tenga que acordarse de un montón de minucias. No debe tirar del borde despegado del papel de la pared, ni chupar la punta de un boli, ni arrastrar la silla por el suelo pulido. Luego están las prohibiciones sociales, más sutiles, como cuando se le enseña que nunca diga mentiras para a continuación pedirle que dé las gracias por educación, aunque ello equivalga a un acto de hipocresía. Su madre intenta a menudo explicarle el motivo, además de la norma, y son por tanto muchas las cosas que el niño ha de asimilar.

La diferencia se hace especialmente evidente en el modo en que la madre enuncia la norma. El estilo «espartano» tiende a ser directo y escueto. «No salgas a la carretera», por ejemplo. Y se acabó. La madre «ateniense» dice lo mismo, pero suele añadir algo como: «¿De acuerdo?», «¿Has oído lo que ha dicho mamá?» o «Lo digo en serio». El niño «ateniense» intuye de inmediato, leyendo entre líneas, que la norma no es inamovible.

La madre «ateniense» va comprendiendo poco a poco que puede confiar en las buenas intenciones de su hijo. El niño no se porta mal adrede. Pero ¿cuándo debe intervenir ella y por qué motivos? En todos los ejemplos que se citan a continuación, la reacción «espartana» habría sido obvia y contundente:

Las cosas están cambiando. O ya sabe gatear. El otro día estaba lavándome los dientes en el cuarto de baño y de pronto me di cuenta de que O había cogido la escobilla del váter, que estaba realmente asquerosa. No quiero estar diciéndole constantemente que no toque las cosas. Pero la escobilla del váter no podía cogerla, eso está claro. Así que de pronto tengo que empezar a hablarle de peligros. (O, 6 meses.)

O tiene pesadillas. Me he pasado toda una noche sentada con él porque le daba miedo quedarse dormido. No sé si hago bien, o si estoy loca. Me siento perdida. (O, 19 meses.)

¿Qué haces cuando otro niño pega al tuyo? No quiero que mi hijo devuelva el golpe, pero he leído que es bueno para ellos que den salida a su agresividad. (O, 2 años.)

Estas diferencias pueden crear tensiones entre madres.

No hay un único conjunto de normas sociales. Cada grupo de amigos es distinto. Algunos dicen: «Vale, vale», y otros: «Aquí eso no se hace». Esa tensión forma parte de ser madre. La noto en todo mi cuerpo. (O1, 6 años; O2, 4 años; O3, 7 semanas.)

Cuando oyes hablar a las madres «atenienses», puede parecer que son caóticas y que no imponen ningún límite, y que las «espartanas», en cambio, son más coherentes y sistemáticas. Pero no es verdad. Es imposible no imponer ningún límite. El problema radica en que la madre «ateniense» se cuestiona constantemente los suyos propios a fin de no ser injusta con su hijo.

A O1 no le permitimos usar rotuladores, pero esta mañana me pidió uno. Tenía muchísimas ganas. De pronto me di cuenta de que lo necesitaba de verdad. Así que se lo di. Se quedó dormido con él en la mano, diciendo «¡Rotu!» Entonces supe que para él era muy importante. (O1, 2 años; O2, 3 meses.)

Esta redefinición de los límites depende de que la madre sea capaz de enunciar sus argumentos («Si O desea algo con vehemencia, debería replantearme si puedo dejárselo») y de explicárselo a su hijo, en caso de que éste tenga edad suficiente. De ese modo, el niño «ateniense» puede confiar en que los límites tengan sentido.

Si el niño «espartano» quebranta alguna norma, su madre se limita a decir: «No quiero oír excusas. Sabes perfectamente que no puedes jugar con el portátil de mamá». El niño «ateniense» se ve obligado a entrar en un diálogo mucho más prolijo. Pero al menos tiene voz. Su madre quiere saber qué ha pasado. De ese modo, los accidentes y los errores pueden explicarse, y a menudo también perdonarse.

Quizás ambas madres sobrestimen la experiencia de sus hijos. Como adultas, tienen una idea general de qué puede romperse con facilidad, de qué es muy caro para comprarlo o de qué comentarios suenan ofensivos. Si una madre «ateniense» le dice a su hijo que no haga algo, suele explicarle sus motivos. Pero algunos motivos le parecen tan obvios que da por sentado que su hijo debe conocerlos. De ahí que su desconocimiento la exaspere.

Para la madre «espartana», lo que cuenta es el comportamiento. La razón por la que ha obrado mal su hijo carece de importancia. Ninguna explicación excusa su conducta. Lo que está mal, está mal, y ello puede ser muy sencillo y muy claro a ojos del niño. El niño «espartano» puede ser castigado por portarse mal. Al niño «ateniense», en cambio, se le interroga y se le muestran argumentos para ayudarlo a comprender cómo hacer bien las cosas.

¿A qué edad necesitan los niños explicaciones y razonamientos? Las madres «atenienses» intentan exponer sus argumentos incluso cuando sus hijos son bebés, porque, razonan ellas, a través de su tono de voz les están haciendo llegar un mensaje. Pero puede que un niño reflexivo no siempre acepte el razonamiento de su madre.

> O sabe que el horno quema. Pero alarga la mano para tocarlo y me mira como diciendo: «Tengo que comprobarlo por mí mismo». (O, 10 meses.)

Esto se confunde a menudo con una «maldad» premeditada, sobre todo si el niño desobedece a su madre. ¿A cuántos niños se ha castigado por ser «malos» cuando, si tuvieran madurez suficiente para explicarse, podrían decirnos que sólo los movía el deseo de experimentar? Una madre que después se dedicó a la investigación contaba:

> Recuerdo que, cuando tenía unos tres años, pensaba: «¿Qué pasaría si tirara a mi madre del pelo?» Recuerdo que me extrañaba no saber la respuesta. Así que tiré a mi madre del pelo con las dos manos, muy fuerte, porque era un experimento. Y ella gritó, y se enfadó muchísimo conmigo, y me encerró en mi cuarto. Y recuerdo claramente que pensé: «Ah, o sea, que esto es lo que pasa». (O, 6 meses.)

Pero si un niño está experimentando con algo realmente peligroso, tanto la madre «ateniense» como la «espartana» gritarán alarmadas. Se diría que los niños reconocen de manera instintiva ese grito agudo. Incluso los más tenaces parecen saber, al oírlo, que ha llegado el momento de portarse bien.

El problema es que, en una situación que no revista urgencia, cuando la madre intenta comprender lo que está haciendo su hijo, el proceso puede alargarse. Su hermana «espartana» se limita a decir un «no» rotundo, y con eso basta. ¿Debería hacer lo mismo la madre «ateniense»?

Un caso típico son los peligros físicos. Un día, un niño pequeño prueba algo que a él le parece uno más de sus experimentos cotidianos. Hace girar una de las llaves del gas de la cocina, que están a una altura perfecta para él. La llave gira fácilmente y, como no ocurre nada visible, el niño se va a hacer otra cosa. Le sorprende que su madre grite: «¡No!», que cierre la llave del gas y le diga, sin motivo aparente, que no debe volver a tocarla. ¿Por qué se enfada? ¿Por qué actúa como si él hubiera hecho algo terrible? Algunos niños se retraen y suponen que no tocar las llaves del gas es una más de esas órdenes sin explicación que han de obedecer. Otros, en cambio, se empeñan en seguir experimentando y vuelven a girar la llave a la primera ocasión. Su acción no produce ningún cambio, pero la madre vuelve a montar en cólera.

Puede que saque a su hijo de la cocina y que cierre la puerta. Al día siguiente, están los dos en la cocina y, en cuanto se descuida, el niño se va derecho a la llave del gas. ¿Por qué este niño, pese a ser inteligente, sigue jugando con ella cuando su madre le ha pedido que no lo haga? Ella siempre le ha escuchado con respeto. ¿Por qué no hace él lo mismo? ¿Por qué no la escucha? La madre creía que podía confiar en él. Ahora se pregunta si no estará criando a un delincuente y si no habrá fracasado como madre. El niño se transforma de pronto a sus ojos y pasa de ser el hijo al que ama y en el que confía a ser un monstruo en potencia.

Es fácil que el niño perciba, a través del tono de voz de su madre, que ésta le culpa por no comprender de inmediato los riesgos del gas. De modo que no sólo se desconcierta por la reacción angustiada de su madre, sino que se siente incomprendido. Se trata de una situación demasiado compleja para que la explique, de modo que intenta resolver el problema mediante la acción. Sigue volviendo a la llave del gas, no para provocar a su madre, sino (así lo creo después de escuchar a muchas madres que describían situaciones parecidas) para obtener de ella una reacción más favorable. Se diría que lo que quiere es que ella reconozca que no es un monstruo, sino su hijo amado, a pesar de que juegue con la llave del gas. Pero su madre está atónita. Ha oído a los «espartanos» criticarla por ser demasiado indulgente. De repente se pregunta si esta conducta reiterada no obedecerá a un deseo premeditado de desobedecerla. Enseguida se le vienen a la cabeza las reacciones típicamente «espartanas»: «Sabe perfectamente lo que le estoy pidiendo», «Le gusta provocarme», «Mano dura, eso es lo que se está buscando».

Una madre «espartana» se impone sin contemplaciones. Lo que el niño necesita, sin embargo, es que su madre desenrede el embrollo. Las llaves del gas son peligrosas, aunque no lo parezca. Hay que dejarlas en la posición de «apagado» a menos que se estén utilizando. Pero el niño no tiene la culpa de no darse cuenta de ello, ni de que le resulte sumamente difícil entenderlo. Los peligros son, en su mayoría, más evidentes. Un grifo de agua, por ejemplo, se gira, y enseguida se ve salir el agua. Las llaves del gas pertenecen a una categoría distinta y novedosa para él. En situaciones de este tipo, a una madre puede llevarle mucho tiempo comprender qué es lo que no entiende su hijo. Luego, si le explica el peligro en lenguaje sencillo, no sólo una vez, sino varias, en forma de cuento, quizá, para que le sea más sencillo digerir una información tan nueva y difícil, puede restaurar la amistad que los une.

Primera madre: Yo creo que viene bien decir: «Sé que quieres jugar con tal o cual cosa, pero no quiero que juegues con ella porque...». Y darle una razón. (A, 4 años; O, 12 meses.)

Segunda madre: Eso es verdad. A O no le gusta que sólo le diga que no haga una cosa. Quiere asegurarse de que entiendo sus motivos para querer hacerlo. (O, 14 meses.)

Tercera madre [*lentamente*]: Puede que sea eso lo que quiere A: que entienda sus motivos. Cuando me enfado con ella por hacer algo que le he dicho una y otra vez que no haga, se tira al suelo y le da una minirrabieta, y luego viene corriendo a buscarme para que la abrace. (A, 18 meses.)

Los niños necesitan aprender. Y para ello puede que repitan una y otra vez conductas que tienen por único objeto la experimentación, por más que ello exaspere a sus madres.

Primera madre: A O le gusta estar en el cuarto de baño conmigo. Le gusta levantar la tapa del váter, tirar del papel y limpiarme con él, y tirar de la cadena. A mí me irrita muchísimo. (O, 15 meses.)

Segunda madre: Mi hija hace lo mismo. ¿El tuyo no intenta meter todo el rollo de papel en el váter? (A, 16 meses.)

Primera madre: Antes sí. Ahora intenta apartarme de la taza a empujones. ¿Tu hija no?

Tercera madre: Mi hijo hacía todas esas cosas, lo recuerdo perfectamente. Creo que, justo antes de cumplir dos años, le cogió por fin el tranquillo a lo de ir al váter, y entonces dejó de hacerlo. (O, 3 años.)

¿Es necesario que las madres «atenienses» sufran todos estos inconvenientes? Aunque a veces les preocupe estar convirtiéndose en víctimas de los caprichos de sus hijos, se quedan más tranquilas cuando consiguen entender las razones que los mueven a actuar así.

La cuestión de los sentimientos plantea un conflicto parecido. A los niños «espartanos» se los considera malos si se enfadan o si lloran más de la cuenta.

Tengo metido en la cabeza que O no debería enfadarse. Si se enfada, es que soy una mala madre. Pero he estado dándole vueltas. No quiero que a O le dé miedo su mal humor. Así que tampoco debería darme miedo a mí. Tengo que dejar que se enfade. Pero me resulta muy difícil. (O, 18 meses.)

A es muy emotiva. Expresa sus emociones totalmente, como a mí no me permitían hacerlo [*de pequeña*]. Me provoca para que le haga caso. Para que tenga que ponerle límites. Y yo tengo que pensar en ese mismo momento cuáles son mis límites y explicárselos con cariño. Eso puede ser muy complicado. Pero estoy aprendiendo a encontrar el término medio entre la furia y mi calma habitual. (A, 3 años; O, 11 meses.)

Primera madre: Antes, para que O dejara de llorar, me ponía a dar botes con él encima de una de esas pelotas azules que usan las embarazadas. Me pasé tanto tiempo encima de la pelota, que ahora no puedo ni verlas. Luego, una noche, hará cosa de seis meses, decidí no hacerlo más. Fue un momento decisivo. Me tumbé, tumbé a O encima de mi pecho y pensé: «No va a darme miedo que llores. Aquí me tienes, a tu lado. Tengo que soportarlo». (O, 17 meses.)

Fue, evidentemente, una decisión personal de la madre, basada en su conocimiento de su hijo. Pero otra madre, al escuchar su relato, extrajo la siguiente conclusión:

Segunda madre: Eso significa que tengo que dejar que A se ponga triste. Pero yo no puedo soportarlo. Cuando está triste, siento que tengo que hacer algo al respecto. Y, por lo que dices, debería dejar que se entristezca y aceptarlo sin más. (O, 3 años; A, 9 meses.)

Es un argumento ilógico. Puede que el descubrimiento de la primera madre convenciera a la segunda, pero estas soluciones son siempre personales.

La madre «espartana» parece mucho más tranquila durante los primeros cinco años de vida de su hijo, y éste se comporta magníficamente en público. La «ateniense», en cambio, lucha por conservar la paciencia con su retoño, pero éste le grita en el parque, no quiere jugar con el hijo de su amiga y toquetea las cosas, las pintarrajea y las rompe.

¿Por qué una madre no debe montar en cólera y gritar a su hijo? Si grita, el niño comprende sin lugar a dudas que ha obrado mal. El problema de dar rienda suelta a la furia es que la madre «ateniense» (y posiblemente también la «espartana») ha animado a su hijo a pensar por sí solo, y eso es lo que hace el niño. Esto significa que, cuando hace algo que ella le ha pedido previamente que no haga, explicándole los motivos por los que no debe hacerlo, la madre puede interpretar su conducta como un desafío directo.

Es posible, sin embargo, que su hijo interprete la situación de manera muy distinta. A su modo de ver, ha actuado razonablemente, movido por su propia reflexión. De modo que se siente confuso. ¿No se suponía que debía pensar por sí mismo? Es demasiado pequeño para expresar esta idea, así que lo normal es que se quede callado. Su madre supone que todavía no lo entiende y le repite su argumentación, pero en tono más airado. A los pocos segundos, se enzarzan en una discusión. Ninguno de los dos entiende al otro. Pero si una madre consigue no recurrir a la furia (aunque, ¿qué madre puede conservar la calma constantemente?), quizá les ahorre a ambos una situación penosa e innecesaria y comprenda que su hijo estaba, a fin de cuentas, actuando razonablemente.

> Esta semana ha sido totalmente distinta. Me ha costado seis meses llegar a este punto. Ojalá lo hubiera hecho antes. Antes gritaba a O, y no servía de nada, porque O nunca hace caso. Así que esta semana decidí hacer lo que me gusta: seguirle la corriente. No tiene sen-

tido esperar cosas de él. Es como es. Y cuando lo acepto como es, parece otro. Veo emerger su carita de ese caparazón que se pone para protegerse de mí. (O, 17 meses.)

El modelo «ateniense» exige de las madres una buena dosis de paciencia y dominio de sí mismas. Pero con el tiempo da frutos.

Lamento haber presionado a O para que hiciera cosas. Al final lo hace todo por sí solo, y es precioso. Sólo tengo que esperar a que esté preparado. (O, 2 años.)

A medida que los niños crecen y van a la escuela, primero al parvulario y luego a primaria, surgen problemas de carácter social. Es probable que el niño «ateniense» se sienta lo bastante querido y cuidado por su madre como para confiar en ella. Puede que una noche se queje amargamente y que ella pase todo el día siguiente preocupada por él. Y, sin embargo, quizás él rechace todos sus ofrecimientos de ayuda. En ese caso, cabe la posibilidad de que sólo quisiera desahogarse con ella. Es lo bastante independiente como para querer afrontar sus problemas por sí solo.

La madre «ateniense» comprueba de ese modo que, a pesar de sus dudas iniciales, su hijo se ha convertido en una persona amable que con el tiempo será, además, una persona independiente. Al igual que Pericles en el comentario citado al inicio de este capítulo, quizá se cuestione las bondades del adiestramiento. Se siente especialmente satisfecha porque su hermana «espartana» parecía absolutamente convencida de sus métodos, como si nunca la asaltaran las dudas. Pero sé por experiencia que todas las madres dudan de sí mismas. Quizás observándose unas a otras, las madres de ambas tendencias lleguen a formularse preguntas valiosas acerca de sus prácticas maternales.

15

Las madres, juntas

Hoy en día, las madres se debaten en una cultura cuyo respeto por ellas es mínimo.

¿No estáis de acuerdo? Pues venid conmigo a echar un vistazo a una calle muy transitada de cualquier ciudad. Una madre camina lentamente, llevando a su hijo en un cochecito o un portabebés. Su bebé acaba de dormirse y ella procura no despertarlo con el traqueteo. A su lado, los transeúntes pasan a toda prisa. No se fijan en la cara pálida de la madre, ni en sus ojeras. Es poco probable que caigan en la cuenta de que seguramente está agotada porque su bebé la ha despertado varias veces esa noche. No reparan, desde luego, en por qué camina más despacio que ellos. Sólo ven a una mujer que dispone de tiempo libre para pasear a su aire. Obviamente, no está «trabajando».

Una amiga me dijo: «¿Estás disfrutando de tus vacaciones?» Me hizo gracia. Sé que no voy a la oficina, pero no había trabajado tanto en toda mi vida. (O, 15 meses.)

Esa amiga, lo mismo que los atareados transeúntes que circulan por las calles de una ciudad, son partícipes de una actitud social más amplia. ¿Está bien que se ignore a las madres o que se califique su trabajo de «vacaciones»? Para las madres es duro entregar su amor generosamente. Pero es aún más duro si quienes las rodean no valoran lo que están haciendo.

Esa falta de respeto generalizada las afecta también en otro sentido. La mayoría se incorpora a la «cultura madre» procedente de una «cultura trabajo» en la que ya se ha forjado una identidad individual. Muchas se ven obligadas a volver al trabajo a los pocos meses de dar a luz. De ahí que vean su identidad laboral como su «verdadero» yo, en tanto que su yo maternal puede parecerles una anomalía. La psicoterapeuta psicoanalítica Sue Gerhardt habla de ello en primera persona al final de su libro *El amor maternal*:

> Descubrí que en este Mundo Bebé, nadie sabe, ni le importa, lo que piensas, lo que has hecho o a quién has amado. Eres sencillamente la «mamá con el bebé». Este papel abarca todos los demás yoes que una ha sido o que quiere ser. Para muchas mujeres, es intolerable.[160]

Algunas madres que se toman bajas por maternidad muy cortas no ven qué sentido tiene crearse una identidad como madres. ¿Conseguirían, acaso, algún respeto por ello? Creo que es la primera vez que toda una generación de madres afronta un conflicto de identidad tan acusado.

Cabría pensar que, frente a la falta de respeto dominante, las madres consagradas a serlo se apoyarían unas a otras. Pero la periodista Lucy Cavendish señala que muchas madres hacen lo contrario:

> Me resulta imposible hablar con otras madres sin que ese elemento tácito de competición se cuele en la conversación por ambas

partes. Ya sea por las opciones de cada una en materia de educación, alimentación, sueño, o incluso en algo tan sencillo como el nombre que le has puesto a tu hijo, todas intentamos quedar por encima de las demás, como si estuviéramos embarcadas en una carrera frenética. Porque, si nuestros hijos tienen éxito, o si en nuestro círculo de amistades se considera que lo tienen, entonces todo el dolor, la angustia, las noches en blanco y la preocupación habrán valido la pena.[161]

Otras periodistas con hijos confirman que la competencia entre madres es, en efecto, de proporciones inmensas.[162] En el ámbito laboral, se puede competir y se puede abrazar el éxito como estímulo. Pero ¿tiene sentido que las madres compitan entre sí? ¿Podemos de veras querer a nuestros hijos tal y como son si intentamos a toda costa hacerlos pasar por «exitosos», convertirlos en impresionantes medallas que exhibir ante nuestros conocidos? ¿Es eso lo mejor que podemos ofrecer?

La maternidad abarca un sinfín de posibilidades. Cada una de nosotras sólo destaca en algunas. Tratándose de un territorio tan vasto, parece absurdo competir. Si notamos que otra madre nos supera en algo, no tenemos por qué sentirnos menoscabadas. Esa madre sólo está haciendo lo que se le da mejor, entre todo lo que es posible hacer.

Las madres que entran en esa competición pierden de vista todo lo que nos une. Muchas madres sufren cambios fundamentales, o al menos comprenden que esos cambios puedan darse. Todo ello está relacionado con el amor por sus hijos. No todas cambiamos, seguramente. Pero al menos podemos entender el camino recorrido por esas madres.

Por ejemplo, muchas madres desarrollan una sensibilidad que antes no tenían y que las hace estar siempre atentas a las opiniones de los demás respecto a sus prácticas maternales. Esta sensibilidad es valiosa, porque las madres están educando a nuevos miembros de nuestra sociedad. Pero las madres primerizas no están acostumbradas a ella, y a menudo interpretan las miradas o los comentarios ajenos como señal de que las están criticando. Puede que, al entrar en una tienda, una madre con experiencia se fije en una madre primeriza que lucha a brazo partido con el dinero, la bolsa de la compra y su bebé y le pregunte si puede echarle una mano. La madre experimentada siente seguramente una cálida simpatía por la nueva madre, que le recuerda a cómo era ella hace tiempo. Pero la madre novata entiende su pregunta como una crítica. A fin de cuentas, en el mundo laboral el hecho de que alguien necesite ayuda se considera un síntoma de incompetencia. Así que contesta «No, gracias» en tono frío y desafiante. La madre con experiencia quizá se sienta desairada, hasta que recuerda que ella también solía ponerse a la defensiva.

Otro cambio que se da a menudo es una nueva valoración de la paciencia. Las madres descubren que la paciencia funciona. Pero no por ello es fácil ponerla en práctica. Muchas se comparan con otras que son, dicen, «mucho más pacientes» que ellas.

Normalmente, una puede ser paciente respecto a lo que considera importante. Pero cada madre considera importante una cosa distinta. Puede que una sea especialmente paciente cuando su hijo está aprendiendo a andar o a hablar, y que otra se impaciente ante algo tan corriente y, en cambio, derroche paciencia si su hijo muestra especial interés por el deporte o la música, por ejemplo. A algunas madres les cuesta tener paciencia cuando sus hijos enferman, mientras que otras descubren una paciencia infinita precisamente en esas ocasiones.

O se despertaba por las noches llorando, muy alterado. Tardaba unas tres horas en calmarse, y no parecía el mismo. Yo pensaba: «No sé si voy a poder soportarlo. Yo no pedí esto». Estaba agotada. Necesitaba dormir. Sentía que me estaba quedando sin fuerzas. Y luego, una noche, empezó a vomitar a lo bestia y pensé: «¡Ay, Dios, está enfermo!» Y de pronto recuperé las fuerzas. Me puse las pilas. (O, 6 meses.)

Algunas madres son pacientes con los bebés muy pequeños, pero empiezan a perder la paciencia a medida que sus hijos crecen.

Cuando hago cosas con O, es como conducir un coche en primera. Hay una parte de mí que quiere cambiar de marcha y acelerar. Me impaciento y a veces estallo. (O, 2 años.)

Tener hijos nos brinda numerosas oportunidades de aprender a ser pacientes. Ninguna puede, sin embargo, mostrarse paciente en cualquier circunstancia. Puede que otra madre sea paciente en una situación en la que nosotras no lo seríamos. Pero es muy posible que ella piense lo mismo de nosotras.

Las madres, no obstante, no siempre son pacientes. Hasta una mujer comprensiva y de carácter blando puede convertirse en una madre enérgica y tenaz. Es éste otro ámbito en el que las madres pueden entenderse mutuamente. La perseverancia inquebrantable de una madre puede resultar difícil de soportar para otras personas. Una madre suele ansiar que sus hijos vivan y estén sanos con mucha más vehemencia de lo que imaginan otras personas. Los profesionales de la sanidad conocen bien esta suerte de fortaleza maternal. Son muchas las madres que se preocupan o se angustian cuando enferman sus hijos. Algunos médicos son extremadamente comprensivos y abiertos a la hora de dar información. Otros actúan al revés: desdeñan a la madre y se exasperan con ella.

A tiene aftas. Me pareció que no estaba bien y la llevé al médico cuando tenía diez días. Pero mi médico me dijo: «Bah, no se preocupe; lo que pasa es que es usted una madre primeriza». Y *ahora* me dice que son hongos. Es curioso, porque la semana pasada se murió nuestro gato. El día anterior lo había llevado al veterinario. Le dije que lo notaba muy raro. Y el veterinario me prestó atención. Dio por sentado que yo sabía lo que decía. Con A, en cambio, mi médico dio por sentado que el que sabía era él. (A, 2 meses.)

Llevé a A2 a un médico que era muy guapo, así que pensé que sería amable. Le dije quién era, le di mi nombre y me dijo: «Bueno, mamá, siéntese y...» Me dieron ganas de decirle: «Pero si acabo de decirle mi nombre. ¿Por qué no lo usa?» [*Otras madres contestaron que a ellas también las llamaban «mamá» o «la mamá de A o de B», y que esto les parecía una falta de respeto.*] (A1, 4 años; O, 2 años; A2, 3 meses.)

Muchos médicos y otros profesionales de la salud parecen considerar que las madres se preocupan «demasiado» o incluso que se vuelven obsesivas. Seguramente las ven en sus momentos de mayor nerviosismo. De ahí, quizá, que les sea difícil respetarlas. Las madres parecen alterarse muchísimo por dolencias que, para un médico, son cotidianas.

M: Cuando A está mala, me da miedo que se muera. (A, 7 meses.)
Yo: ¿Alguien más tiene ese miedo? [«¡Uy, sí!»; «Constantemente»; «Desde luego». *Para las demás madres pareció ser un alivio reconocer este temor.*]

A estuvo diez días vomitando. Fue horroroso. Bueno, la verdad es que no fue más que un virus. Dicho así, no parece nada. Mi hermana es médica y me tranquilizó mucho. Pero estábamos aterrorizados y pasamos varias noches en vela, sentados al lado de A. No puedo explicarlo. Ya ha pasado, pero entonces se me hizo eterno. Temía constantemente que fuéramos a perderla. (A, 9 meses.)

Pero ¿acaso estaríamos vivos hoy en día, médicos y legos por igual, si nuestras antepasadas no se hubieran desvivido por la salud de nuestros ancestros y no los hubieran atendido con diligencia mientras convalecían? Indudablemente, todos le debemos la vida a una larga cadena de madres que, a lo largo de la historia, se han fijado y se han preocupado «en exceso».

Si su hijo sufre una enfermedad grave, puede que la madre se sienta desbordada por la angustia. La gente reacciona de manera diversa. Algunas madres desarrollan una energía extraordinaria a fin de descubrir qué le espera a su hijo. Otras alcanzan un estado de terror casi demencial. Lo más difícil es soportar la incertidumbre respecto a si el niño sobrevivirá. El mundo cotidiano parece desdibujarse y estrecharse en torno a la madre, su hijo y los médicos. Muy pocas cosas importan, aparte de ésa. Los demás tienen que recordar a la madre que no debe abandonarse. Puede que los médicos no sepan inmediatamente qué tratamiento aplicar al niño y que cada día se haga eterno, repleto de posibilidades aterradoras.

O ha estado muy enfermo. En cierto momento temimos por su vida. Creo que sufrí una especie de derrumbe. Siento vergüenza, porque no fui una madre como es debido para mi hijo. Quería morirme. De verdad, quería morirme. No podía ayudar a mi hijo, y no sabía qué hacer. (O, 16 meses.)

¿Hay alguna experiencia comparable a la de una madre con un hijo gravemente enfermo? Sólo ella estaba ya ligada al niño antes de su nacimiento. Ha compartido su historia desde el principio, conoce sus preferencias y sus temores. Verlo sufrir o luchar por su vida resulta desgarrador. No es de extrañar que se desespere. Es el riesgo que corre al permitirse amar a su hijo. Está profundamente ligada a él. Si su hijo sufre, ella también. Quizá se sienta desgajada de él cuando el niño está en manos de los médicos, o a merced del tiempo. Se siente impotente pero, en lo esencial, se aferra a él con uñas y dientes. Una madre que ha pasado por esta experiencia angustiosa tiene algo especial que ofrecer, aunque sienta que ha sobrevivido a ella a duras penas.

La madre que deseó morir cuando su hijo estaba enfermo hablaba cuando éste ya se había recuperado un poco. Las madres que la escuchaban le ofrecieron generosamente su cariño y su consuelo. Regresó a la semana siguiente para darles las gracias. Pero explicó que en realidad no venía a eso:

> Os estoy muy agradecida por la solidaridad que me demostrasteis. Pero quiero que se sepa que le fallé a O como madre. Quiero que se reconozca y se respete mi fracaso. (O, 16 meses.)

Se trata de una declaración importante. Suele suceder que las madres se empeñen en protegerse las unas a las otras de un sentimiento de fracaso. La madre que sentía que había fallado en un momento crítico quería que se reconociera lo que para ella era la verdad de su experiencia; de ese modo podría reincorporarse legítimamente a la «comunidad» de las madres.

Ella, a su vez, había ayudado a otras madres al confiarles la pesada carga de su impotencia y sus momentos de desesperación. Las madres sienten a menudo que no deberían cargarse unas a otras con sus problemas. Quizá les parezcan muy pesados para compartirlos. Pero indudablemente su carga puede ser demasiado agobiante para que una sola madre la lleve sobre sus hombros. Quienes no son madres no pueden imaginar lo que es eso. No cabe duda de que todas las madres comparten el temor a que sus hijos, a los que han llevado en su vientre, mueran antes que ellas. Por duro que pueda ser, escuchar a otra madre que da rienda suelta a su angustia, a su amargura y a su dolor puede fortalecernos.

Cada vez que, reunidas en pequeño grupo, nos escuchamos las unas a las otras, pasamos a formar parte de una comunidad internacional mucho más amplia, compuesta por madres capaces de comprender y asimilar un nivel de angustia rayano en la locura. Quizá, como madres, todas necesitemos de vez en cuando una dosis de esta inquebrantable compasión por nosotras mismas. Colectivamente, las madres podemos aceptar y acoger de manera realista a las personas que sufren. De nuestros momentos de extrema debilidad dimana una fortaleza especialmente sensible.

¿Pueden solidarizarse las madres en otras cuestiones, aparte de la enfermedad? Algunos temas son, al parecer, controvertidos. Pero no tienen por qué serlo. Una cuestión que se debate mucho hoy en día es si las madres están perjudicando a sus hijos al volver a trabajar cuando éstos son todavía muy pequeños. Hay estudios que aseguran tener la respuesta definitiva a este interrogante. Pero los resultados de las investigaciones difieren entre sí.[163] Puede que ello se deba a cómo se define y a cómo se mide ese «perjuicio». En cualquier caso, se trata de una cuestión demasiado compleja y personal para que la resuelvan los resultados de las investigaciones.

Tampoco en esto es necesario discutir a fin de dar con una solución válida para todas. Aunando criterios, podemos llegar a un acuerdo elemental. Las madres necesitan alternativas más flexibles; alternativas que, sobre todo, les permitan cambiar de idea si comprueban que una opción no les sirve. Son muchas las mujeres que, antes de que nazcan sus bebés, firman contratos con sus empresas en los que se comprometen a acortar su baja maternal. Pero ninguna mujer puede saber de antemano cómo va a vivir la maternidad, ni cómo evolucionará su hijo. Las madres no deberían tener que sentirse obligadas por decisiones que tomaron cuando, inevitablemente, vivían en la ignorancia respecto a estas cuestiones.

> Con mi segundo hijo comprendo mejor la situación. Es como si hubiera que pasar a toda velocidad por todo lo que tenga que ver con la primera infancia. La gente habla como si el bebé fuera el problema que hay que resolver para que todos podamos volver al importantísimo mundo laboral. Pero para mí O2 es mucho más importante que eso. El verdadero problema es qué hacer con mi trabajo. (O1, 12 años; O2, 3 meses.)

La flexibilización de la baja maternal no es conveniente para todo el mundo. Dependemos, por tanto, de que las empresas y otras instancias comprendan y respeten la importancia de nuestra labor como madres. Actualmente hay mucha gente que sólo nos apoya de boquilla. Es ésta otra cuestión que nos une. Las madres perciben constantemente indicios de que no se las valora como tales.

La mayoría de las madres citadas en este libro se hallaban de baja por maternidad; por eso tenían tiempo para venir a las reuniones. Pero he oído quejarse a muchas madres reincorporadas a la vida laboral de que sus compañeros de trabajo ponían mala cara cada vez que salían pitando a las 17.30 h en punto. Esos compañeros no tienen en cuenta que la jornada de cuidado de un bebé puede muy bien acabar a las 6.30 h. Las madres en baja maternal se tropiezan cotidianamente con muestras de desdén parecidas.

El farmacéutico de mi barrio me habla con aire de superioridad. He dejado de ir a esa farmacia. No parece darse cuenta de que una madre con un bebé puede ser licenciada en física nuclear. Así que no se dirige a mí como a una persona inteligente. (A, 3 meses.)

En cuanto tienes un bebé, la gente te trata como si tu coeficiente intelectual hubiera bajado varios puntos. (O1, 2 años; O2, 5 meses.)

Tengo una profesión muy bonita y, cuando estoy trabajando, la gente me mira con respeto. Pero cuando salgo con O, es como si no me vieran. (O, 5 meses.)

Normalmente, las personas que muestran esta falta de respeto desconocen lo mucho que hacen las madres.

M: En mi trabajo nadie ha tenido hijos. A una mujer de mi oficina le fastidió muchísimo que quisiera trabajar sólo tres días a la semana. Me dijo: «Yo también podría tomarme días libres para hacer lo que me apetece. ¿Por qué tengo que responder yo a tus llamadas sólo porque tú estés en casa con tu bebé? Deberías estar trabajando».
Yo: ¿Te dijo en qué invertiría su tiempo libre?
M: Se dedica a hacer sombreros. (O, 5 meses.)

En defensa de la sombrerera hay que decir que muchas madres, entre las que me incluyo, reconocen que antes de tener hijos eran muy poco conscientes de lo mucho que hacían las madres. Ahora sabemos por experiencia por qué no es lo mismo un sombrero que un bebé. Un sombrero no puede crecer para convertirse en un miembro válido de nuestra sociedad. Tampoco puede formar, junto con otros congéneres, una nueva generación que influirá en las vidas de todos nosotros cuando alcance la madurez. La economista feminista Nancy Folbre se servía de una analogía distinta: para mucha gente, explicaba, tener un hijo es comparable con tener una mascota.[164]

Es posible que una madre que quiera trabajar media jornada al tener un hijo se sienta incomprendida por la «comunidad laboral». Su cometido como madre consiste en preparar a un miembro de la siguiente generación. Pese a ello, se la trata a menudo como si viviera en los márgenes de nuestra sociedad. Al parecer, socialmente reservamos todo nuestro respeto para aquellos individuos a los que percibimos como «productivos».

El desdén hacia las madres no se debe sólo a que, aparentemente, no trabajen. La gente habla de «pinta de madre» para referirse a una apariencia física descuidada y poco atractiva. La articulista Kira Cochrane intentaba explicar por qué muchas mujeres se sienten tan deprimidas hoy en día al convertirse en madres. Según ella, para valorarse a sí mismas, muchas mujeres se sienten impelidas a comprar objetos de lujo y a la última moda.[165] Desde este punto de vista, puede parecer difícil respetar a algunas madres. Porque ¿acaso no se han «abandonado»?

Mi madrina acaba de regalarme un cheque por mi cumpleaños. Me dijo: «Gástatelo en ti, no en A». Pero ¿en qué cree que voy a gastármelo? [*abrazando a A*]. Tengo todo lo que necesito. (A, 3 meses.)

Antes de que naciera O, trabajaba en la City. Si me enteraba de que había llegado a Londres una colección nueva de zapatos de Gucci, iba corriendo a comprarme un par ese mismo día. Tan importante era para mí. Luego, cuando tuve a A fue como si... [*Era una reunión a última hora de la tarde. A estaba acurrucada en su regazo, pero tenía tos y no podía dormirse. La madre acariciaba su largo pelo, y el resto de la frase quedó en suspenso.*] (A, 3 años; O, 13 meses.)

He invertido mucho tiempo y mucha energía intentando que mi casa estuviera bonita. Es mi nido. Pero nos han robado y hay trozos de cristal rotos por todas partes. Eso ha hecho que me diera cuenta de una cosa. Antes pensaba que lo más importante era cómo tuviera la casa. Pero no lo es. Lo más importante es mi relación con mis hijos. Y eso no pueden quitármelo los ladrones. (O, 4 años; O, 9 meses.)

No todas las madres reaccionan igual ante la maternidad. Algunas le conceden mucha importancia a las cosas materiales. Quizá no simpaticen con las madres cuyas prioridades cambian tras tener un hijo. Pero, aun así, pueden entenderlas.

Tres cuartas partes de las madres británicas regresan al trabajo menos de un año y medio después de dar a luz.[166] ¿No estarán «abandonando el barco»? ¿No cabe deducir de ello que el ejercicio de la maternidad sólo satisface a una minoría de mujeres y que la mayoría, en cambio, prefiere volver al trabajo? ¿No se les cae a casi todas la casa encima?

Las apariencias, sin embargo, pueden no ceñirse del todo a la verdad de los hechos. Que las madres regresen a la vida laboral no significa que todas quieran hacerlo. La mayoría necesitan el dinero, y muchas disfrutan del estímulo que encuentran en el trabajo. Si forman parte de profesiones muy competitivas, temen quedarse rezagadas en caso de que no se reincorporen lo antes posible. Muchas, además, se ven obligadas por contrato a volver al trabajo en una fecha determinada. Puede que el plazo les pareciera razonable en el momento de firmar el contrato. Pero eso fue antes de que descubrieran cuánto querían a sus bebés.

Si no vuelvo al trabajo, tendré que pagar mi baja por maternidad y no puedo permitírmelo. Pero no quiero volver [*llorando*]. Para mí ha sido una sorpresa total. Quiero tanto a O... Lo que me apetece es seguir cuidando de él. (O, 8 meses.)

La idea de volver al trabajo cuando A tenga un año está amargándome los últimos meses que voy a poder pasar con ella. La gente se empeña en decirme que cuando llegue el momento me las arreglaré. Me da mucha rabia que me digan eso. (A, 8 meses.)

O aprendió a dar palmas el lunes. No me habría agradado que la primera vez que lo hubiera hecho fuera una niñera la que lo hubiera visto. (O, 9 meses.)

Puesto que la reincorporación temprana al trabajo se ha convertido en la norma, se ejerce presión sobre las madres para que se amolden a ella.

No echaba de menos mi trabajo. Me encantaba estar en casa con mis hijos. Pero me preocupaba cómo me veía la gente. Mi profesión de abogada es muy competitiva. Si no hubiera vuelto, me lo habrían echado en cara. (A, 2 años; O, 3 meses.)

No me importaría quedarme en casa con A hasta que tuviera cinco años. No echo en falta mi trabajo. Lo veo muy lejano. Pero, por otro lado, todas mis amigas han vuelto a trabajar. No quiero ser la única que se pierda la fiesta. Me sentiría rara si fuera la única que se queda en casa cuidando de su hija. (A, 8 meses.)

Así pues, no todas las madres se sienten atrapadas en casa. Para algunas es igual de agobiante hallarse en la obligación de regresar al trabajo antes de que sus hijos estén preparados para ello. Esto puede ser tan doloroso que muchas madres sólo lo reconocen cuando amaina la presión sobre ellas.

Estaba bastante deprimida y pensaba que era porque echaba de menos mi trabajo y porque me agobiaba estar en casa con A. Luego a A le dieron plaza en una guardería y fuimos a visitarla varias veces. Pero la última vez que fuimos pensé: «No puedo hacer esto. A no está preparada. No puede estar aquí, de momento». Así que hablé con P y decidimos que yo trabajaría los fines de semana, cuando él pudiera quedarse con la niña. Y en cuanto lo decidimos me sentí... Se me pasó la depresión. Me encanta estar en casa con mi hija. No me siento atrapada. Estar con ella amplía absolutamente mi vida. Estoy aprendiendo un montón de cosas. No me importaría quedarme con ella un año más. (A, 12 meses.)

Antes de tener mi primer hijo trabajaba en la City y jamás se me ocurrió que no querría volver al trabajo tres meses después de dar a luz. Me gustaba mi profesión y pensaba que tener un hijo no cambiaría nada. No imaginaba que me sentiría tan distinta después de nacer mi hija. A los seis meses hablé con P y acordamos que no volvería a trabajar. Y en cuanto tomamos la decisión, sentí que mi amor por A estallaba y se hacía el doble de grande. Creo que me daba miedo no quererla adecuadamente cuando pensaba que tendría que separarme de ella para regresar al trabajo. (A, 3 años; O, 13 meses.)

No todas las madres reaccionan igual. Algunas dependen de su salario para vivir y otras se sienten afortunadas por poder reincorporarse al trabajo, tanto por motivos económicos como de índole emocional. Son muchas, sin embargo, las que se dejan influir por lo que la sociedad espera de ellas. Si socialmente se da por sentado que una madre se sentirá atrapada si no vuelve al trabajo lo antes posible, se precisa una buena dosis de aplomo y lucidez para cuestionarse si eso es de verdad lo que una quiere. Puede que la denostada imagen de una mujer «con pinta de madre» desanime a algunas mujeres que se sienten incapaces de soportarlo. Pero qué duda cabe de que, si las expectativas sociales cambiaran, aumentaría el número de mujeres que descubren que «soportan» cuidar de sus hijos mucho más tiempo del que imaginaban.

Si una madre se queda más tiempo en casa con su hijo, ¿cuánto debe quedarse? Cada niño evoluciona a su ritmo. Algunos parecen aspirar a un alto grado de independencia y sin embargo, por desconcertante que ello parezca, siguen necesitando a sus madres durante mucho tiempo hasta que alcanzan cierta autonomía. Puede que, a ojos de un extraño, un niño parezca perfectamente satisfecho y seguro de sí mismo. Pero si la madre rompe a llorar ante la perspectiva de dejarlo al cuidado de terceros, de ello se deduce que, aunque la labor que ha hecho con su hijo parezca afianzada, sabe que su pequeño todavía la necesita.

> Me han dado plaza para O en una guardería muy bonita. Empieza dentro de un mes y medio, aunque yo creía que todavía tardaría unos meses. Creo que vamos a aceptar la plaza. [*Rompiendo a llorar de repente.*] Perdonad que llore. No pensaba que lloraría al decir esto. Es sólo que he pasado dos años idílicos cuidando de O. Pero ya no podemos permitirnos que yo siga... [*incapaz de acabar*]. (O, 24 meses.)

> Volví al trabajo cuando A1 tenía doce meses, y era demasiado pronto para ella. Me sentí fatal, me daban ganas de liarme a puñetazos con la gente del trabajo. A los quince meses, A1 ya estaba lista y fue completamente distinto. (A1, 2 años; A2, 5 meses.)

Cuando madre e hijo están de verdad listos para separarse, ambos tienen mucho que aportar tanto en la guardería como en el trabajo. He ahí el primer resultado de la labor de la madre. A su hijo le entusiasma la idea de hacer amigos y de formar parte de un colectivo más amplio. Y ella, por su parte, puede relajarse y centrarse más en su trabajo al comprobar que el niño se ha acostumbrado a la nueva situación y es capaz de desenvolverse en ella.

Las madres son empleadas fiables y prácticas. Criar a un niño es una responsabilidad tan enorme y esclarecedora que las madres suelen decir que de pronto les resulta mucho más sencillo conservar la calma cuando estalla una crisis en el trabajo. Se sienten más ancladas y más capaces de distinguir los asuntos importantes de lo que sólo son trivialidades.

> Una compañera de trabajo iba a decirme algo y luego me dijo: «Pero a ti no te interesará. A ti sólo te interesa tu bebé». Me sentí insultada. Es difícil de explicar, pero A me ayuda a comprender lo importante que es el trabajo. Ahora me tomo las cosas más en serio. Me preocupo por ellas apasionadamente. (A, 6 meses.)

Un periódico publicaba, sin embargo, una fotografía de buen tamaño en la que se veía a un bebé de cuya boca salía un bocadillo en el que se leía: «Despídete de tu carrera, mami».[167] Es una idea absurda. Indudablemente, los empresarios pierden mucho si no valoran el caudal de experiencia que las madres pueden aportar a su trabajo.

Pero ¿son todas las mujeres capaces de consagrarse al cuidado de sus hijos durante varios años? ¿Qué hay de las que parecen realmente incapaces de ejercer como madres? Su problemática escapa en gran medida al alcance de este libro. Hay, no obstante, una cuestión que viene al caso en este contexto: debemos tener presente que una madre es esencial, no accesoria. Se halla vinculada a su hijo (igual que el padre, pero aquí quiero centrarme en el papel fundamental de la madre). Si una madre se muestra incapaz de cuidar de su hijo, hay procedimientos legales que permiten a los trabajadores sociales actuar «en interés del niño». En casos extremos, quizá sea necesario apartarlo de su madre. Pero esto equivale a cercenar ese vínculo con un coste soterrado para el pequeño. Aunque una madre haya fallado a su hijo en muchos aspectos, tal vez pueda intervenirse de manera sensata a fin de encontrar fórmulas que contribuyan, desde la comprensión, a mantener vivo el vínculo madre-hijo.

Pero para que los trabajadores sociales, los profesionales de la sanidad, los empresarios y otras instancias ofrezcan un mayor apoyo a las madres, es necesario que comprendan mucho mejor cuál es su labor. Da la impresión de que, en opinión de muchos, el papel de las madres está sobrevalorado. A fin de cuentas la fase de lactancia, e incluso la infancia en general, duran muy poco. Ambas desaparecen tras el telón del pasado y caen rápidamente en el olvido.

Estas personas ven el cariño de una madre por su hijo pequeño como un plus afectivo. Como la capa de azúcar que recubre un pastel. Según estos teóricos de la repostería, el papel de la madre consiste en mantener al niño caliente y bien alimentado. Si un niño parece satisfecho, se da por sentado que es «bueno»; si llora, la madre puntúa con mala nota. Algunas personas no van más allá de esto.

Pero el indicador decisivo no es que un niño parezca satisfecho o que, por el contrario, llore. Si una madre cuida bien de su bebé o de su hijo pequeño, éste parecerá mucho más despierto y vivaz. El factor determinante es el cariño de la madre. Su amor es un proceso activo y voluntario. No se da por arte de magia. No puede darse así. Es una verdadera entrega. No es la recompensa que recibe el hijo por su buen comportamiento, ni puede retirarse al antojo de la madre. Ésta tarda en aprender a amar a cada uno de sus hijos. Pero, una vez que lo consigue, su amor parece fluir a través de sus actos a lo largo de toda su vida. Es cierto que todas decimos a nuestros hijos cosas absurdas que en realidad no pensamos, cosas como: «Si no vienes ahora mismo, me voy a casa sin ti»), sobre todo cuando estamos cansadas o insatisfechas con nosotras mismas. Pero, a un nivel más profundo, nuestro amor es constante.

Cuando las madres acuden a las reuniones de Mothers Talking acompañadas de sus hijos, me doy cuenta de lo despiertos que son estos pequeños. Puede que uno entre corriendo y riéndose, entusiasmado. Otro, en cambio, menos impetuoso, sacude enfáticamente la cabeza y se retira de la puerta abierta. Su madre no consigue persuadirlo para que entre por su propio pie, pero al final el niño consiente en que lo lleve en brazos. Un tercero se encuentra mal y lo oigo quejarse desde lejos, hablando con su madre. Un cuarto se ha dormido en su sillita y, al despertar en medio de la reunión, se incorpora de inmediato, sobresaltado, como si le preocupara haberse perdido algo.

Ninguno de estos niños se muestra apático. Todos parecen vivir intensamente el presente y resplandecer de asombro, maravillados por el hecho de estar vivos. Irradian una especie de calor que pone de manifiesto cuánto gozan de la vida y del cariño de sus madres. Mediante ese cariño están aprendiendo a enfrentarse a los problemas. A pesar de que su experiencia vital es aún muy corta, todos ellos se han topado en algún momento con el dolor. De eso no puede protegerlos el cariño materno. Pero se diría que el niño transforma el amor de su madre en energía radiante.

No quiere decirse con ello que todas las madres entreguen su amor generosamente. Algunas formas de ejercer la maternidad podrían mejorarse, qué duda cabe. Los niños a los que se les escatima el cariño tienden a replegarse sobre sí mismos. Una mañana, por ejemplo, iba caminando cuesta arriba cuando me fijé en un niño de unos 2 años que iba montado en su silla, en dirección contraria. No sé qué fue lo que me hizo fijarme en él. Parecía hundido sobre sí mismo. Llevaba la cabeza gacha. Las manos flojas sobre el regazo. Las piernas separadas. No parecía cansado, ni enfurruñado, sino resignado. Luego reparé en su cuidadora: iba empujando el cochecito colina abajo, hablando animadamente por el móvil (celular). Por un momento me dieron ganas de gritarle: «¡No permitas que tu hijo esté así! ¡Deja el móvil! ¡Háblale! ¡Cógelo en brazos!» Pero a mí no me gustaría que una desconocida me increpara por la calle, así que no dije nada.

Además, ¿qué tiene de malo hablar por el móvil? Los móviles forman parte de la vida cotidiana, no hay duda. Y es bueno que los niños aprendan a esperar pacientemente a que les hagan caso. Sí, pero se trata de una cuestión de grado. La gestualidad de ese niño evidenciaba hasta qué punto se sentía desligado de la persona que cuidaba de él. Parecía haberse apartado no sólo de ella, sino del sentimiento mismo de estar vivo.

Puede que, en este caso, la cuidadora no fuera la madre del niño. Pero hay madres que se muestran ásperas en el trato con sus hijos y a veces incluso crueles. Sé que hay quien afirma que todas las madres dan lo mejor de sí mismas, «a su manera». Pero no estoy segura de que sea cierto. Puede que algunas mujeres se sientan ofendidas si les dicen que, como madres, lo hacen lo mejor que pueden. Ellas saben que cuidan mal de sus hijos, pero ello obedece a una especie de impotencia. Puede que se digan que no importa. Pero, a otro nivel, ha de ser difícil que una mujer, viendo a su hijo encerrado en sí mismo, se convenza de que su labor como madre no tiene nada que ver con ello.

Los cuidados maternos importan, de eso no hay duda. Pero no por ello todas las madres hemos de actuar igual. Lamentablemente, los medios de comunicación parecen debatir las cuestiones relativas a la maternidad como si sólo hubiera una opción universalmente válida: un método para enseñar a dormir a los niños, un tipo de portabebés o de cualquier otra cosa. Como consecuencia de ello, es frecuente que las madres renieguen de quienes escogen una opción distinta. Pero ¿es necesario que nos enfrentemos entre nosotras? Haríamos mejor poniéndonos de acuerdo en que, por mucho que difieran nuestras prácticas, nos une la afirmación de nuestro derecho básico a escoger cómo queremos ejercer nuestra labor de madres.

Nuestras decisiones suelen verse influidas por las ideas imperantes en la sociedad que nos es contemporánea. No es éste un fenómeno nuevo. Desde hace milenios, los «expertos» han afirmado, mediante manuscritos o libros impresos, poseer un conocimiento superior acerca de los lactantes y los niños. Durante siglos, este saber «especializado» tuvo que resultar intimidatorio para las mujeres, en su mayoría analfabetas.

En la actualidad, sin embargo, muchas de nosotras recibimos una educación excelente. Somos capaces de leer libros que habrían sido demasiado técnicos para nuestras bisabuelas. Muchas hemos aprendido a cuestionar lo que leemos, en lugar de aceptarlo a pies juntillas. Es más, se nos ha alentado a formular nuestras propias opiniones, de modo que cuando nos convertimos en madres somos capaces de expresar las numerosas cuestiones existenciales que plantea el cuidado responsable de un hijo.

Si somos capaces de hacer todo esto, también podemos cuestionar las teorías publicadas por los «expertos» actuales. Además, pasados los primeros años desde el nacimiento de nuestros hijos, ¿acaso no estamos en situación de aportar información, en lugar de recibirla? Podríamos demostrar, por de pronto, cuánto difieren unas madres de otras. Ello nos ayudaría a sentirnos más fuertes y a afianzar la comunicación entre nosotras.

Si las madres actuales compiten tanto entre sí y se quejan de mala conciencia por no dar la talla como madres, es, entre otros motivos, porque se sienten constantemente agobiadas por el peso de valores que les son ajenos. Juzgadas por el rasero de estos valores, fracasan en su mayoría. Pero ¿no podríamos encontrar un modo nuestro de expresar los valores que nos son propios?

Antes que nada, hay que ver qué teorías nos circundan hoy por hoy. Estas teorías conforman nuestra noción de la maternidad. Pero ¿debemos permitir que sea así? ¿De dónde proceden esas teorías? ¿Eran madres quienes las formularon?

Pese a su intención de redimirnos, los psicoanalistas se han mostrado curiosamente arbitrarios respecto a las madres. Sólo hay un modo de liberarnos, y es observar lo que estos psicoanalistas, y los psicoterapeutas y estudiosos de la psicología posteriores, han escrito sobre nosotras.

He escogido unos pocos ejemplos a fin de demostrar que no debemos dejarnos impresionar por sus teorías y aceptarlas sin más por el hecho de ser «sólo madres». Más bien al contrario. Sólo en calidad de tales podemos cuestionarlas.

La psicoanalista Margaret Mahler, pionera en la observación sistemática de madre y bebé, fundó en Nueva York un centro infantil donde diariamente podía observar la interacción madre-hijo. Como punto de partida de sus teorías, afirmaba que los bebés establecían, en su mayoría, una relación «simbiótica» con sus madres. Tenía curiosidad por saber cómo aprendían los bebés a distinguir sus identidades individuales, y denominó «crisis de acercamiento» al momento en que se efectúa este hallazgo.

Mahler pedía a sus colaboradores que se fijaran en «cómo traía la madre al niño al centro; en cómo le quitaba los pañales; en cómo lo tumbaba; en si al llegar lo dejaba solo o no; y así sucesivamente».[168] Con especial atención por el detalle, comenzó a recabar impresiones acerca de la interacción entre madres y bebés y a describir mediante términos sencillos, como «derretirse» o «envararse», cómo reaccionaban los bebés cuando sus madres los tomaban en brazos.

A pesar de un comienzo tan prometedor, podría haber llegado más lejos. Podría haberse sentado a hablar con las madres del centro. Podría haberles explicado su teoría de la simbiosis y la crisis de acercamiento, y haberles preguntado qué opinaban ellas. Pero Mahler no lo veía así. Consideraba que su labor consistía en instruir a las madres. «Debemos educar a los padres respecto a las dificultades y los momentos de mayor vulnerabilidad que se dan a lo largo del proceso [*durante la crisis de acercamiento*]», escribía.[169] No creía, al parecer, que los progenitores tuvieran nada significativo que enseñarle.

Pese a ello, se tomó muchas molestias para cerciorarse de que las madres se sentían a gusto en el centro infantil. Pero ¿hasta qué punto se siente a gusto una persona cuando se sabe observada? Mahler ordenaba a sus colaboradores que mantuvieran «la mayor pasividad que permitiera la situación».[170] Pero ¿creía acaso que el observador pasaría desapercibido? Una biógrafa de Mahler cuenta cómo en cierta ocasión, comiendo con ella, estaba tan impresionado que apenas pudo probar bocado. «Mientras yo intentaba comer, ella me observaba con aquella mirada suya, una mirada serena, una mirada discreta. Supe entonces que se hacía cargo de la situación.»[171] Aunque se califique de «discreta», la palabra «mirada» se repite tres veces, y la biógrafa recordaba todavía este episodio varias décadas después.

¿Qué puede aprenderse mediante la observación? Quien mira puede apreciar conductas, pero no las razones a las que éstas obedecen. ¿Puede deducir el observador qué está haciendo un bebé exactamente? Las madres lanzan hipótesis aproximativas, basadas en la observación temprana, porque no les queda otro remedio. Han de adivinar, entre otras cosas, cuándo tienen calor sus bebés, cuánto están cansados o cuándo tienen hambre. Y a menudo, pese a estas conjeturas sencillas y cotidianas, descubren que se equivocan.

Mahler era una investigadora infatigable. Observaba a los niños «en todas partes: en la calle, en el metro y en el supermercado», escribía.[172] El único aspecto relacional que no podía observar era la enorme cantidad de interacciones tácitas que se daban entre madres e hijos. En ese aspecto nosotras, como madres, gozamos de una perspectiva única. No tenemos que esforzarnos por observar a nuestros hijos. No hace falta que los miremos fijamente. Estamos interactuando con ellos.

Mahler no era madre. Su libro *The Psychological Birth of the Human Infant* [El nacimiento psicológico del infante humano] ofrece algunas observaciones claras que, según la psicoanalista, revelan cómo evolucionan los lactantes. La «crisis de acercamiento» depende de la «fase simbiótica» precedente. Sin embargo, ninguna de estas teorías ha sido debatida o evaluada por madres en su calidad de tales.

El investigador estadounidense Allan Schore se ha servido de algunas de las teorías de Mahler, incluida la de la simbiosis, en sus estudios acerca del desarrollo temprano del cerebro. Su obra magna, *Affect Regulation and the Origin of the Self* [Regulación afectiva y orígenes del yo] es capaz de desalentar a cualquier lector: tiene más de 500 páginas, seguidas por no menos de 100 páginas de referencias bibliográficas. El doctor Schore ha sintetizado una cantidad ingente de estudios científicos acerca del desarrollo temprano del cerebro, pero su tema de investigación está relacionado con el nuestro: el desarrollo del bebé.

Las madres, escribe Schore, son cruciales para el desarrollo neurológico de sus hijos.[173] Para explicarlo, pasa del desarrollo cerebral a la conducta. Es ahí donde sus teorías convergen con la experiencia materna. Así, por ejemplo:

A los dieciocho meses los niños comienzan, mediante la imitación, a actuar como si fueran otra persona (asumen, pues, un rol distinto), fingiendo que son sus madres.[174]

El autor toma esta observación del doctor Andrew Meltzoff, un psicólogo estadounidense. Schore es escrupuloso a la hora de citar sus fuentes. No se le puede reprochar que no use referencias maternas. No le hemos dado suficientes. Pero, indudablemente, podríamos dárselas. Esta observación versa sobre la conducta cotidiana de un niño. ¿Quién no ha visto a un niño fingir que habla por teléfono? Ya a edad muy temprana se llevan algo al oído (una cucharilla, un juguete, cualquier cosa) y se ponen a charlar y a reír exactamente como nos ven hacer a nosotras. He visto a niños que hacían esto mucho antes de cumplir el año y medio.

El libro de Schore es, desde hace más de una década, una prestigiosa obra de referencia que puede servirnos para comprender el cerebro del bebé. Pero, como madres con experiencia, ¿debemos permitir que hable por nosotras? Muriel Winch, que ya en 1924 escribió un libro sobre maternidad, afirmaba: «Podemos hablar de un bebé en términos científicos y pensar que de ese modo lo describimos y clasificamos sus características, pero la única que puede decir de verdad cómo es su hijo es la madre».[175] Si sólo puede decirlo la madre, ¿por qué no lo decimos?

Al igual que muchos otros estudiosos, Schore se creía en situación de definir lo que debían hacer las madres. «El cometido esencial del primer año de vida humana —escribía— es la creación de un vínculo afectivo sólido entre el lactante y la persona que se ocupa principalmente de su cuidado.»[176] Puede que estemos acostumbradas a esta terminología, pero ¿de veras refleja la expresión «vínculo afectivo sólido» la labor de una madre al proteger a su hijo y ayudarlo, a un tiempo, a desarrollarse más allá de ella?

El psicoanalista Peter Fonagy ofrece definiciones parecidas del que, a su modo de ver, es el papel de la madre. Así, por ejemplo:

> Lo decisivo es que la madre sea capaz de albergar mentalmente al bebé y de responder, en cuanto al cuidado físico, de una forma que demuestre su conciencia del estado psíquico del niño y que sin embargo evidencie que es capaz de sobrellevarlo, reflejando como un espejo el malestar del bebé al tiempo que comunica un afecto incompatible con éste.[177]

Fonagy describe aquí el rol de la madre en un lenguaje que posiblemente ella no usaría. Pero ¿son mejores sus términos? ¿Qué quiere decir con que una madre «refleje el malestar» de su bebé? ¿Acaso la metáfora del espejo traslada el sentimiento de una madre que se compadece de su hijo? ¿Y qué quiere decir Fonagy con comunicar «un afecto incompatible»? Su uso del término «incompatible» parece falto de lógica. ¿No querría la madre comunicar a su hijo un sentimiento de esperanza, sin negar en ningún caso su malestar? En ese caso, estos dos mensajes serían compatibles. Además, al hablar de «afecto» se refiere al sentimiento de la madre. Pero una madre querría ir más allá del sentimiento y tranquilizar a su bebé haciéndole entender que hay motivos para la esperanza. Así pues, al considerar los términos de Fonagy en un lenguaje más sencillo, podemos darnos cuenta de que son imprecisos y contradictorios.

En todos estos libros de psicología en torno a la maternidad, las madres se presentan como un riesgo constante. Mahler, Schore, Fonagy y otros enuncian con toda claridad los que, según ellos, son los cometidos esenciales de la maternidad. Normalmente, ello va acompañado de ejemplos de «tipos» de madres que no dan la talla. La impresión que se saca es que son muchas las madres que fracasan. Es vital, sin embargo, que reparemos en que, hasta cuando salen airosas, no parecen madres reales. Parecen bidimensionales, sombras al servicio del desarrollo de sus bebés. Así pues, hasta cuando se presenta a las madres cumpliendo eficazmente su función, este tipo de ensayos apenas hace justicia a nuestra experiencia.

¿Podemos permitirnos el lujo de que los «expertos» definan lo que se supone que debemos hacer y luego se lamenten de lo mal que lo hacemos casi todas? Si queremos respeto, sobre todo de los empresarios, de nuestras familias o del Gobierno, debemos exponer con claridad lo que hacemos. Juntas, formamos un inmenso y amplísimo colectivo internacional. Conectadas a través de internet, podemos sostener auténticos debates. Después de miles de años permitiendo que los teóricos definan nuestro papel, por fin estamos en situación de hablar con voz propia.

El papel político de las madres también está cambiando. Toda sociedad debe mucho al trabajo de sus madres. Podríamos ejercer una influencia política y social todavía más fuerte y más lúcida que en tiempos recientes. A menudo me pregunto si a la gente le da miedo que así sea. Tal vez por eso hay tantos «expertos» empeñados en darnos consejos.

> Ser madre importa de verdad. Es algo grande. Inmenso. Es un *acto político*. Los valores en que educas a tu hijo son un manifiesto político. (A, 7 meses.)

He aquí un mensaje importante. Seríamos, sin embargo, más fuertes y eficaces si pudiéramos ponernos de acuerdo con respecto a los motivos por los que nuestra labor como madres es tan crucial. Todavía es bastante común hoy en día oír a una mujer presentarse como «una simple madre». Pero sin el afecto de una madre, es difícil que un niño llegue a ser, en su madurez, una persona capaz de afrontar las complejidades de las relaciones adultas. La vida civilizada depende de que haya suficientes adultos capaces de interpretar las múltiples señales que nos lanzamos unos a otros.

Tal vez tengamos que aprender a expresarnos mejor. Me gusta la expresión antigua *motherful* (que se podría traducir por «madraza»), que ha caído en desuso, a diferencia de otras de función semejante, como *motherly*, «materno» o «maternal». Ahora bien, lo materno es sólo lo «emparentado» con la madre. Nos harían falta palabras más grávidas de «madredad».

El amor parece formar parte intrínseca de lo maternal. No por ello, afortunadamente, tenemos que seguir recetas ajenas. No es necesario que preguntemos a los demás cómo amar. A menudo parece que deseamos el amor y al mismo tiempo lo tememos, porque muchos hemos sufrido durante nuestra infancia y nos asusta que vuelvan a lastimarnos. El amor se da cuando nuestro miedo se achica. Está ahí.

Se dice a veces que es difícil querer a un bebé. Pero no quererlo parece mucho más difícil. Los ojos de un recién nacido tienen una expresión tierna y sobrenatural: una mirada de sensibilidad siempre alerta. Es difícil expresarlo verbalmente. Dante, cuya madre murió siendo él muy joven, afirmaba que le faltaban las palabras cuando intentaba describir el amor. Al final de su *Divina Comedia*, colocaba el amor en el centro del Paraíso:

Omai sarà più corta mia favella,
pur a quel ch'io ricordo, che un fante
che bagni ancor la lingua alla mammella.[178]

Ora que su presencia no me inflama,
es mi recuerdo como el de un infante
que se baña la lengua en lo que mama.

La metáfora de un bebé mamando del pecho de su madre añade una nueva dimensión a su disculpa. Puede que Dante intuyera que un lactante sabía mejor que nadie lo que es el amor. Un recién nacido parece hallarse en plenitud y en comunión con ese amor que, como escribía Dante, es «*l'amor che move il sole e l'altre stelle*», el amor que mueve el Sol y los demás astros.

Son muchos los escritos sobre el amor materno que lo idealizan o lo denigran. Su realidad, sin embargo, es muy sencilla. Una tarde, estaba charlando con una pareja mientras su bebé, una niña, dormía en el piso de arriba. En cierto momento la madre dijo que la estaba oyendo moverse a través del intercomunicador y se levantó exhalando un suspiro de cansancio. Me acordé de lo cansada que solía estar yo, y no pude menos que dar gracias por no ser ya una madre lactante. Regresó poco después con su hija en brazos y yo me acerqué para hacerle una carantoña. Pero no pude decir nada. Me quedé sin habla un momento. Madre y bebé irradiaban una inefable ternura. El marido se levantó para besar a su hija y acto seguido nos pusimos a hablar de cuestiones prácticas. Pero yo sabía que acababa de asistir a un instante de amor íntimo.

Notas

Se ha procurado consignar correctamente el título de los libros citados y reconocer la titularidad del *copyright* siempre que ha sido posible. En caso de omisiones, es aconsejable que el titular de los derechos de autor se ponga en contacto con Naomi Stadlen inmediatamente.

1. Monika Abels, «Field Observations from Rural Gujarat», en *Researching Families and Children*, S. Anandalakshamy y cols., eds., Sage, Nueva Delhi, 2008, p. 221.

2. Joni Nichols, en *International Doula*, vol. 10, n.º 4, 2008.

3. Vicki Culling y Claire Wright, «Am I Still a Mother? Making Meaning of Motherhood After the Death of a Baby», en The Meaning of Motherhood Conference, Auckland, 28 de noviembre de 2008.

4. Kate Hilpern, «Unfit to be a mother?», *The Guardian*, sección 'G2', 15 de enero de 2008. © Hilpern/Guardian News & Media Ltd, 2008.

5. En su poema, Alice Meynell (1847-1922) emplea palabras sencillísimas para explicar cómo se sienten las madres:

Maternity

One wept whose only child was dead,
New-born, ten years ago.
«Weep not; he is in bliss», they said.
She answered, «Even so,

Ten years ago was born in pain
A child, not now forlorn.
But oh, ten years ago, in vain,
A mother, a mother was born».

Maternidad

Por su único hijo, muerto diez años ha,
recién nacido, lloraba.
«No llores —le decían—, que en gloria está».
«Aun así —contestaba—,

hace diez años nació con dolor
un niño jamás olvidado.
Y hace diez años, ay, en vano,
en vano una madre nació.»

La cadencia final de cada uno de estos breves versos expresa la hondura del dolor de la madre por la muerte prematura de su hijo. Se había preparado íntimamente, en su fuero interno, para tener un hijo vivo al que ya había hecho un hueco en su corazón. No parece fácil desprenderse limpiamente de esta preparación afectiva.

Cuando un hijo muere a una edad más tardía, o de adulto, surge un interrogante de índole cultural. Si los hijos fallecen antes que su madre, ¿sigue siendo ella madre? Si muere su marido, se convierte en viuda, un rol que evidencia socialmente que ha estado casada. Nadie la llamaría, pues, solterona. No hay, en cambio, una voz específica para denotar a una madre cuyos hijos han muerto, un término que dignifique ese doloroso cambio de estado y advierta a los demás de que han de mostrarse sensibles y respetuosos, como ocurre, en cambio, con el término «viuda». Ella sigue siendo madre, desde luego, y debería haber una palabra que salvaguardara su posición como tal. Del mismo modo, haría falta un término para designar al padre que ha perdido a sus hijos.

6. Mary Wollstonecraft Godwin, posteriormente Mary Shelley (1797-1851).

7. C. Kegan Paul, *William Godwin: his Friends and Contemporarie*, H. S. King, vol. 2, cap. 1, Londres, 1876.

8. Esta misma imagen la empleó Brenda Hunter. Cuando su hija anunció que estaba embarazada, la doctora Hunter susurró: «Sí, y en un futuro no muy lejano tu bebé tendrá una madre que habrá hecho sitio para él en su corazón». Brenda Hunter, *The Power of Mother Love*, Waterbrook Press, Colorado Springs, 1997, p. 1.

9. León Tolstói, *War and Peace*, traducción inglesa de Louise y Aylmer Maude, Oxford University Press, Oxford, 1954, libro cuarto, capítulo 8. (Trad. al cast.: *Guerra y paz*, Taller de Mario Muchnik, Barcelona, 2003.)

10. Sheila Kitzinger, *A Celebration of Birth*, Pennypress, Seattle, Washington, 1986, p. 16.

11. Anne Enright, *Making Babies*, Jonathan Cape, Londres, 2004, p. 96. Me puse en contacto con la autora por correo electrónico para preguntarle de dónde procedía esta imagen, y contestó: «Siempre me ha atraído la metáfora del yo como casa».

12. Mariella Frostrup, *The Observer*, edición del 16 de noviembre de 2008. © Frostrup/Guardian News & Media Ltd, 2008.

13. Søren Kierkegaard, *Kjerlighedens Gjerninger*, Gyldendals Bogklubber, Copenhague, 1962, p. 207; *Works of Love*, traducción inglesa de Howard y Edna Hong, Collins, Londres, 1962, p. 203. (Trad. al cast.: *Las obras del amor*, Ediciones Sígueme, Salamanca, 2006.)

14. Tess Stimson, *Sunday Telegraph*, suplemento «Stella», 25 de enero de 2009.

15. Anne Perkins, «Clijsters' victory has rebooted the debate about what our culture says mother are», *The Guardian*, 15 de septiembre de 2009, p. 11. © Perkins/Guardian News & Media Ltd, 2009.

16. Stephanie Merritt, *The Devil Within: A Memoir of Depression*, Vermilion, Londres, 2008, p. 173. Reimpresión autorizada por The Random House Group.

17. Carta aparecida en *Breastfeeding Matters*, n.º 179, La Leche League GB, Nottingham, septiembre-octubre 2010, p. 19.

18. Stephanie Merritt, *The Devil Within: A Memoir of Depression*, ob. cit., p. 174.

19. Harriet Lane, «First Person», artículo incluido en el número de *The Observer* del 12 de febrero de 2006. © Lane/Guardian News & Media Ltd, 2006.

20. Oxford University Press: G. M. Hopkins, *The Poems of Gerard Manley Hopkins*, 4.ª edición, W. H. Gardner y N. H. MacKenzie, eds., 1976; tres versos de *No worst, there is none. Pitched past pitch of grief* (1948). Con permiso de Oxford University Press, en representación de The British Province of the Society of Jesus. (Trad. al cast.: *Poemas*, Renacimiento, Sevilla, 2001.)

21. Hazel Douglas y Mary Rheeston, en *Keeping the Baby in Mind*, Jane Barlow y P. O. Svanberg, eds., Routledge, Londres y Nueva York, 2009, pp. 33-34.

22. Carol Davis, «A big push», *The Guardian*, sección 'G2', 2 de noviembre de 2010. © Davis/Guardian News & Media Ltd, 2010.

23. Glenda Cooper, «I thought my baby was a monster», artículo acerca del documental «Help Me Love My Baby» (Channel 4), *Daily Telegraph*, 3 de diciembre de 2007.

24. Lucy Atkins, «I felt completely out of control», *The Guardian*, 29 de enero de 2008. © Atkins/Guardian News & Media Ltd, 2008.

25. Ingrid Biery, en *New Beginnings*, La Leche League International Inc., n.º 6, 2008-2009, p. 16.

26. Stephanie Merritt, *The Devil Within: A Memoir of Depression*, ob. cit., p. 264.

27. Neil Rhodes, ed., *John Donne: Selected Prose*, Penguin, Londres, 1987, p. 126.

28. Las madres que califican a sus hijos de «tiranos» se colocan en esta posición.

29. Elizabeth Cleghorn Gaskell, *My Diary*, edición privada de Clement Shorter, Londres, 1923, p. 20.

30. «Apology», en *Portrait of Socrates*, traducción inglesa de R. W. Livingstone, Oxford University Press, Oxford, 1938, 1961, pp. 11-12.

31. Ina May Gaskin ofrece un ejemplo conmovedor en *Spiritual Midwifery*, Tennessee Book Publishing, Summertown, 1978, p. 457. En *Babies, Breastfeeding and Bonding* relata la enfermedad y muerte de su primer hijo a la edad de 20 años.

32. Tillie Olsen expresa esta idea del bebé como milagro recibido en «I Stand Here Ironing», en *Tell Me a Riddle* (1960), Virago, Londres, 1986, p. 12. (Trad. al cast.: *Dime una adivinanza*, Anagrama, Barcelona, 1984.)

33. Alessandra Piontelli, *From Fetus to Child*, Tavistock/Routledge, Londres, 1992, p. 78. (Trad. al cast.: *Del feto al niño*, Espaxs S.A. Publicaciones Médicas, Barcelona, 2002.)

34. J. P. Laurenceau y B. M. Kleinman, «Intimacy in Personal Relationships», en *The Cambridge Handbook of Personal Relationships*, A. L. Vangelisti y D. Perlman, eds., Cambridge University Press, Cambridge, Nueva York, 2006, pp. 645-646.

35. Samuel Taylor Coleridge, *Opus Maximum*. Princeton University Press, Princeton, Nueva Jersey, 2002, p. 132.

36. John Bowlby, *Attachment* (1969), Penguin, Harmondsworth, 1971, pp. 380-381. (Trad. al cast.: *El vínculo afectivo*, Paidós, Barcelona, 1993.)

37. Patreascu Peberdy, citado en un artículo aparecido en el *Daily Telegraph* el 10 de noviembre de 2006, p. 7.

38. Virginia Ironside, *Janey and Me. Growing Up With My Mother*, Harper Perennial/Harper Collins, Londres, 2004. La autora añade que no era sexo lo que deseaba, sino «el murmullo de la cercanía».

39. D. W. Winnicott, *The Maturational Processes and the Facilitating Environment*, Hogarth Press, Londres, 1972, p. 49. Winnicott apuntaba, por otra parte, que no todas las madres son capaces de tener en brazos a sus bebés de forma segura. (Trad. al cast.: *El proceso de maduración en el niño*, Laia, Barcelona, 1975/1981.)

40. D. W. Winnicott, *The Child, the Family and the Outside World*, Penguin, Harmondsworth, 1963, p. 86.

41. Julia Hollander, *When the Bough Breaks, a Mother's Story*, John Murray, Londres, 2008. Extracto aparecido en *The Guardian*, sección «Family», 8 de marzo de 2008. © Hollander/Guardian News & Media Ltd, 2008.

42. Ibíd.

43. F. Truby King, *Feeding and Care of Baby*, Oxford University Press, Oxford, 1913, p. 259.

44. Ibíd., p. 42.

45. Conversación personal con una antigua empleada del centro.

46. Sigmund Freud, *The Standard Edition of the Complete Psychological Works of Sigmund Freud*, en adelante *SE*, vol. VII, p. 156. (Trad. al cast.: *Obras completas*, Biblioteca Nueva, Madrid, 3 vols., 1996; Orbis, Barcelona, 2006.)

47. Sigmund Freud, *SE*, vol. VII, p. 223.

48. Sigmund Freud, *SE*, vol. XXIII, p. 188.

49. Sigmund Freud, *SE*, vol. VII, p. 223.

50. Ibíd.

51. Ibíd.

52. Sigmund Freud, *SE*, vol. XVI, p. 314.

53. Sigmund Freud, *SE*, vol. XXIII, p. 154.

54. Sigmund Freud, *SE*, vol. XVI, p. 313.

55. Ibíd.

56. Sigmund Freud, *SE*, vol. XVI, p. 314.

57. Sigmund Freud, *SE*, vol. IV, p. 252.

58. Sigmund Freud, *SE*, vol. X, p. 6.

59. Su hijo, Martin Freud, comenta a propósito de esto en su autobiografía, titulada *Glory Reflected*: «Mi madre nunca esperó que mi padre hiciera de niñera». Martin Freud, *Glory Reflected*, Angus & Robertson, Londres, 1957, p. 55.

60. Sigmund Freud, *SE*, vol. XVI, p. 313.

61. J. M. Masson, ed., *The Complete Letters of Sigmund Freud to Wilhelm Fliess*, Belknap Press/Harvard University Press, Massachusetts-Londres, 1985, p. 67.

62. Sigmund Freud, *SE*, vol. XVI, p. 314.

63. Sigmund Freud, *SE*, vol. XXIII, p. 189.

64. Sigmund Freud, *SE*, vol. XXII, p. 122.

65. Diane Bengson, *How Weaning Happens*, La Leche League International, Schaumburg, Illinois, 1999.

66. Alexander Solzhenitsin, *One Day in the Life of Ivan Denisovich*. Traducción inglesa de Ralph Parker, Penguin, Harmondsworth, 1963, pp. 23 y 98. (Trad. al cast.: *Un día en la vida de Iván Denísovich*, Tusquets Editores, Barcelona, 2008.)

67. Santa Biblia, Libro de Isaías, capítulo 49, versículo 15.

68. Peter Fonagy, *Attachment Theory and Psychoanalysis*, Other Press, Nueva York, 2001, p. 166. (Trad. al cast.: *Teoría del apego y psicoanálisis*, Espaxs, Barcelona, 2004.)

69. Mariella Doumanis, *Mothering in Greece: From Collectivism to Individualism*, Academic Press, Londres, 1983, p. 44. (Trad. al cast.: *Prácticas educativas maternas en entornos rurales y urbanos*, Visor, Madrid, 1988.)

70. Kate Hilpern, «Umbilical cords just got longer», acerca de los «padres helicóptero», *The Guardian*, 10 de septiembre de 2008. © Hilpern/Guardian News & Media Ltd, 2008.

71. Lyn Craig, *Contemporary Motherhood: The Impact of Children on Adult Time*, Ashgate, Aldershot, New Hampshire, 2007, p. 137.

72. Bernard Law Montgomery, *The Memoirs of Field-Marshal the Viscount Montgomery of Alamein K.G.*, Odhams Press, Watford, Hertfordshire, 1958, p. 13. (Trad. al cast.: *Memorias de guerra*, Tempus Editorial, Barcelona, 2010.)

73. Ibíd., p. 77.

74. De un trabajo inédito, sin firma ni fecha, escrito para mi curso «La psicología del amor materno», impartido en Birkbeck.

75. Dorothy Rowe, prefacio a *Death of a Mother, Daughters' stories*, Rosa Ainley, ed., Pandora/Harper Collins, Londres, 1994, p. xi.

76. Rosa Ainley, «My Mother was a Footballer», en *Death of a Mother*, ob. cit., pp. 197-198.

77. Camila Batmanghelidjh, *Shattered Lives: Children who live with courage an dignity*, Jessica Kingsley, Londres, 2006, p. 94.

78. Decca Aitkenhead, «They have our minds opened up, dissected and put back together again», artículo sobre la prisión de Grendon, *The Guardian*, edición dominical, 14 de julio de 2007. © Aitkenhead/The Guardian News & Media Ltd, 2007.

79. Así lo afirma Thomas Szasz en *The Meaning of the Mind*, Greenwood Press, Westport, Connecticut, 1996, especialmente en el capítulo 5.

80. El psicoanalista Donald Winnicott decía que si una madre era capaz de «ponerse en el lugar de su hijo», éste podía comprender de manera intuitiva el «despertar al ser». Winnicott opinaba también, por

desgracia, que las madres sólo son capaces de esto hacia el final del embarazo y durante «unas pocas semanas tras el nacimiento del niño». Un periodo que se nos antoja muy corto. *Through Paediatrics to Psychoanalysis*, Tavistock, Londres, 1958, pp. 303-304. (Trad. al cast.: *Escritos de pediatría y psicoanálisis*, Paidós, Barcelona, 1999.)

81. Alison Gopnik, Andrew Meltzoff y Patricia Kuhl, *How Babies Think*, Weidenfeld & Nicolson, Londres, 1999, p. 53.

82. John Clare, «I am» [Soy]. Este poema aparece en múltiples antologías.

83. Judith Woods, «A pushy mum knows best», *Daily Telegraph*, 21 de septiembre de 2010.

84. René Spitz, *The First Year of Life*, International Universities Press, Nueva York, 1965. (Trad. al cast.: *El primer año de la vida del niño*, FCE, México, 1969/1985; Aguilar, Madrid, 1972/1993.)

85. Margot Sunderland, *The Science of Parenting*, Dorling Kindersley/Penguin, Londres, 2006, p. 123. (Trad. al cast.: *La ciencia de ser padres*, Grijalbo, Barcelona, 2007.)

86. D. W. Winnicott, *The Child, the Family and the Outside World*, ob. cit., n. 40, p. 78.

87. Alison Gopnik, *The Philosophical Baby: What Children's Minds tell us about truth, love and the meaning of life*, Bodley Head, Londres, 2009, p. 245. (Trad. al cast.: *El filósofo entre pañales: Revelaciones sorprendentes sobre la mente de los niños y cómo se enfrentan a la vida*, Temas de Hoy, Madrid, 2010/2011.)

88. Anne Manne, *Motherhood: How should we care for our Children?*, Allen & Unwin, Crows Nest, NSW, 2005, p. 312.

89. *Daily Telegraph*, 1 de marzo de 2007, p. 4.

90. *Cassandra, an essay by Florence Nightingale*, con introducción de Myra Stark, The Feminist Press, Nueva York, 1979, p. 52. (Trad. al cast.: *Casandra*, Institución Alfonso el Magnánimo, Valencia, 2011.)

91. Mary Kenny, «The party's always over when motherhood begins», *Daily Telegraph*, 26 de septiembre de 2000.

92. James B. Pritchard, ed., *The Ancient Near East. An Anthology of Texts and Pictures*, Princeton University Press, Princeton, Nueva Jersey, 1975, vol. II, p. 216.

93. D. W. Winnicott, *The Child, the Family and the Outside World*, ob. cit., n. 40, p. 27.

94. W. M. Brody, 1959, citado por R. D. Laing en *Self and Others*, Tavistock, Londres, 1969, p. 85. (Trad. al cast.: *El yo y los otros*, Fondo de Cultura Económica, México, 1974.)

95. R. D. Laing, *Self and Others*, ob. cit., p. 67.

96. Phil Daoust, «Aah! Alone at last», *The Guardian*, sección 'G2', 2 de febrero de 2010. © Daoust/Guardian News & Media Ltd, 2010.

97. Ibíd.

98. V. Groskop, «Private: keep out», entrevista con Kate Atkinson, semanario del *Daily Telegraph*, agosto de 2006.

99. David Elkind, *The Hurried Child: Growing Up Too Fast Too Soon*, Perseus Books, Massachusetts, [1981] 1988, p. 3.

100. Anne Manne, *Motherhood: How should we care for our Children?*, ob. cit., n. 88.

101. Brenda Hunter, *The Power of Mother Love*, Waterbrook Press, Colorado Springs, [1973] 1999, p. 56.

102. «El ser humano puede alcanzar su plenitud no en virtud de la relación consigo mismo, sino únicamente en virtud de su relación con otro yo», Martin Buber, *Between Man and Man*, [1947], Fontana, Londres-Glasgow, 1961, p. 204.

103. El psicoanalista René Spitz lo expresó con rotundidad: «El ser humano, cuando se ve privado de diálogo desde la primera infancia, se convierte en una cáscara vacía y asocial. [...] La vida, tal y como la concebimos, se efectúa a través del diálogo». René A. Spitz, *Dialogues from Infancy: Selected Papers*, Edición de Robert N. Emde, International Universities Press, Nueva York, 1983, p. 159.

104. Michele Roberts, también ella gemela, trató de recrear la experiencia en el vientre materno en su libro *The Visitation*, Women's Press, Londres, 1983, p. 3.

105. Sheila Kitzinger, *A Celebration of Birth*, Pennypress, Seattle, Washington, 1986, p. 20.

106. Sheila Kitzinger, *The Experience of Breastfeeding*, Penguin, Harmondsworth, 1979, p. 46.

107. Frederick Leboyer, *Birth Without Violence*, [Original francés, *Pour une naissance sans violence,* 1974], Wildwood House, Londres, 1975, p. 68. (Trad. al cast.: *Por un nacimiento sin violencia*, Mandala Ediciones, Madrid, 2008.)

108. Lynne Murray y Liz Andrews, *The Social Baby*, The Children's Project, Richmond, Surrey, 2000, pp. 26-27.

109. El poeta William Wordsworth rastreaba el origen de su genio poético remontándose a experiencias tempranas en las que observaba el rostro de su madre. William Wordsworth, *The Prelude*, versión de 1805-1806, editada por J. C. Maxwell, Penguin, Harmondsworth, 1971, p. 84. (Trad. al cast.: *Preludio*, Alberto Corazón Editor, Madrid, 1981; Edic. Canarias, Tenerife, 1999; *El Preludio, en 14 libros, 1850,* edic. bilingüe, DVD, Barcelona, 2003.)

110. Alessandra Piontelli, *From Fetus to Child*, ob. cit., n. 33, p. 9.

111. John Locke, *An Essay Concerning Human Understanding*, 1690, libro segundo, capítulo 1. (Trad. al cast.: *Ensayo sobre el entendimiento humano*, Ediciones Folio, Barcelona, 2003.)

112. Pueden encontrarse ejemplos de ello en «Yum, yum! Delicious Babies!», un artículo de Jenny Turner sobre «literatura paternal» en poesía y prosa, *The Guardian*, sección «Review», 1 de agosto de 2009. © Turner/Guardian News & Media Ltd, 2009.

113. Una buena introducción a este tema se encuentra en la obra del teólogo católico existencial Dietrich von Hildebrand, *The Nature of Love*, traducción inglesa de *Das Wessen der Liebe*, de John F. y John Henry Crossby, St Augustine Press, South Bend, Indiana, 2009, pp. 196-199. (Trad. al cast.: *La esencia del amor*, Ediciones Universidad de Navarra, EUNSA, Barañáin, 1998.)

114. René A. Spitz, *The First Year of Life*, International University Press, Nueva York, 1965, p. 127.

115. Lynne Murray y Liz Andrews, *The Social Baby*, ob. cit., n. 108, pp. 56-57.

116. «El grado de conexión que puede darse en las diversas interacciones de una relación íntima puede sufrir altibajos.» Jean-Philippe Laurenceau y Brighid M. Kleinman, «Intimacy in Personal Relationships», en *The Cambridge Handbook of Personal Relationships*, Anita L.

Vangelisti y Daniel Perlman, eds., Cambridge University Press, Cambridge, Nueva York, 2006, p. 640. Hablar de «altibajos» es un modo acertado de describir el modo en que se adaptan las madres.

117. Geraldine Bell, *The Observer*, 14 de diciembre de 2008. © Bell/Guardian News & Media Ltd, 2008.

118. Alison Gopnik, *The Philosophical Baby: What Children's Minds tell us about truth, love and the meaning of life*, ob. cit., n. 87, p. 242.

119. Martin Buber, *I and Thou*. Traducción inglesa de *Ich und Du*, de Walter Kaufmann, T. & T. Clark, Edimburgo, 1970, p. 79. «En el afán de contacto (un afán de contacto táctil, primeramente, y después también de contacto visual con otro ser), el Tú íntimo ocupa el primer plano desde muy pronto, y se hace aún más evidente que ese impulso apunta hacia la reciprocidad, hacia la "ternura".» (Trad. al cast.: *Yo y tú*, Caparrós Editores, Madrid, 1993/2005.)

120. Virginia Woolf, *Moments of Being*, Grafton Books, Londres, 1989, p. 107. (Trad. al cast.: *Momentos de vida*, Lumen, Barcelona, 2008; Debolsillo, Barcelona, 2009.)

121. «First Person: Fran Broadwood», *The Guardian*, sección *Family*, 16 de septiembre de 2006. © Broadwood/Guardian News & Media Ltd, 2006.

122. Aldous Huxley, *Brave New World*, 1932. Múltiples ediciones. Citas tomadas del capítulo 3. (Trad. al cast.: *Un mundo feliz*; múltiples ediciones: entre otras, Edhasa, Barcelona, 2004; Nuevas Ediciones de Bolsillo, Barcelona, 2001.)

123. Citado por Patricia Morgan, *Who Needs Parents?*, The Institute of Economic Affairs, Health and Welfare Unit, Londres, 1996, p. 39.

124. «Las investigaciones sugieren, informaba un Libro Verde del Gobierno, que sólo una minoría de padres opina que tener un hijo haya mejorado su relación de pareja a corto plazo, a menudo debido a cuestiones prácticas.» *Support For All: the Families and Relationships Green Paper*, HMSO, Londres, 2010, pp. 56-57.

125. Para ahondar en la cuestión del papel que puede desempeñar el padre durante el parto, especialmente a la hora de minimizar la intervención de los médicos, véase Ina May Gaskin, *Ina May's Guide to*

Childbirth, Bantam Books, Nueva York, 2003, p. 239. La autora pone como ejemplo partos en los que la participación del padre fue decisiva (véase pág. 137, por ejemplo).

126. Adrienne Burgess, jefa de investigación del Fatherhood Institute, en conversación privada.

127. Scott Coltrane, *Family Man: Fatherhood, Housework and Gender Equity*, Oxford University Press, Oxford, 1996.

128. David Code, *To Raise Happy Kids, Put Your Marriage First*, Crossroad Publishing, Nueva York, 2008. Esto puede resultar engañoso. Padres y madres no han de elegir entre dar prioridad a la pareja o dársela a sus hijos. Están construyendo una relación familiar de la que todos son partícipes. Es una situación compleja para la que no hay reglas generales aplicables a cualquier circunstancia.

129. Marc y Amy Vachon, *Equally Shared Parenting, Rewriting the rules for a new generation of parents*, Penguin, Nueva York, 2010.

130. Adrienne Burgess, jefe de investigación del Fatherhood Institute, en conversación privada.

131. Daniel N. Stern y Nadia Bruschweiler-Stern, *The Birth of a Mother*, Bloomsbury, Londres, 1998, pp. 64-65.

132. Dr. Jack Newman, «The medicalisation of motherhood, implications for psychotherapy», Anthony Stadlen, Inner Circle Seminars n.º 151, Londres, 9 de mayo de 2010. http://anthonystadlen.blogspot.com.

133. Jaber F. Gubrium y James A. Holstein, *Analyzing Narrative Reality*, Sage, Londres, 2009, p. 130, acerca del *nomos*, el «nosotros» de los matrimonios.

134. Carl Rogers, creador de la psicoterapia centrada en la persona, explicaba, por ejemplo, lo que implicaba ser el cuarto de seis hermanos. Carl R. Rogers, *A Way of Being*, Houghton Mifflin, Boston, 1980, p. 55. (Trad. al cast.: *El camino del ser*, Kairós, Barcelona, 1987/2005.) Véase también: Godfrey T. Barrett-Lennard, *Steps on a Mindful Journey*, PCCS Books, Ross-on-Wye, 2003, especialmente la segunda parte.

135. Rebecca Abrams, *Three Shoes, One Sock and No Hairbrush. Everything you need to know about having your second child*, Cassell, Londres [1988], 2001, pp. 9 y 17. (Trad. al cast.: *Segundo hijo, madre de*

dos: todo lo que necesita saber cuando va a tener el segundo, Ediciones Medici, Barcelona, 2010.)

136. Judy Dunn y Carol Kendrick, *Siblings: Love, Envy and Understanding*, Grant McIntyre, Londres, 1982, p. 220. (Trad. al cast.: *Hermanos y hermanas: amor, envidia y comprensión*, Alianza Editorial, Madrid, 1986.)

137. Rachel Cusk, *A Life's Work, on becoming a mother*, Fourth Estate, Londres, 2001, p. 2.

138. Rebecca Abrams, *Three Shoes, One Sock and No Hairbrush*, ob. cit., n. 135, p. 61.

139. Jane Patricia Barrett, «Mother-Sibling Triads», tesis doctoral inédita, 1992, p. 209. Disponible en microfilme en la British Library.

140. Judy Dunn, *Sisters and Brothers*, Harvard University Press, Cambridge, Massachusetts, 1985, p. 98. (Trad. al cast.: *Relaciones entre hermanos*, Morata, Madrid, 1985.)

141. Sigmund Freud, *SE*, vol. IV, pp. 251 y 255. (Trad. al cast.: *La interpretación de los sueños*, Alianza, Madrid, 3 vols., 1966/1988; Planeta DeAgostini, Barcelona, 1985.)

142. Judy Dunn y Carol Kendrick, *Siblings: Love, Envy and Understanding*, ob. cit., n. 136, p. 219.

143. Adele Faber y Elaine Mazlish, *Siblings Without Rivalry*, Avon Books, Nueva York, 1987, pp. 16-17. (Trad. al cast.: *¡Jo, siempre él!: soluciones a los celos infantiles*, Alfaguara, Madrid, 2001.)

144. Max Scheler, *The Nature of Sympathy*. Traducción inglesa de Peter Heath, Routledge, Londres, 1954, p. 247. (Trad. al cast.: *Esencia y formas de la simpatía*, trad. del original alemán *Wessen und Formen der Symphatye*, de José Gaos, Losada, Buenos Aires, 1957, y Ediciones Sígueme, Salamanca, 2005.)

145. Sheila Kitzinger, *Becoming a Grandmother: a Life Transition*, Simon and Schuster, Londres, 1997, p. 184.

146. La noción de crianza materna de Truby King aparece descrita en la página 98.

147. «Uno de cada seis abuelos cuida de sus nietos 40 horas semanales», estudio de Saga Insurance publicado en www.maturetimes.co.uk, 3 de abril de 2010.

148. Sheila Kitzinger, *Becoming a Grandmother: a Life Transition*, ob. cit., n. 145, p. 156.

149. R. D. Laing, «Family Scenarios», en *The Politics of the Family*, Tavistock, Londres, 1971, pp. 86-87. (Trad. al cast.: *El cuestionamiento de la familia*, Paidós, Barcelona, 1986.)

150. Véase Doris Lessing, *The Summer Before the Dark*, capítulo 2, *Global Food*, Jonathan Cape, Londres, 1973. (Trad. al cast.: *El último verano de la señora Brown*, Seix Barral, Barcelona, 1974; Argos Vergara, Barcelona, 1984.)

151. www.WorkLifeInitiative.com.

152. Tucídides, *The Peloponnesian War*, traducción inglesa de Rex Warner, Penguin, Harmondsworth, 1954, p. 118. (Trad. al cast., múltiples ediciones: *Historia de la guerra del Peloponeso*, Hernando, Madrid, 3 vols., 1952-1955, 1967, 1984-1985; Gredos, Madrid, 1990/2008; Alianza, Madrid, 2008, y muchas otras más.)

153. Plutarco, *Lycurgus*, en *Greek Lives*, traducción inglesa de Robin Waterfield, Oxford University Press, Oxford, 1998, p. 25. (Trad. al cast.: *Vidas paralelas: Teseo-Rómulo, Licurgo-Numa*, Planeta DeAgostini, Barcelona, 1995.) Véase también A. Powell, *Athens and Sparta*, Routledge, Londres, 1988, 2001, p. 235.

154. F. Truby King, *Feeding and Care of Baby*, ob. cit., n. 43, p. 70.

155. Tracy Hogg y Melinda Blau, *The Baby Whisperer Solves All Your Problems: Sleeping, Feeding and Behaviour. Beyond the Babies from Infancy through Toddlerhood*, Vermilion, Londres, 2005, p. 16. (Trad. al cast.: *Guía práctica para tener bebés tranquilos y felices*, Integral, Barcelona, 2009.)

156. Aristóteles, *The Nichomachean Ethics*, Oxford University Press, Oxford, 1971, vol. IX, p. 4. Véase también vol. VIII, p. 7. (Trad. al cast., múltiples ediciones: *Ética a Nicómaco* o *Ética nicomáquea*, Gredos, Madrid, 2010; Ediciones Clásicas, Madrid, 2007; Planeta DeAgostini, Barcelona, 1995; Santillana, Madrid, 1997; RBA, Barcelona, 2003.)

157. La Leche League International, *The Womanly Art of Breastfeeding*, 7.ª edición revisada, LLLI, Schaumberg, Illinois, 2004, p. 69. (Trad. al cast.: *El arte femenino de amamantar*, Ediciones Omega, Barcelona, 2011.)

158. Sheila Kitzinger, *The Experience of Childbirth*, Penguin, Harmondsworth, 1971, p. 219.

159. Janet Balaskas, *Natural Baby*, Gaia Books, Londres, 2001, p. 74. (Trad. al cast.: *Bebé sano*, Grijalbo, Barcelona, 2003.)

160. Sue Gerhardt, *Why Love Matters*, Brunner-Routledge, Londres, 2004, p. 208. (Trad. al cast.: *El amor maternal*, Albesa, Barcelona, 2008.)

161. Lucy Cavendish, «The war at home», semanario de *The Observer*, 28 de marzo de 2010 (también con el título: «Motherhood: stay-at-home or back-to-work? The battle continues»). © Cavendish/Observer News & Media, 2010.

162. Por ejemplo, Sali Hughes, «I'll never be a Proper Mum», *The Guardian*, sección *Family*, 27 de marzo de 2010. © Hughes/Guardian News & Media Ltd, 2010.

163. Amelia Gentleman, «The Great Nursey Debate», *The Guardian*, sección *Family*, 1 de octubre de 2010. © Gentleman/Guardian News & Media Ltd., 2010.

164. Nancy Folbre, *The Invisible Heart*, New Press, Nueva York, 2001, p. 109.

165. Kira Cochrane, «All too much», *The Guardian*, sección 'G2', 1 de octubre de 2010. © Gentleman/Guardian News & Media Ltd., 2010.

166. Amelia Gentleman, «The Great Nursey Debate», *The Guardian*, sección *Family*, 1 de octubre de 2010. © Gentleman/Guardian News & Media Ltd., 2010.

167. Ilustración del artículo de Madeleine Bunting «Baby, this just isn't working for me», *The Guardian*, 1 de marzo de 2007.

168. Paul E. Stepansky, ed., *The Memoirs of Margaret Mahler*, Macmillan, Free Press, Nueva York, 1988, p. 140.

169. Ibíd., p. 151.

170. Margaret S. Mahler, Fred Pine, Anni Bergman, *The Psychological Birth of the Human Infant*, Hutchinson, Londres, 1975, p. 26. (Trad. al cast.: *El nacimiento psicológico del infante humano. Simbiosis e individuación*, Enlace Editorial, México, 2002.)

171. Alma Halbert Bond, *Margaret Mahler: a biography of the psychoanalyst*, McFarland, Jefferson, Carolina del Norte, 2008, p. 131.

172. Paul E. Stepansky, ed., *The Memoirs of Margaret Mahler*, Macmillan, Free Press, Nueva York, 1988, pp. 149-150.

173. Escribía Schore: «En el primer capítulo, afirmaba que en la actualidad numerosas disciplinas científicas reconocen unánimemente la importancia del principio básico según el cual el crecimiento cerebral viene dado y se ve influido por el entorno socioafectivo, entorno éste que, en el caso del infante en desarrollo, es, esencialmente, la madre». Allan N. Schore, *Affect Regulation and the Origin of the Self*, Laurence Erlbaum, Hillsdale, Nueva Jersey/Hove, 1994, p. 78.

174. Allan N. Schore, *Affect Regulation and the Origin of the Self*, Laurence Erlbaum, Hillsdale, Nueva Jersey/Hove, 1994, p. 492.

175. Muriel Winch (señora de H. H. Schultz) y H. H. Schultz, *Mothers and Babies, A Practical Book about the Everyday Life of the Baby from Birth to Four Years Old*, T.C. y E.C. Jack, Londres, 1924, p. 4.

176. Allan N. Schore, «Attachment Trauma and the Developing Right Brain: Origins of Pathological Dissociation», en *Dissociation and the Dissociative Disorders*, edición de Paul F. Dell y John A. O'Neal, Routledge, Nueva York/Abingdon, 2009, p. 109.

177. Peter Fonagy, *Attachment Theory and Psychoanalysis*, ob. cit., n. 68, p. 166.

178. Dante Alighieri, *Paradiso*. Traducción inglesa anónima. J. M. Dent, Londres, 1900, p. 407, canto 33, versos 106-108. La poesía de Dante abunda en hermosas imágenes maternales. (Trad. al cast., múltiples ediciones; entre otras: *La Divina Comedia: Paraíso*, Seix Barral, Barcelona, 1977. La traducción que ofrecemos es la que hizo en verso Bartolomé Mitre (1891-1906), entre 1891-1897.)